우리는 마약을 모른다

교양으로 읽는 마약 세계사

개정증보판

우리는 마약을 모른다

오후 지음

동아시아

목 차

여전히 우리는 마약을 모른다

대학에 들어와서 읽었던 몇몇 고전에는 책 하나에 여러 개의 서문이 붙어 있었다. 시간이 지나 책을 재판할 때마다 덧붙인 건데, 예를 들어 공산당선언에는 무려 7개의 서문이 있다. 그래서일까, 작가가 되면서 언젠가 한 번은 서문 앞에 또 서문을 붙여보고 싶었다.

첫 책 『우리는 마약을 모른다(이하 마약책)』가 나온 지 벌써 5년이 흘렀다. 이 책 덕분에 나는 돈방석에 앉고 승승장구… 하지는 못했지만, 몇몇 출판사로부터 출간 제의를 받아 이후 작가 생활을 이어가는 밑바탕을 다질 수 있었다. 마약책은 내 책 중에서 가장 많이 팔리진 않았지만, 독자들에게 가장 강한 인상을 남긴 건 분명한 것 같다. 가끔 오프라인에서 독자들을 만날 때가 있는데, 그들은 한결같이 '마약책 쓴 작가'로 나를 기억했다. 어쩌다 보니 나는 한국에서 '마약 전문가' 하면 떠올리는 사람 중 하나가 되었다.

이제야 고백하면 마약책을 쓸 당시 나는 마약에 대해 잘 알지 못했다. 독자를 속인 건 아니다. 분명 제목에 '마약을 모른다'라고 써놨으니까. 인칭대명사 '우리'에는 1인칭인 '나'가 포함되어 있다는 당연한 이야기를 하고 싶다. 마약이라고 하면 영화나 드라마에서 본 것이 거의 전부인 내가 마약책을 첫 책으로 쓴 건 정말 뜬금없는 일이었다. 첫 책을 쓸 때 몇 가지 소스가 있었는데, 어떤 소재여야 무명인 나의 글을 출판사가 굳이 돈 들여 책으로 내줄까 고심하다 엉겁결에 마약을 선택했을 뿐이다(적당히 성공했다). 당시 마약 이야기를 해서 잘 보이고 싶었던 친구도 있었고(완벽히 실패했다).

그렇게 완성된 책은 마약의 위험성 같은 의학적인 이야기보다는 마약과 관련된 문화와 사건·사고를 소개하는 데 포커스가 맞춰져 있었다. 마약 문제가 단순한 개인의 일탈이 아니라 사회의 구조적 문제라는 당연한 이야기도 한 스푼 끼었다. 결과적으로 책은 자유주의적 관점에서 국가와 개인이 관계를 맺는 방식에 의문을 제기하는 것으로 마무리됐다. 참고한 자료는 대부분 2010년 이전 것으로 책의 관점이 신선하고 혁신적인 것이었다고 자위하고 싶지만, 사실 해외에서는 1990년대에 이미 한 번 휩쓸고 지나간 담론을 소개한 것에 불과했다.

다른 작가들도 그런지 모르겠지만, 내 경우에는 책을 한 권 탈고

하고 나면 질려서 책에서 다룬 소재를 한동안은 쳐다보지도 않는다. 그런데 이상하게도 마약은 정반대였다. 오히려 책을 낸 이후 마약에 관한 최신 뉴스를 더 많이 접할 수 있었고, 마약에 대한 애정(?)도 더 커졌다. 사람들은 자신이 접한 마약에 관한 수많은 뉴스와 경험을 내게 물어다 주었고, 나는 내가 어떤 이야기를 하지 못했는가에 대해서 자주 생각했다. 그리고 시간이 지나면 지날수록 책을 고치고 싶다는 생각이 강해졌다.

2010년 이후 마약사는 또 다른 단계에 접어들었다. 펜타닐 사망자 급증, 버닝썬 사건 등 국내외적으로 마약과 관련된 큼직한 사건·사고도 많았다. 개정판에는 후반부 두 챕터를 포함해 기존 책의 방향성에서 벗어나지 않는 한도 내에서 중간중간 새로운 정보를 다수추가했다. 한 번 책을 읽은 독자가 다시 읽는다고 해도 뻔하지는 않을 것이다.

『우리는 마약을 모른다』는 내 첫 책이다. 첫 책이라는 건 거칠다는 뜻이다. 종종 쓸데없이 과도하게 설명하고, 정작 중요한 건 설명도 없이 건너뛰기도 한다. 원고를 쓸 당시에는 시대적 감성을 담는답시고 유행어와 밈을 아무렇게나 사용했는데, 지나고 보니 남은건 촌스러움 뿐이다. 무엇보다 확신에 찬 이상한 구어체는 정말 재수가 없다. 나는 종종 지구상에 뿌려져 있는 이 책을 모두 모아서 불태우고 싶다는 강렬한 충동에 휩싸인다.

하지만 그 수많은 단점에도 불구하고 독자들은 이 책의 아주 작은 장점을 사랑해줬다. 그 덕에 이렇게 서문에 서문을 붙이는, 작가로서의 소소한 목표 하나도 이루게 됐다. 야호!

그래서 몇몇 정보와 말투를 고치면서도 이 책의 포인트라 할 만한 부분은 그대로 살렸다(스며 있던 재수 없는 태도와 실패한 유머 역시 그대로 남았다). 그건 이 책을 사랑해준 독자들에 대한 예의이기도 하고 과거 미숙했던 나에 대한 스스로의 위로이기도 하다. 더 이상의 설명은 필요 없을 것 같다. 시간은 흘렀지만, '여전히' 우리는 마약을 모른다.

그럼 파티에서 만난 두 알의 엑스터시 같은, 즐거운 독서 되시길.

우리는 마약을 모른다

대다수의 한국 사람들은 마약을 잘 모른다. 우리는 마약떡볶이와 마약김밥을 먹고, 마약베개를 베고 잠을 자지만, 그것들은 아쉽게도 진짜 마약은 아니다. 우리가 마약에 가지고 있는 생각은 딱 두 가지로 정리할 수 있을 것 같다.

하나, 삶을 파탄 내는 악마의 약. 결코 해서도, 관심을 가져서도 안 된다.

둘, 마약? 대체 어떤 기분일까? 한번 해보고 싶다.

동경과 혐오. 얼핏 보면 이 둘은 완전히 상반된 감정처럼 보인다. 하지만 둘은 다르지 않다. 우리는 무언가를 잘 모를 때, 그것을 동경하거나 혐오한다. 우리가 마약에 가지고 있는 인식은 실제 현실과는 백만 보쯤 떨어져 있다.

마약에 처음 관심을 가지게 된 것은 해외 다큐멘터리에서 한 인권운동가의 인터뷰를 본 뒤부터였다. 사람들은 마약중독자에게 "마약 하면 몸도 마음도 망가지고, 삶도 파탄 나는데 그런 걸 왜 하느냐"라고 쉽게 말하곤 한다. 하지만 그 인권운동가가 말하길, 그 말에는 몇 가지 편견이 있다는 것이다.

첫째, 마약중독자도 안다. 마약이 몸에 안 좋다는 거. 담배 피우는 사람도 알지 않나. 몸에 안 좋다는 거. 하지만 그럼에도 불구하고 계속 피운다.

둘째, 마약을 하면 정신도 잃고 자신의 삶도 잃어버린다. 사람들은 이를 비난하지만, 마약중독자 중 일부는 그냥 그 상태가 되고 싶은 것이다. 술에 취하고 싶어 술을 마시고 싶은 것처럼, 그들은 현실을 놓고 싶어 마약을 한다.

셋째, 마약으로 삶이 파탄에 이른다? 중독자들은 모두 그런 것처럼 보인다. 하지만 마약 때문에 이들의 삶이 파탄에 이르렀는지, 파탄에 이르렀기 때문에 마약을 하는 건지 우리는 알 수 없다. 어쩌면 "마약이라도 있었기 때문에 그들이 이렇게라도 살아갈 수 있는 건 아닌지" 생각해볼 필요가 있다.

이상하게도 이 인터뷰는 꽤 오래도록 내 가슴에 남았다. 아마도 나는 거기서 어떤 '태도'를 배운 것 같다.

얼마 전 TV 건강 프로그램을 보는데, 거기에 나온 한 의사가 이런 발언을 했다.

"저는 담배 피우는 사람 이해가 안 돼요. 저도 과거 담배를 피웠지만, 담배의 해악을 알게 된 후 담배를 끊고 운동과 식이요법으로 건강을 되찾았습니다."

훌륭하다. 금연으로 건강을 되찾았다니 축하할 일이다. 그런데 이 뻔한 말에 나는 갑자기 짜증이 났다. '그래, 너는 돈 잘 벌고 여유 있으니까 건강도 챙기겠지' 하는 비비 꼬인 생각이 들었다.

물론 그 의사의 말이 맞다. 담배 피우면 몸에 안 좋겠지. 하지만 그렇다고 일상에 찌든 이들이 위안 삼아 담배 한 가치 피우는 것을 가지고 "이해할 수 없다"라고, 담배 피우는 사람들은 (무식해서) 담배의 위험을 몰라서 그렇다는 식으로 말하는 태도가 나를 화나게 만들었다.

그런데 돌이켜보면, 방송에 나온 의사가 흡연자를 단정했듯, 우리도 마약중독자를 너무 쉽게 단정하고 있는 것은 아닐까? 심지어 우리는 그 의사가 담배에 관해 알고 있는 만큼 마약에 관해 아는 것도 아닌데 말이다.

본격적인 자료조사를 시작하기 전에, '마약'을 한자 사전에서 찾아봤다. 어원을 확인하는 건 모든 덕질의 첫 단계니까. 나는 이전까지 마약의 '마'가 당연히 '마귀 마魔'라고 생각했다. 왜냐면 마약은 악마가 가져온 나쁜 것이라 배웠으니까. 하지만 찾아보니 마약의 '마'는 '마귀 마'가 아니라 '저리다, 마비되다 마痲'였다. 그러니까 마약은 '악마의 약'이 아니라 '마비시키는 약'이다. 가치평가가 들어가지 않은 중립적인 뜻의 단어다. 마귀와 마비하다. 이 두단어의 차이만큼 나는 마약에 관해 선입견을 가지고 있었다.

모든 마약을 뭉뚱그려 마약이라는 한 범주로 묶어버리는 것도 우리가 가진 잘못된 선입견 중 하나다. 같은 교칙 위반이라고 해도, 교복 치마를 줄이는 것과 특정 학생을 왕따시키는 건 전혀 다른 문제이듯, 마약도 한 범주로 묶을 수 있는 것이 아니다.

뒤에서 설명하겠지만 법적으로 마약류는 코카인, 아편, 헤로인 같은 '마약'과 LSD, 프로포폴, 히로뽕(필로폰) 같은 '향정신성 의약품' 그리고 마리화나, 하시시가 포함된 '대마류'로 구분할 수 있다. 마약류에 포함되진 않지만, 본드, 부탄가스, 아산화질소도 '환각물질'로 지정해 흡입을 금지하고 있다.

법적인 구분뿐 아니라, 작용 방식이나 성분, 농도 등에 따라서도 마약을 수백 가지로 나눌 수 있다. 그런데 이를 '마약'이라는 한 단어로 퉁쳐버리면 잘못된 접근을 할 가능성이 매우 높다. 그런데 이 잘못을 지적하고 시작하는 이 책에서조차, 마약이라고 퉁쳐서 설명하는 경우가 많다. 편의상 어쩔 수 없는 측면은 있다… 는 건 변명이고, 결국 내 어휘가 부족한 탓이니 독자들에게 미리 양해를 구한다.

최대한 쉽게 쓰려고 노력했다. 각주가 가끔 달려있는데, 안 읽어도 책을 보는 것에 전혀 문제가 없으니 귀찮으면 그냥 넘겨도 무방하다. 물론 각주에도 재밌는 이야기를 많이 숨겨뒀으니 시간이 남으면 읽는 걸 추천한다.

그럼 지친 일과 후의 마리화나 한 모금 같은, 점심 식사 후의 코카인 한 줄기 같은, 즐거운 독서 되시길.

1.
태초에 마약이 있었다

2016년 알파고가 이세돌 9단을 꺾었다. 그러자 갑자기 모든 사람들이 AI의 전문가라도 된 것처럼 "인공지능이 인간을 넘어서는 특이점이 올 것인가? 그렇게 되면 인류는 끝장인가?" 하고 갑론을박을 벌였다. 스마트폰이 없으면 전화번호도 하나 못 외우는 사람들의, 고민이라고 하기에는 기계들에게 다소 미안한 수준의 토론이었다.

아무튼 인공지능의 특이점에 관한 이야기를 들으며, 뜬금없는 의문이 하나 떠올랐다. 우리 인간, 호모사피엔스는 언제부터 특이점을 넘어서 동물이 아닌 '인간'이 됐을까?

물론 인간은 동물이다. 거슬러 올라가보면 호모사피엔스나 다른 동물이나 다 같은 조상에서 나왔을 것이다. 하지만 인간은 다른 동물들과는 확실히 다르다. '인간이 만물의 영장이다, 우월하다' 이런 이야기를 하는 게 아니다. 정확히 어떤 부분이 다르다고 쉽게 단언할 순 없지만, 명확히 다른 지점이 있다. 인간이 진화 과정에서 다른 동물들과 달라진 그 순간을 특이점이라고 해보자. 그럼 인간은 어떻게 그 특이점을 넘어설 수 있었을까?

미국의 학자 테렌스 맥케나Terence McKenna는 자신의 저서 『신들의 음식 Food of Gods』에서 '마약 원숭이stoned ape' [1]라는 독특한 가설을 제시한다. 그의 주장을 간추리면 대략 이렇다.

아프리카에 살던 고대 인류는 우연히 환각물질인 실로시빈Psilocybin이 포함된 버섯을 발견하고 섭취하게 된다. 당연히 배도 부르고 기분도 좋아졌을 것이다. 그러니 조상들은 그 버섯을 찾아 계속 섭취했을 것이다. 그런데 이 버섯은 단순히 기분을 좋게 할 뿐만 아니라, 뇌를 자극하고, 더 좋은 시력을 얻게 해준다. 그 덕분에 이들은 경쟁자보다 뛰어난 사냥꾼이 될 수 있었고, 그 결과 생식에도 유리해진다. 또한 환각을 보게 되면서 도구 제작, 언어, 자기 성찰, 종교와 관련된 상상력도 발휘할 수 있게 된다.

특별한 주장은 아니다. 우리도 평소에 조금 떨어진다고 생각한 사람이나 소심한 사람이 기발한 아이디어를 내거나 과감한 결정을

---

1   stoned ape를 직역하면 '(무언가에) 취한 유인원' 정도지만, 직관적인 이해를 위해 '마약 원숭이'로 표기했다.(번역은 『마약의 역사』를 참고)

하면, "오! 쟤 약 빤 거 아냐?" 이렇게 말하곤 하니까. 테렌스 맥케나는 인간의 진화를 이렇게 설명한 거다.

"아니, 우리 조상들이 약을 빨지 않고서야 어떻게 그 특이점을 넘어설 수 있었겠어?"

하지만 이 가설을 증명하기는 쉽지 않다. 네안데르탈인의 유적에서 마약의 흔적이 발견된 경우가 있지만, 그 때문에 인류가 진화했는지를 판단하려면 살아 있는 원시인을 데려다 뇌파 검사라도 해봐야 할 테니까. 셰프가 숨겨놓은 MSG마냥, 심증은 있는데 물증은 없다.

마약 물질이 뇌를 자극하고 수행 능력을 끌어올릴 수 있다는 사실은, 맥케나 이후 수많은 이들의 실험으로 증명되고 있다. 우리도 매일 커피를 마시며 이를 증명한다.[2] 하지만 마약이 뇌 활동에 도움을 준다는 것과, 그로 인해 진화를 했다는 건 전혀 다른 차원의 문제다.

당연히 마약 원숭이 가설은 정설이 아니다. 야생의 동물들도 환각 식물을 즐기는 경우가 있으니 인류의 조상도 섭취했을 가능성이 높지만, 그 때문에 인류가 진화했다고 주장하려면 훨씬 많은 증거가 필요하다. 다른 학자들은 맥케나의 주장을 약 빨고 한 헛소리 정도로 치부한다. 이게 악의적 비난은 아닌 것이, 맥케나는 실제로 마약을 흡입했다. 물론 그가 마약을 했다고 그의 말이 틀렸다는 건 아니다. 다만 진화의 신체적 변화를 고려해봤을 때, 마약 가설보다는

---

2   커피에 들어있는 카페인은 중추신경계 각성제로 일종의 마약이다.

화식火食 이나 육식 가설[3]이 더 그럴듯해 보인다. 하지만 진화는 복잡한 과정이고, 중간에 어떤 원인이 어떤 방식으로 작동했을지는 아무도 정확히 알 수 없다.

그럼 일단 진화는 했다고 치고, 그 이후 이야기를 해보자.

기원전 1만 2,000년쯤부터 샤머니즘, 토테미즘, 애니미즘 같은 기초적 형태의 종교들이 생겨난다. 학자들은 이때부터는 인류가 확실히 마약을 인식했다고 본다. 종교지도자인 샤먼이 주로 사용했다. 이들은 의사의 역할도 함께 수행했기 때문에 주변 식물에 대한 정보를 어느 정도 가지고 있었는데, 특히 중요한 것이 마약류 버섯이나 풀이었다.

우리 생각에는 샤먼이 신들린 척하면서 헛소리로 사람들을 현혹해 놀고먹은 것 같지만, 신들린다는 게 생각처럼 쉬운 일이 아니다. 만약 마약식물의 도움이 없었다면 더 어려웠을 것이다. 인도 수행자들을 보면 오랜 시간 명상을 통해서 경지에 이르는 사람들도 있지만, 약물의 도움을 받아 빠른 시간 안에 경지에 이르는 걸 추구하는 이들도 있다. 정신의 MSG를 치는 것이다. 일부 학자들은 마약식물을 통한 망아 상태와 황홀경이 샤머니즘의 본질이라고까지 이야

---

3   화식과 육식을 통해 인류가 섭취하는 에너지가 급격히 늘어나면서 진화가 가능했다는 주장. 화식은 불을 이용해 음식을 조리하는 것, 육식은 동물 고기를 섭취하는 것을 의미한다. 인간의 진화 과정에서 두뇌는 커지고, 턱과 이는 작아지고, 내장 기관은 단순화되는데, 이런 신체적 변화를 고려했을 때 현재까지 가장 가능성이 높은 가설이다.

스페인 동굴에서 발견된 벽화, 오른쪽 아래 올망졸망 모여 있는 버섯을 볼 수 있다.

기한다. 샤먼에게 마약은 선택이 아니라 필수였다. 그래서 당시 그려진 동굴 벽화에도 마약이 종종 등장한다.

신석기시대가 되고 농경이 시작되면, 마약은 단순히 주워 먹는 수준을 넘어 재배되기 시작한다. 기원전 5,000년쯤 되면 천연마약 중에 성능이 좋아 지금까지도 사랑받는 대마초, 양귀비, 코카잎이 등장한다.

신기하지 않은가? 우리 생각에 이때 사람들은 먹고살기도 빠듯했을 것 같은데 마약이라니… 우리는 '인류가 농경을 시작했다'라고 하면, 당연히 식량 생산을 위한 것으로 생각한다.

하지만 『코스모스』로 유명한 과학자 칼 세이건Carl Sagan은 자신의 책 『에덴의 용: 인간 지성의 기원을 찾아서』에서 흥미로운 이야기를 전해준다. 자신의 친구가 연구를 위해 원시 상태의 삶을 유지하

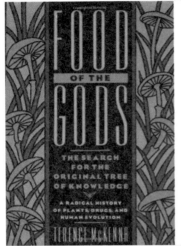

마약식물이 인간 진화에 결정적 역할을 했을 수도 있다고 주장한 책들.

그러고 보니 유독 평화로워 보이는 피그미족. 혹시?

20

는 피그미족과 함께 생활했는데, 수렵·채집으로 삶을 영위하는 피그미족이 유일하게 길러서 수확을 하는 작물이 있었으니, 그것이 바로 대마(마리화나)라는 것이다. 칼 세이건은 피그미족뿐 아니라 다른 원시 부족도 비슷한 방식으로 농업을 시작했을 수 있다며, 어쩌면 마약 재배가 농업의 발견, 나아가 인류 문명의 발전을 가져온 것이 아닐까 추측한다.

즉, 안정적으로 마약을 공급하기 위해 최초의 농경이 시작되었고, 그러다 '식량도 재배해볼까?' 하는 식으로 생각이 번졌다는 것이다. 그 때문인지는 모르겠지만, 칼 세이건은 대마초 옹호론자였다. 당연히 직접 피우기도 했으며, 경험담을 글로 쓰기도 했다.[4]

피그미족 외에도 이제까지 발견된 대다수 원시인은 마약이든 알코올(술)이든(보통 둘 다) 향정신성 물질을 즐기고 있었다. 유일하게 이누이트족만은 이런 물질을 전혀 사용하지 않았는데, 그들이 처한 환경이 워낙 춥고 척박해 이런 유의 식물이 자랄 수 없었기 때문이다. 하지만 이들도 탐험가들이 술을 전해줬을 때 바로 중독되었다. 마약이 인류를 진화시켰는지 농경을 유발했는지는 확실히 알 수 없지만, 인류가 이를 즐겼다는 것만은 확실한 것 같다.

---

4   이 에세이는 『Marihuana Reconsidered』(국내 미번역)에 실려 있으며, 마리화나에게 보내는 일종의 러브레터 형식으로 되어 있다. 당시 코넬대 교수 후보로 이름이 오르내리던 그는 평판 관리를 위해 미스터X[Mr.X]라는 필명을 사용했다.

2.
마약과 함께한 문명

    기원전 3000년경이 되면 큰 문명이 생기고, 도시도 생기고, 문자도 생긴다. 문자가 생긴 시점부터 바로 마약에 대한 기록이 발견되는데, 이는 그 이전부터 마약이 인류와 함께했다는 뜻이 된다. 대표적으로 이집트와 메소포타미아 문명에서는 양귀비, 인더스와 황허 문명에서는 대마, 마야 문명에서는 코카잎이 사용되었다는 기록이 있다. 그 외에도 수많은 마약 식물이 광범위하게 사용되었다.

    도시가 생기면 사람들 사이에 계층이 나뉘기 시작한다. 종교 의식을 전문으로 하는 계층도 생겨나고, 그들은 그들 나름대로 비법을 기록으로 남겨 후대에 전해주게 된다. 어떤 약을 어떻게 빻면 신

위_이집트: 마약 성분이 포함된 남수련Blue Lotus을 흡입하는 모습.
가운데_그리스: 환각버섯과 양귀비를 나누고 있는 여인들.
아래_마야: 환각버섯 돌조각.

마약과 함께한 문명　　　　　　　　　　　　　　　　**23**

을 본다, 이런 기록이 등장하기 시작한다.

이때 사람들은 지금과는 달리 마약을 긍정적으로 받아들였다. 신의 선물이라고까지 생각했다. 어찌 보면 당연한 것이, 약도 없는 시절에 특정 식물을 먹으면 고통이 줄어들고 기분이 좋아지니 신성시할 수밖에 없었다. 원시 종교의 샤먼과 지역 우두머리들은 이를 적극 활용했다. 귀한 마약식물을 독점함으로써 다른 이들에게 호의를 베풀고 이를 통해 권력을 독점할 수 있었다. 그때나 지금이나 좋은 건 언제나 윗사람들 몫이다.

고대시대(기원전 500년 전후)가 되면 계층이 완벽히 분화된다. 종교도 완벽히 체계를 갖추는데, 이로 인해 기존 샤먼의 입지가 크게 줄어든다. 하지만 여전히 대중에게 마약은 신성한 것이었고, 샤먼의 권위는 종교 지도자들이 그대로 가져간다. 이 시기 마약의 위상은 그리스 신화를 보면 잘 알 수 있다.

'데메테르'라는 여신이 있다. 대지와 풍요의 상징이다. 대지와 풍요는 곧 농업을 의미하니 농경사회에서 꽤 끗발 날리는 신이라 할 수 있다. 그런 데메테르의 상징 중 하나가 양귀비다.

유럽 여행을 가면 도시마다 미술관이 있고, 그 미술관에는 르네상스 시기의 미술작품이 많이 걸려 있다. 대부분 그리스 로마 신화를 배경으로 한 작품이라 그 문화에 익숙하지 않은 우리가 보기에는 그 작품이 그 작품 같고 이 사람이 저 사람 같고 그 신이 이 신처럼 보인다. 솔직히 신이 너무 많다. 이를 구분할 때 도움이 되는 것이 작품 속 인물이 가지고 있는 물건인데, 제우스는 번개, 포세이돈은 삼지창, 헤르메스는 네이버 모자(날개 달린 모자)를 쓰고 있다. 데메테르의 경우 대지와 풍요의 여신답게 곡식이나 농기구를 손에 들고 있는 경우가 많은데, 그 곡식이 보리 아니면 양귀비다.

일상생활에서도 양귀비는 핫 아이템이었다. 뭐든지 양귀비 모양이면 잘 팔렸다. 여성이 아이를 못 낳으면 양귀비 브로치를 주고, 집들이할 때는 양귀비가 그려진 그릇을 선물했다. 당시 사람들은 양귀비를 너무 좋아해서 신에게도 양귀비꽃을 바쳤다. 당연히 자신들이 좋아하고 소중하게 여기는 것을 신에게 바치지 않겠는가. 그래서 지금도 데메테르 여신을 모셨던 신전에 가보면, 주위에 양귀비꽃이 피어 있는 걸 볼 수 있다.

아편은 양귀비의 즙을 가공해 만든 마약이다. 별도의 화학적 처리 공정 등이 없으니 당시에도 방법만 알면 쉽게 만들 수 있었다. 그리스 신화 속에서는 아편을 데메테르 여신이 가져왔다고 되어 있는데, 대지와 농업의 여신이 인류에게 가져다준 선물이 아편이라니, 칼 세이건의 추측과 일맥상통하는 부분이다. 그럼 신화 속에서 아편이 어떻게 등장하느냐.

하늘의 신 제우스와 대지의 신 데메테르는 남매인데, 둘 사이에 페르세포네라는 딸이 있다. 음… 뭔가 이상하지만 신화는 늘 이런 식이다. 그런데 지하의 신인 하데스가 이 페르세포네를 짝사랑했다. 그래서 그는 페르세포네의 부모인 데메테르와 제우스를 찾아가 청혼을 한다 (참고로 하데스도 제우스와 데메테르와 남매다. 그러니까 조카와 결혼하겠다고 한 것).

제우스는 내심 기뻤는데, 자기 딸을 하데스에게 시집보내면 지하도 자신의 통제 아래 둘 수 있다고 판단했기 때문이다. 하지만 데메테르는 자신의 딸이 어두컴컴한 지하세계에 가는 것을 용납할 수 없었다.

하데스는 제우스와 작당하고 페르세포네를 대낮에 납치해 자신의 홈그라운드인 지하로 끌고가버린다. 이 사실을 모르는 데메테르는 딸이 돌아오지 않자, 9일 밤낮을 딸을 찾아 세계를 떠돈다. 이를 안타깝게 여긴 태양신 헬리오스는 데메테르에게 하데스가 페르세포네를 납치했다는 사실을 알려준다. 데메테르는 직감적으로 이 납치 사건에 제우스가 관여되었다는 사실을 알아채고 무기한 파업에 돌입한다. 대지의 여신이 일을 멈추자 세계가 난리가 난다. 땅이 메마르고, 곡식이 죽는다. 세상은 굶주림으로 가득 찼고, 민중들은 폭발 직전이다. 빼도 박도 못 하게 된 제우스는 하데스에게 페르세포네를 다시 지상으로 올려 보낼 것을 명령한다.

하지만 하데스는 페르세포네가 이미 지옥의 음식을 먹었기 때문에, 원칙상 살아 돌아갈 수 없다고 주장한다. 결국 양측은 페르세포네가 1년 중 8개월은 지상에서 어머니와 함께 보내고, 나머지 4개월은 지하에서 납치범 하데스와 함께 보내는 것으로 타협한다. 그래서 데메테르 여신도 1년 중 딸이 지상에 와 있는 8개월만 일을 하고, 나머지 기간에는 일을 하지 않기로 한다. 이 태업 기간이 바로 여름이다.[1]

---

1   한국은 춥고 건조한 겨울이 농한기다. 그래서 페르세포네가 지하로 내려가 있는 불모의 시기를 겨울로 알고 있는 이들도 많다. 하지만 그리스 지역은 여름이 뜨겁고 건조해 농작물이 자라기 힘들다. 대표적 작물인 밀의 경우도 가을에 씨를 뿌려 봄에 수확한다. 여름이 농한기인 셈. 그래서 겨울이 아니라 여름에 페르세포네가 어머니 데메테르의 곁을 떠나 지하로 내려간다.

그럼 이 이야기에서 마약이 어디 나오느냐? 어머니 데메테르가 딸의 납치에 충격을 받아 불면증을 겪게 되는데, 그때 데메테르가 아편을 먹고 오늘 밤도 그렇게 울다 잠이 들었다고 한다. 고작 이 말을 하려고 저 긴 이야기를 다했나 싶지만, 신화는 재밌으니까.

아무튼 아편은 실제로 불면증에 효과가 있다. 그래서 신화나 종교에서 양귀비(아편)는 수면, 죽음 그리고 동시에 부활을 의미한다. 미국 재향군인회를 포함한 서구권 국가에서는 전사한 군인에게 양귀비를 헌화하는 관습이 있는데, 이는 그들의 부활을 염원하는 의미가 있다. 양귀비에 호의적이었던 당시의 문화가 지금까지도 상징적으로 남아 있는 것이다.

그리스에는 데메테르와 페르세포네 모녀를 모시는 '엘레우시스Eleusis 밀교'라는 컬트 종교가 있었다. 이 종교의 신자들은 페르세포네가 지상에 올라와 어머니를 만나는 것을 기념해, 1년에 한 번씩 '엘레우시스 제전'을 개최했다. 이 의식에 참여한 사람은 무조건 비밀 엄수 조약을 해야 했는데, 당연히 비밀은 지켜지지 않았다.

양손에 양귀비를 든 데메테르 여신(왼쪽). 머리에 양귀비 브로치를 한 여인의 모습(오른쪽).

알려진 내용에 따르면, 이 제전은 10일간 진행됐다. 참석자들은 이런저런 의식을 치르며 9일간 금식을 하고 마지막 날 키케온kykeon 이라는 음료를 마시고는, 신을 만나든지 사후세계를 구경하든지 혹은 진리를 찾았다. 키케온은 보통 와인을 기본으로 해서 보리와 박하를 섞은 것으로 알려져 있는데, 일부 학자는 환각 효과가 있는 맥각균[2]이 섞였을 것으로 추정하기도 한다. 아무래도 신을 보려면 그 정도는 들어가야 하지 않겠나. 금식으로 분위기를 고조시킨 다음, 일종의 환각파티를 벌인 것으로 이해하면 된다.

이 행사는 컬트라고 하기에는 상당히 큰 인기를 누렸고, 많은 사회 상류층이 참여했다. 소크라테스Sōkratēs와 플라톤Platōn도 이 제전의 열혈 참가자였다. 이 행사에 관한 두 사람의 평가는 아래와 같다.

> 아래 세계에서 정화되지 않은 사람들은 절망의 구렁텅이에서 살겠지만, 이곳에서 정화 의식을 치른 사람들은 신과 함께 살 것이다.
>
> _소크라테스
>
> 엘레우시스 밀교의 궁극적인 의도는, 우리가 내려온 원천적인 원리들로 다시 돌아갈 수 있도록 이끄는 것이며, 영적인 선을 완벽히 즐기는 것이다.
>
> _플라톤

원천적 원리와 영적인 선이라… 플라톤이 말하는 이데아가 키케

---

2   맥각균은 보리, 호밀 등 볏과 식물에 기생하는 균이다. 합성하면 LSD를 만들 수 있다.

온을 마시고 본 환각은 아닐까 하는 강력한 의심이 든다. 물론 그렇다고 그의 철학이 갑자기 가치가 없어지는 건 아니지만, 이상하게 뭔가 큰 배신감이…….

엘레우시스 밀교는 로마시대에도 큰 인기를 끌었는데, 로마의 철학자 키케로Marcus Tullius Cicero도 이 행사의 마니아였는데, 이런 기록을 남겼다.

> 아테네인들이 로마에 남긴 많은 훌륭한 것 중에, 엘레우시스 밀교보다 더 나은 것은 없다. 엘레우시스 밀교 덕분에, 로마인들은 야만적이고 미개한 삶을 벗어나 문명인이 될 수 있었다. 로마인들은 엘레우시스 밀교의 의식들로부터 삶의 시작에 대해 배웠으며, 행복하게 사는 힘을 얻었을 뿐만 아니라, 더 나은 희망을 품고 죽을 수 있게 되었다.[3]
>
> _키케로

시인 호메로스Homerēs가 쓴 『일리아스』와 『오디세이아』에도 마약이 등장한다. 보통 술에 아편을 섞은 형태로 나오는데, 우울증이나 불면증에 걸린 이들에게 안식을 주고, 부상의 고통을 덜어 준다고 쓰여 있다. 재밌는 건, 작품 속에서 아편이 간혹 '망각의 약'으로도 사용된다는 점이다. 트로이 전쟁이 끝난 후, 헬레네는 병사들의 상처와 슬픔을 달래기 위해서 술에 특별한 약(아편)을 첨가하는데, 그

---

3 소크라테스, 플라톤, 키케로의 말은 길고 수사가 많아서 간략히 편집했다.

술을 마신 이들은 부모와 형제를 잃은 슬픔을 망각해버린다.

의학의 아버지 히포크라테스Hippocrates of Cos도 아편 츤데레였다. 그는 아편중독의 위험성을 어느 정도 인지해 제자들에게 직접적인 아편 사용은 좋지 않다고 가르쳤지만, 정작 자신은 감기, 불면증, 히스테리, 피부병, 신체 외상, 심지어 콜레라가 유행했을 때도 환자에게 아편을 처방했다. 그는 아편에 자기 치유 기능이 있다고 믿었다. 효과가 있었는지는 모르겠지만, 환자가 고통 없이 떠나게는 해줬을 것이다. 히포크라테스는 아편을 '고통의 구원자'로 칭했다. 지금 기준에서 아편을 제대로 이해한 것처럼 보이진 않지만, 그의 수사는 과장이 아니다. 그리스시대에도 살과 뼈를 잘라내는 일종의 외과수술이 이루어졌는데, 아편은 당시 유일한 마취제였다. 아편이 없었다면 마취가 불가능했을 것이고, 그럼 외과수술 자체가 불가능했을 것이다.

다른 문화권에서도 외과수술에 마약식물이 사용되었다는 기록을 찾을 수 있다. 심지어 마야와 잉카 문명에서는 두개골에 구멍을 뚫는 수술(천공술trephining)이 정기적으로 이루어졌는데, 역시 마약식물이 없었다면 절대 불가능한 일이다.[4]

중국의 『삼국지연의』에는 독화살을 맞은 관우를 화타가 수술하

---

4 마야 문명에서 천공술을 왜 시행했는지는 정확히 밝혀지지 않았다. 종교적 이유나 뇌 손상 치료 목적으로 추정된다. 천공술을 받는 것 자체가 자살 행위처럼 보이지만, 발견된 유골의 흔적으로 볼 때 마야의 천공술은 꽤 정교해서, 수술 성공률(생존율)이 50퍼센트가 넘었을 것으로 추정된다.

는 장면이 나온다. 화타가 관우의 뼈를 긁어내는 동안, 관우는 태연히 바둑을 두며 환담을 나눴다는 일화로 유명하다. 화타는 이때 '마비산'이라는 마취제를 사용하는데, 마비산의 주원료는 마약식물인 대마 혹은 역시 마약식물인 흰독말풀이다.[5] 명장 관우도 포박은 거절했지만, 마약은 굳이 거절하지 않았다. 이 외에도 화타는 수술을 여러 번 시행했는데, 환자의 창자에 질병이 있는 경우, 창자를 잘라 몸 밖으로 꺼내서 물로 씻어내고(?) 봉합한 다음, 자신만의 특별한 약을 발랐다고 한다. 믿거나 말거나 이 환자는 4~5일 만에 고통이 사라지고, 한 달 후에는 병이 씻은 듯이 나았다고 한다.

마약 전통은 로마시대까지 이어진다.

로마시대를 배경으로 하는 드라마 〈로마Rome〉를 보면, 등장인물들이 심심하면 마리화나를 피운다. 이를 담배로 착각하는 경우가 많은데, 담배는 아메리칸 원주민들의 문화로 유럽에는 콜럼버스Christopher Columbus가 아메리카 대륙에 다녀온 이후에 들어온다. 즉, 로마엔 담배가 없었다.

카이사르Gaius Julius Caesar도 마리화나를 즐겼다. 그는 성관계 후에 꼭 마리화나를 한 대 피웠다고 한다. 나쁜 남자가 관계 후에 담배를

---

5   물론 『삼국지연의』는 중국인 특유의 과장이 많이 섞여 있으므로 이 일화 자체는 사실이 아닐 가능성이 높다. 하지만 관우 수술과 별개로 화타가 평소 수술에 마비산을 사용했다는 기록은 여럿 남아있다. 마비산의 제조 방법은 정확히 남아 있지 않지만, 학자들은 주재료를 대마 혹은 흰독말풀로 추측한다.

피우는 습관은 담배가 없던 시절부터 있었던 것이다. 나쁜 남자 카이사르.[6]

같은 맥락에서 우리나라에서 '아주 오래전 과거'를 뜻하는 관습적 표현, '호랑이 담배 피우던 시절'은 그리 옛날이 아니다. 한국에 담배가 소개된 건 임진왜란 전후로 보는데, 그때부터 호랑이가 담배를 피웠다고 해도 기껏해야 400년이 좀 더 됐을 뿐이다. 즉, 물리적으로 호랑이가 담배를 피울 수 있었던 시절은 1592년부터 한반도의 마지막 호랑이가 잡힌 1924년 사이다. 그러니 앞으로 1592년 이전을 뜻할 때는 '호랑이 담배 피우던 시절' 대신 '호랑이 대마초 피우던 시절'이라는 표현을 사용하는 것이 적절할 것 같다(이런 말까지 진지하게 읽을 필요는 없다).

로마시대에 아편은 마리화나보다 훨씬 사랑받았다. 어느 시대나 최고 권력자는 전쟁과 암살의 위협으로 늘 불안한 삶을 사는데, 로마시대에는 이 불안을 주로 아편으로 다스렸다.

당시 아편은 독약으로도 사용되었는데, 로마에 패한 카르타고의 한니발Hannibal 장군은 아편을 이용해 목숨을 끊었다. 클라우디우스Claudius 황제의 마지막 아내였던 아그리피나Agrippina는 자신의 아들을 왕으로 만들기 위해 기존 후계자였던 브리타니쿠스Britannicus를 암

---

6   카이사르가 뇌전증을 앓았다는 기록이 있는데, 그렇다면 그는 대마초를 일종의 치료 목적으로 사용했을 수 있다. 대마초의 칸나비디올 성분은 난치성 뇌전증, 뇌종양 등에 효과가 있어 의료용으로 사용된다.

살하는데, 이때 아편을 사용했다. 결국 아그리피나는 자기 아들을 왕으로 만들었는데 그가 바로 악명 높은 네로^{Nero} 황제다. 하지만 아그리피나의 욕심은 끝이 없었고, 네로마저 폐위시키려고 든다. 이에 네로는 아그리피나가 브리타니쿠스를 저 세상 보낸 것과 같은 방식으로 아그리피나를 독살하려고 했으나, 독약에 있어서만큼은 아그리피나가 네로보다 한 수 위여서 번번이 실패한다. 네로는 결국 자객을 보내 자신의 어머니인 아그리피나를 암살한다.

이렇게 좋은 쪽이든 나쁜 쪽이든 로마시대에 아편은 광범위 하게 사용되었다. 당시에는 마땅한 약이 없었기 때문에 사람들은 조금만 아프면 일단 아편부터 먹고 시작했다. 기록에 따르면 로마 시내에만 800개 가까운 아편가게들이 있었고, 로마 당국의 총 세입 중 15퍼센트가 아편에서 나왔다고 하니 그 수요를 짐작케 한다. 결국 아편 물량이 모자라 가격이 폭등했고, 로마 당국이 시장에 개입해 아편 가격을 통제해야 할 정도였다. 인기가 이 정도니 당연히 짝퉁 아편도 시장에 돌았다.

아편과 마리화나 외에도 벨라돈나, 사리풀, 독미나리, 아코닛, 『해리포터』에도 등장하는 맨드레이크 같은 독성식물, 그 외 각종 환각 버섯이 이 시대에 마약으로 사용됐다.

이렇게 마약이 엄청난 규모로 무분별하게 사용되었지만, 오늘날 우리가 생각하는 것만큼 중독 문제는 심각하지 않았던 것 같다. 왜냐하면 아편중독에 해당하는 말이 당시 라틴어에 존재하지 않기 때문이다. 알렉산더 대왕^{Alexandros the Great} 시절에 나폴리 매음굴에서 '다투라Datura'라는 독성 환각물질이 문제를 일으키자 이를 금지한 적은 있지만, 마약 전체를 금지한 적은 없었다. 오히려 술(알코올)이 문제였는지, 알코올중독자를 처벌했다는 기록은 많이 남아 있다. 당시는 물론이고, 오랫동안 마약보다 알코올이 훨씬 큰 사회문제로 여겨졌다.

3.
기독교의 등장과 마약의 몰락

마약에 관한 인식이 부정적으로 변하기 시작한 건 로마가 기독교를 받아들인 이후다.

사실 기독교가 박해받고 지하에 숨어 있던 초창기에는 기독교도 마약에 호의적인 태도를 보였다. 힘든 고난 속에서 신의 뜻을 따르려면 역시 약을 빠는 수밖에 없으니까.

마약은 성경에도 등장한다. 예수가 태어났을 때, 세 명의 동방박사가 찾아오는데, 그들이 준 선물 중 하나가 몰약myrrh이다. 이 몰약이 무엇인지에 대해서는 여러 의견이 있지만, 당시 상황을 고려해봤을 때 아편일 확률이 높다. 당시 아편이 예수의 탄생에 선물할 만 큰 좋고 귀중한 물건이었다는 뜻이다.

또 예수가 골고다 언덕에서 십자가에 못 박혀 고통스러워하자, 사람들이 그에게 '갈gall'이라는 음료를 건네는데, 이건 와인에 아편을 섞은 것이다. 예수는 이 음료를 거부하는데, 기독교 신자라면 '역시 우리 예수님, 마약을 하실 리가 없지' 이렇게 생각할 수도 있지만, 예수가 갈을 거부한 건 마약이 포함되어 있기 때문이 아니다. 예수는 십자가에 못 박히기 전에 고통을 주는 하나님을 탓하는데, 그럼에도 만약 이 고통이 신이 준 운명이라면 기꺼이 받아들이겠다는 태도를 보인다. 즉, 진통제인 아편이 들어간 갈을 마시지 않은 건 고통을 그대로 받아들이겠다는 일종의 오기다. '내가 이거 못 참을 거 같아? 네가 이기나 내가 이기나 한번 해보자' 이런 마음에 가깝다. 평소였다면 예수도 특별히 이 음료를 거절하지 않았을 것이다. 왜냐면 거절할 이유가 없으니까. 예수의 첫 번째 이적이 무엇이었는가를 떠올려보면,[1] 아편에 대한 예수의 태도도 짐작할 수 있다.

예수가 마약을 했다 안 했다 따지는 게 아니라 당시에는 마약이 지금 우리가 생각하듯이 부정적인 것이 아니었다는 것이다. 지금처럼 마약이란 규정이 있던 것도 아니고.

하지만 기독교가 로마의 국교로 공인되면서 마약과 알코올에 대

---

1   요한복음 2장 앞부분에는 예수의 첫 번째 이적이 나온다. 예수는 어머니와 함께 마을 사람의 결혼 잔치에 초대받았는데, 잔치에 가보니 술이 부족했다. 예수는 하인에게 일러 항아리에 물을 채워 연회장에 가지고 오게 했고, 항아리 속 물이 술로 바뀌었다. 제자들은 이 이적을 보고 예수를 의심하지 않고 더욱 잘 따랐다고 한다. 그야말로 '예수 비긴스'다.

카타콤 내부 모습. 파리(왼쪽)와 로마(오른쪽). 로마 초기 기독교인들은 박해를 피해, 어둡고 불길한 도시의 지하에서 생활했다. 그러니 안정제가 필요할 수밖에.

한 태도가 돌변한다.

기독교가 공인되기 전 로마에서는 로마의 전통 종교, 그리스 신화, 이집트 신화, 샤머니즘, 기타 이민족 종교 등 다양한 종교들이 투쟁 없이 공존하고 있었다. 로마는 다신교에 익숙했고, (저항만 하지 않는다면) 다른 종교를 굳이 탄압하지 않았다.

그러나 주류가 된 기독교는 기존의 이교도에 대한 관용을 없애 버린다. 정확하게는 이교도보다 같은 기독교 내에서의 주도권 다툼에서 더 가혹해진다. 이 과정에서 알코올과 마약에 대한 인식이 변한다.

처음에는 술이 먼저 탄압받았다. 앞에서 언급했듯 알코올은 당시에도 꽤 많은 사회문제를 야기했고, 권력자들도 통제의 필요성을 느끼고 있었다. 이때부터 포도주는 오직 사제에게만 허용되었다. 술의 신 바커스(그리스 신화에서의 디오니소스)는 사도 바울Paulus의 시대에는 천국에서 추방된 사탄으로 격하된다. 하느님께 쉬운 해고를 당한 셈이다. 술처럼 악한 것을 다루는 건 더 이상 신이 될 수 없었다.

술과 달리 마약은 통제가 쉽지 않았는데, 당시에는 마약이 거의 유일한 의약품이었기 때문이다. 시장 규모도 컸다. 지금도 담배나 술이 사회에 피해를 주는데도 금지하지 못하는 이유 중 하나가 시장 규모가 너무 크기 때문이다. 그로 인해 먹고 사는 사람들이 있는데 금지해버리면 그들의 수익과 일자리는 어쩌겠는가.

하지만 기득권이 된 교회 입장에서는 마약을 어떻게서든 막아야 했다. 마약이 새로운 종교(경쟁자)가 생기는 것에 효과적이라는 것을 주류 교회는 누구보다 잘 알고 있었다. 자신들은 올라왔으니 사다리를 걷어차야 한다. 주류 교회는 타 종교 혹은 기독교 내의 다른 분파들에게 이단의 철 방망이를 후려치는데, 그 근거로 마약 사용을 제시한다. 마약을 사용한 종교적 엑스터시, 황홀경을 모두 불법화하고 참여자는 최대 사형에 처한다. 중세 말 본격적으로 벌어지는 마녀사냥의 시초격이라 할 수 있는 이단 재판이 이 시기 처음 이루어진 것이다.

이후 마약에 관한 지식은 이교도의 것으로 배척당했고, 테오도시우스Theodosius 황제는 당시 12만 권의 마약 관련 지식이 담긴 책들을 깡그리 불태워버리는 만행을 저지른다. 생각해보라. 당시 책의 가치라는 게 얼마나 컸을지. 특히 마약 관련 책은 민중들에게 절대적으로 필요한 의학 지식이 담겨있다. 그 모든 것이 불타 사라진 것이다.[2] 하지만 대부분의 역사서에는 테오도시우스가 기독교를 로마의 국교로 지정한 황제라고만 칭송하고 있다. 더러운 승자의 기록 같으니.

시간이 지나자 기독교는 고통을 잊는 용도로 사용되던 마약조차 금지했다. 신체적인 고통은 신이 내린 형벌이기 때문에 신앙과 회개를 통해 극복해야지 약을 먹어서는 안 된다는 논리였다. '아프니까 청춘이다'가 아니라 '아프니까 넌 죄인이다'가 된 것이다.

"지금은 아프지만, 네가 회개하고 믿음을 가지면 이 고통도 다 사라질 거야"

이렇게 제1차 대힐링의 시대가 도래한다. 그리스 로마 시대 이후 새로운 문화가 없다더니, 힐링이 대세였던 게 21세기 초반 대한민국만은 아니었던 게지. 이렇게 유럽과 마약에 암흑기가 도래하게 된다.

그럼 심심한 중세는 확 건너뛰고 중세 말로 가보자.

---

2   테오도시우스는 엘레우시스 밀교의 제전도 금지하고 신전도 모두 폐쇄했다.

4.
마녀사냥과 르네상스, 그리고 탕자가 돌아왔다

사람들은 보통 마녀사냥을 종교의 시대였던 중세에 일어난 비극이라고 생각한다. 하지만 마녀사냥은 르네상스 시기인 16~17세기에 절정을 이뤘다.

마녀사냥의 성경적 근거는 출애굽기 22장 18절, "너는 무당을 살려두지 마라"다. 한글 번역은 보통 무당으로 되어 있는데, 정확히는 여자 마법사, 마녀를 살려두지 말라고 되어 있다. 하지만 중세 초중기만 해도 기독교에서는 마녀 혹은 악마, 쉽게 말해 하느님 이외 잡신의 존재 자체를 부정했다. '오직 하느님뿐, 딴 건 없어' 같은 태도였다고 보면 된다. 그러니 잡아다 처형하는 건 불가능했다. 애초에 그런 건 없으니까. 하지만 이렇게 뭉개 버린다고 미신을 믿는 사람들이 안 나올 수 있겠는가. 13세기쯤 되면 공인되지 않은 성경을 기반으로 한 이단들이 무시할 수 없는 규모가 된다. 결국 신학자 토마스 아퀴나스Thomas Aquinas가 악마의 존재를 인정하기에 이른다. "악마는 있어. 하지만 하느님이 짱이고 다른 건 다 하바리야!" 뭐 이런 식으로.

그러면서 "섹스, 마녀, 악마는 공통점이 있다"라는 주장을 하는데… 흠… 이분 여자한테 고백했다 차였나? 왜 이런 생각을 했는지 모르겠다. 싸이월드에 돌던 '헤어진 여친과 주식의 공통점' 뭐 이런 유치한 말장난 같은데, 이 유치한 말장난이 시간이 흘러 마녀사냥의 이론적 토대가 된다.[1]

중세 말이 되면서 기독교는 서서히 무너지기 시작한다. 여러 가지 이유가 있는데, 일단 십자군원정이 대실패한다. 그리고 그 와중에 유입된 중동 문화가 르네상스를 부추긴다. 유럽 문화에서 사라졌던 마약도 패배한 십자군과 함께 유럽으로 돌아온다.

중세 유럽이 마약에 부정적 이미지를 씌워 탄압하는 동안, 이슬람 문화권은 그리스 로마 시대처럼 마약에 대해 중립적인 입장이었

---

1   다 알겠지만, 아퀴나스가 정말 이렇게 말하진 않았다. 비유와 과장. 우스꽝스럽게 표현하긴 했지만, 토머스 아퀴나스는 기독교 체계를 완성한 신학자로 평가받는다. 그는 철학적 사유와 종교를 결합하고, 이성으로 신의 존재를 증명하기 위해 30년간 『신학대전』 집필에 몰두했는데, 어느 날 홀연히 모든 걸 포기해버린다. 그리고 이렇게 말했다고 한다. "헛되고 헛되도다." 그는 무엇을 헛되다고 말한 것일까? 해석은 각자의 몫으로.

다. 이슬람의 히포크라테스라고 불리는 이븐 시나^{Ibn Sīnā}의 경우 아편을 가장 강력한 마취제라고 평했고, 고통이 큰 환자를 안락사시킬 때 사용했다.

6세기 페르시아 지역에서 쓰인 『천일야화』를 보면 특별한 포도주가 등장하는데, 포도주에 마리화나와 아편을 섞은 것이다. 하긴 사람이 약도 안 빨고 1,001일씩 말 못하지.

이때 중동에서 유럽으로 유입된 마약 중 하나가 요즘도 많이 하는 '하시시^{hashīsh}'다. 완전히 새로운 마약은 아니고, 대마초의 농축 버전이라 보면 된다. 이 단어는 '아사신شاشين'이라는 이슬람 단어에서 유래했다. 그런데 암살자란 뜻의 단어인 어쌔신^{Assassin} 역시 아사신에서 유래했다.

아사신은 시아파 계열의 이스마일파 중 한 분파로, 극단적인 성향의 과격한 소수파였다. 이들은 지금의 이슬람 테러 집단이 그렇듯 소수정예 암살 집단을 만들어 활동했다. 이 집단은 멤버를 모으는 방법이 독특한데, 일단 적당한 젊은 남성을 찾아 약을 먹여서 정신을 잃게 만든다. 그리고 그 남자들을 멋진 회랑으로 옮긴다. 그 남자들이 비몽사몽 일어나면 대마초, 여자, 음식, 과일 이런 것을 무한정 대접한다. 그러면 대접을 받은 남자들은 자신이 죽어서 천국에 온 것으로 착각을 하게 된다. 그때 다시 약을 먹여 그들을 재운다. 그리고 그들이 정신을 차리면, 원래 그들이 있던 아무것도 없는 시궁창 같은 현실로 돌아와 있다. 그때 사제가 나타나 깨어난 이들에게 이렇게 말한다. "너희가 알라에게 목숨을 바치면, 알라는 너희에게 이런 천국을 선물하신다."

그러면 그들은 죽음을 불사하는 암살자가 된다. 몇 년 전 맹위를 떨친 IS도 전사를 모을 때, '일흔두 명의 처녀가 기다리는 천국'을 약속했다고 한다. 다 좋은데 일흔두 명의 처녀는 지옥에 간 것인지…? 세상은 참 많이 발전한 거 같은데, 또 이런 뉴스를 보고 있노라면 변한 게 없는 것 같기도 하다.

아무튼 이 암살 집단이 있던 지역에 대마가 많이 자랐고, 자연스레 많이 사용하게 된다. 대마에 익숙한 이 지역 출신들은 이후 의사와 약사로 많이 활동하게 되는데, 사람들은 이들을 '하시시'라고 불렀다. 계속 하는 이야기지만, 당시의 약은 보통 마약을 뜻한다. 십자군원정에서 이 하시시를 만난 유럽인들이 마약에 취해 그들이 쓰던 마약을 본국으로 가지고 와 '하시시'라고 불렀다. 이게 어쌔신과 하시시가 어원이 같은 이유다. 누군가를 죽이고 살리는 것이 한 단어 안에 모두 포함되어 있다는 것이 아이러니하면서 묘하게 미래를 예지한 느낌이다.

십자군전쟁은 마약뿐 아니라 흑사병도 유럽에 유행시킨다. 그러면서 민중은 더욱 종교에 의심을 품기 시작한다.

생각해보라. 흑사병이 유행한다. 마땅한 병원도 없으니 사람들이 얼마나 두렵겠는가. 그래서 제발 병에 걸리지 않게 해달라고 기도를 한다. 평소에 교회 안 나가던 사람들도 일요일 아침에 잠 안 자고 교회에 가 기도를 한다. 당연한 말이지만, 전염병이 도는데 이렇게 군중이 모이면 되겠는가? 하지만 당시 사람들이 그런 걸 알 리가 없다. 잠도 안 자고 기도하면 피곤하니까, 입술 터지고 감기 오고 몸살까지 온다. 그러니 흑사병에 더 잘 걸린다. 독실한 사람들은 고난 수행까지 추가한다. "이게 다 우리가 불경해서 받은 천벌이다" 하며, 자기 몸에 채찍질을 한다. 당연히 몸에 상처가 난다. 그런데 당시에는 항생제도 없으니 상처가 나면 세균과 바이러스에 더 취약해지고 더 빨리 감염된다. 그러니까 신실하면 신실할수록 죽어서 천국에 더 빨리 가는 것이다. 이러다 보니 민중들이 슬슬 신에 대한 의심을 갖게 된다.

거기에 왕들도 교회 말 안 듣고 자기 하고 싶은 대로 해, 사제들은 힘 합쳐도 모자랄 판에 타락할 대로 타락해, 교황은 면죄부를 팔아, 그러니 이대로는 안 된다 하면서 종교개혁 운동이 일어난다. 신교가 태어나 구교와 치열한 권력투쟁을 벌이게 되고 사회는 더 혼란해진다.

이런 사회적 불만들을 다스리기 위해서 교회는 희생양이 필요했다. 그래서 교회가 표적으로 삼은 것이 혼자 사는 여성들이었다. 물론 마녀사냥 희생자 중에 남성이 없던 건 아니지만, 희생자의 4분의 3이 여성이었다. 당시 사회활동을 하던 남녀의 비율을 9대 1이나 8 대 2 정도라고 보면 마녀사냥에서 여성의 비율은 압도적이었다. 하긴 마녀, 소서리스sorceress라는 말부터가 여자라는 성별을 콕 찍은 거니까.

당시 여성은 남자의 부속물, 하인, 애완동물 같은 존재였다. 제대로 된 사람으로 여기지 않았다. 마녀사냥이란 게 결국은 누군가에게 누명을 씌워서 죽이는 건데, 아무리 정치적으로 필요하다지만 나와 같은 동급의 사람을 죽이면 죄책감이 크다. 우리도 사람이랑 동물 중에 굳이 하나를 죽여야 하는 입장에 선다면 뭘 죽이겠는가? 우리의 선택이라는 건 늘 비겁한 법이다.

기독교는 가부장제를 바탕으로 한, 여성혐오가 가득한 종교다. 구약성경에는 여성 캐릭터 자체가 별로 등장하지 않지만, 등장한다고 해도 가문 계승의 도구나 어리석고 사악한 존재로 나온다. 아담과 이브 이야기만 봐도 이브를 유혹에 쉽게 넘어가는 존재로 묘사한다. 그렇다고 신약성경에서는 여성의 지위가 나아지느냐? 그랬으면 이런 일이 벌어지지도 않았을 것이다.

이런 성차별적 가르침으로 당시 사회 분위기는 참혹했다. 모든 잘못은 여성 탓이었다. 예를 들어, 우리는 창녀를 산 사람이나 성범죄를 일으킨 사람을 가해자라 여긴다. 그런데 당시에는 "내가 창녀한테 돈도 줬는데 성병을 옮기다니, 이 나쁜 년"인 거고, 강간당한 여자는 "순수한 나를 유혹했어, 나쁜 년"이 되는 거다.

당시 유럽은 종교개혁, 30년 전쟁 등으로 남성 사망자가 많아서, 여성 중 과부나 고아가 많았다. 가장이 없으니 이들은 스스로 생활비를 벌어야 했는데, 태동하던 상업자본주의와 맞아떨어지면서 여성의 사회 진출이 이전 시대와는 비교할 수 없는 수준으로 늘어나게 된다. 여성이 임금도 싸고 일 시켜 먹기도 좋으니까. 그러니 동네 어르신들이 혀를 끌끌 차면서 "요즘 여자들이 아주 난리다. 암탉이 울면 집안이 망한다" 하고, 교회 청년부 일베들은 "우리 일자리를 저 여자들이 다 뺏어간다" 하면서 증오를 키웠다

당시 일을 하는 여성들은 보통 남편이 일찍 죽었거나, 다른 여자랑 딴살림을 차렸거나, 있어도 제 구실 못 하는 경우가 많았다. 그러니 그 여성들이 돈을 벌기 위해 밖으로 나왔겠지. 그런데 이미 여성에 적대적이었던 당시 분위기 때문에 원인과 결과가 완전히 뒤집힌다. "저년이 기가 세서 남편을 잡아먹었다."

이러니 결국 여성을 잡아다 마녀로 죽여야지. 그렇다고 명분 없이 마녀로 몰 순 없으니, 아무 이유나 갖다 붙였는데, 가장 흔한 것이 마약 사용이었다. 당시 여성들이 사회적으로 많이 했던 일이 방직산업을 제외하면 성접대부나 조산원, 호스피스 같은 것이었다. 조산원이나 호스피스는 지금으로 치면 산부인과 의사나 간호사 같은 직업이니 아무래도 마약에 대해 잘 알 수밖에 없었다. 교회에서 금지하긴 했지만, 마약은 어쨌든 유일한 약이었으니까. 성접대부의 경우에도 일이 일이다 보니 마약을 접하는 경우가 많았다. 그러니 이들을 잡아 죽이면서 "얘는 악마의 약을 했어. 그래서 죽는 거야", 마을에 역병이 돌면 "저년이 우물에 약을 타서 그래" 이렇게 자기합리화를 했다. 심지어 가둬서 고문을 하거나, 마약을 먹여 허위 자백을 받아내는 경우도 비일비재했다. 관동대지진 때 분노한 일본인들

마녀사냥의 지침서였던 『마녀의 망치|MALLEUS MALEFICARUM』의 커버(왼쪽)와 1669년판 표제 페이지 (오른쪽). 지금도 그렇지만 당시에도 혐오를 진지하게 하는 이들이 많았다. 책의 두께를 보라. 이 책은 '마녀를 감별하기'보다는 '마녀로 누명 씌우기'에 훨씬 더 많이 사용됐다.

이 조선인을 죽인 것과 같은 메커니즘이다.

우리 사회도 경제가 어려워지고 삶이 팍팍해져 정치적으로 위기가 오니까 계층 나누고, 세대 나누고, 지역 나눠서, 전라도 사람 무시하고, 여자 무시하고, 가난한 사람 무시하고, 외국인 노동자 혐오하는데, 완전히 동일하진 않지만, 역사적으로 이런 태도가 어제오늘 일이 아님을 잘 생각해봐야 한다.

신교는 잘못을 바로잡자고 나온 단체니까, 구교가 이렇게 미친 짓을 하면 반대해야 할 것 같지만 그렇지 않았다. 아니, 더 가혹했다. 개혁세력이 결백에 더 민감하기 때문이다. 진보세력이 고질적으로 가지고 있는 결벽성이 이때도 발동했다. "우리는 깨끗해!", 그렇기에 기존의 보수적 관점을 더 가혹하게 요구했다. 그리고 신교가 닉네임만 신교지, 내용만 보면 기독교 원리주의에 가깝다. 그러다 보니 성경에 적힌 내용에 과한 집착을 하게 된다. 또한 당시 야당 입장인 신교가 구교를 제치고 여당이 되려면 대중들이 요구하는 과감한 퍼포먼스를 해야 했다. 마녀사냥은 보통 화형으로 끝이 나는데, 이게 로마시대 콜로세움에서 하던 경기처럼 일종의 오락 거리였다. 여성이 나체가 돼서 비명을 지르면 민중들의 불안과 불만도 함께 사라졌다.

마녀사냥을 그린 요한 야곱 윅Johann Jakob Wick의 1585년 그림. 풍자화 같지만 그의 직업은 목사였고, 이 그림도 마녀사냥을 비판하기 위해 그린 게 아니다.

종교개혁을 이끈 마르틴 루터^{Martin Luther}는 "나는 마녀들을 동정하지 않는다. 나는 그들 모두를 불태울 것이다"라고 예고 살인을 천명했고, 장 칼뱅^{Jean Calvin}도 "모든 마녀는 말살되어야 한다"라고 떠들고 다녔다. 종교를 바로 세우자는 칼뱅, 루터 다 좋은데, 이 사람들이 한 일을 자세히 보면 다 미치광이 정신병자였다. 그래서 구교가 안정적으로 지배했던 스페인과 이탈리아는 마녀사냥이 그나마 적었지만, 신교와 구교가 치열하게 대립했던 독일, 스위스, 프랑스, 폴란드, 스코틀랜드 지역에서는 신교든 구교든 신나서 사람들을 마구잡이로 죽여댔다. 15세기부터 17세기까지, 유럽에서 마녀사냥으로 처형당한 사람은 50만 명 정도로 추정된다.

이런 종교의 광기에도 불구하고, 르네상스시대에 마약은 다시 활성화된다. 나쁜 건 여성이지 마약은 아니니까. 르네상스의 모토가 '그리스 로마 시대로의 회귀'이다 보니, 마약에 대한 인식도 중세의 부정적인 입장에서 과거의 중립적인 입장으로 돌아간다. 많은 이들이 르네상스를 이성의 시대로 상상하지만, 사실 르네상스는 반 중세의 시대였다. 중세적이지 않은 모든 것, 가령 환상과 미신 같은 것도 이 시기 크게 유행했다. 그 반 중세적인 것들 중 하나가 이성과 과학이었을 뿐이다. 엄밀한 의미의 이성의 시대는 17세기가 되어서야 성립된다. 그래서 17세기를 과학혁명의 시대라고 부르는 것이고.

어쨌든 그 많은 피와 불, 비명과 함께 마약은 제2의 전성기를 맞이하게 된다. 그 옛날 양귀비가 유행했듯이 이 시기에는 아편이 큰 인기를 끌었다. 아편 알약, 아편 비누, 아편 과자, 아편 반창고, 아편 관장제, 아편 식초, 뭐든 아편만 들어가면 잘 팔렸다.

1527년, 스위스 의사 파라켈수스Paracelsus[2]는 아편 알칼로이드가 물보다 알코올에 훨씬 잘 녹는다는 사실을 발견한다. 그는 아편에 알코올을 섞고 한약처럼 온갖 특이한 약재들, 호박, 진주, 사향 등을 섞어서 '로더넘Laudanum'을 만든다. 로더넘은 '찬미하다'라는 뜻의 라틴어에서 유래한 단어다. 찬미하라. 내가 인류를 구원할 약물을 만들었나니! 이런 의미였을까.

로더넘은 이후 조금씩 변주되며 다양한 상품이 나오는데, 기본은 아편과 알코올을 섞은 것이다. 이런 상품들을 통칭해서 '아편팅크'라고 부르는데, 이 아편팅크가 전 유럽에서 대히트를 치게 된다. 그리스 로마 시대의 마약처럼 아편팅크는 인류의 만병통치약으로 군림한다. 17세기 영국 의사 토머스 시드넘Thomas Sydenham[3]은 아편팅크에 대해 "인간의 고통을 덜어서 하나님을 기쁘게 해드린 치료제 중 이만큼 보편적이고 효능이 뛰어난 것은 없다"라는 평을 남겼다.

---

2   파라켈수스는 스위스 태생이지만 '로마의 히포크라테스'로 불렸다. 그 시대의 대부분의 과학자가 그렇듯, 의사이면서 동시에 연금술사였다.

3   토머스 시드넘은 '영국 의학의 아버지', 혹은 '영국의 히포크라테스'로 불렸다. 히포크라테스로 불린 사람, 참 많다.

아편팅크는 20세기 초반까지 큰 인기를 끌었다. 통증, 불면, 설사, 콜레라, 홍역, 천연두 등등 일단 걸리면 아편팅크를 사용했다. 에이브러햄 링컨Abraham Lincoln 대통령의 부인도 이 약물의 중독자였다. 당시 의사들은 생리통에도 아편팅크를 처방했기 때문에, 상류층 여성 대부분이 아편에 중독되었을 것이라는 추측도 있다. 16세기 이후를 배경으로 한 서양 사극을 보면 귀족이나 왕족들이 향수병 비슷하게 생긴 병에 담긴 액체를 손수건에 적셔서 흡입하는 장면을 종종 볼 수 있는데, 이게 바로 로더넘, 아편팅크다.

5.
개처럼 벌어서 마약을 사라:
산업혁명, 제국주의, 아편무역

르네상스, 산업혁명, 제국주의 그리고 마약이 유럽을 삼켰고, 그 유럽이 전 세계를 집어삼킨다. 제국주의 시대, 마약 하면 가장 먼저 떠오르는 사건은 바로 '아편전쟁'이다. 이 책은 전쟁사가 아니니 아편이 어떻게 중국에 퍼지게 됐고, 이후 어떻게 되었는지 아편의 관점에서만 살펴보도록 하겠다.

서양과 중국이 교류를 시작했을 때, 중국은 갑이고 서양은 을이었다. 서양은 중국의 차와 비단, 향신료, 도자기 등이 필요했지만, 중국은 자급자족이 가능했기 때문에 특별히 필요한 물건이 없었다.

지금도 마찬가지지만 무역에서 물물교환이 안 되면 돈을 줘야한다. 당시 세계화폐는 은이었고[1], 서양 국가들은 기껏 벌어들인 은을 싹싹 모아 중국에 갖다 바쳐야 했다.

당시 영국은 산업혁명이 일어나고 공장이 많아지면서, 노동자들에게 일을 빡세게 시켰다. 고통을 잊고 오래 일을 시키기 위해서는 노동자들에게 박카스나 비타500을 줘야 했지만, 당시에는 그런 제품이 발매되기 전이라 소소하게 아편이나 커피를 줬다. 그런데 영국은 네덜란드와의 커피 경쟁에서 패하면서 다른 대체품을 찾아야만 하는 상황이었다.[2] 그렇다고 아편만 주기에는 중독의 위험성이 컸다. 또 아편은 진정제 성격이 강해서 피로를 풀어주긴 하지만 일의 효율을 직접적으로 끌어올리진 못한다. 무엇보다 아편은 싼 값이 아니었다.

자본가들은 늘 그러듯이 값싼 대체재를 찾았고, 상대적으로 저렴한 중국의 차를 노동자들에게 제공하게 된다. 차나 커피를 마셔봐서 알겠지만, 일종의 각성 효과가 있다. 처음에는 영국도 중국에 은

---

1   그래서 지금도 우리는 돈을 맡기는 곳을 '은'행이라 부른다.

2   영국은 커피보다 차가 대중적으로 인기가 많은 유일한 서유럽 국가다. 하지만 영국도 17 세기 초까지는 차보다 커피를 훨씬 많이 마셨다. 기록에 따르면 런던에만 3,000 여 개의 커피하우스가 있었다고 한다. 당시 영국과 네덜란드의 상인들은 유럽 커피 시장을 놓고 경쟁 하고 있었는데, 이들은 주로 아라비아반도의 커피를 사들여 유럽에 판매했다. 하지만 커피 수요가 점점 증가하자, 네덜란드는 커피 원두를 빼돌려 자신들의 식민지였던 자바섬과 실론섬 에서 직접 재배하기 시작했고, 그 결과 가격 경쟁에서 승리해 영국을 제치고 시장을 압도하게 된다. 결국 영국 동인도 회사는 주력 상품을 커피에서 홍차로 바꿔야 했고, 이후 영국에서 차 시장이 성장하게 된다.

을 주고 차를 샀다. 그런데 은이 무한정 나겠는가. 무역 불균형이 심해지자 영국은 중국에 조금씩 아편을 팔기 시작한다. 정확히 말하면, 영국에서 옷을 만들어서 식민지였던 인도에 강매하고, 그걸로 인도에서 아편을 사서 중국에 파는 방식이었다. 이걸 삼각무역이라고 부른다. 아편 대용으로 차를 사기 위해 아편을 팔았다니… 뭔가 아이러니하지만 어쨌든 그랬다. 그런데 아편이 중국 사람들한테 제대로 통했다. "이게 요새 코쟁이들 사이에서 핫한 거라 해!" 뭐 이러면서 아편 하고 해해거린 거지.

아편이 중국에서 흥한 것에는 다양한 이유가 있지만, 중국의 동의보감이라 할 수 있는 이시진李時珍의 『본초강목』도 한몫했다. 『본초강목』은 동양의학을 공부하는 이들에게 지금도 교재로 사용 될 정도로 탁월한 책이다. 그런데 이 위대한 책에서 이시진은 "사람들은 틀림없이 밤 기술을 위해 아편을 사용할 것이다. 특히 사정을 억제하는 효과가 있다"라고 기술함으로써 판도라의 상자를 만들었다.

『본초강목』이 쓰일 당시만 해도 아편은 중국에서 귀한 것이었다. 그래서 아무리 정력에 좋다 한들 상류층만이 아편을 사용할 수 있었다. 그런데 영국을 통해 아편이 민중들이 쓸 수 있는 가격으로 쏟아지기 시작한 것이다. 판도라의 상자가 열리는 순간이다. 대박 포인트가 두 가지나 있다.

하나, 상류층만이 사용하던 물건.

둘, 정력제.

게임 끝. 정력에 좋다고 소문나면 품절되는 건 동서고금을 막론하고 진리다. 아편의 성적 효능에 대한 이 잘못된 믿음은 20세기 중반까지 이어져 중국 인민들을 유혹했다. 잘못된 선입견이란 이토록 무서운 것이다.[3]

아편이 명나라(중국)에 본격적으로 들어오기 시작할 무렵, 명나라는 담배 흡연자가 너무 많아 골머리를 앓고 있었다. 담배는 죄다 수입품이었고, 은이 해외로 빠져나가기 시작하자 그동안 무역에서 압도적 우위에 있던 명나라는 굴욕을 참을 수 없었다. 1644년 명나라는 담배를 국가차원에서 금지시킨다. 그러자 사람들은 담배에 아편을 섞은 마닥Madak을 "이거 담배 아닌데. 마닥인데"하면서 피우게 된다. 1729년, 명나라를 뒤엎고 중국의 새 주인이 된 청나라는 마닥도 금지한다. 이때 의약품을 제외한 아편도 함께 금지된다.

그럼 문제가 해결이 될까? 그랬으면 좋았겠지만 정반대의 결과가 나타난다. 사실 이때만 해도 아편은 청나라에 위협적이지 않았다. 국부 유출이 있긴 했지만, 훗날 닥칠 어마어마한 재앙에 비하면 귀여운 수준이었다. 물론 당시에는 이후 일어날 일을 알 수 없었겠지만.

재미를 보고 있던 영국은 청의 아편 금지 조치에 당황했다. "어떡하지? 쟤네가 팔지 말라 그러는데…" 영국은 오랜 고심 끝에… 그냥

---

3 아편은 안정제이기 때문에 정력을 강화할 수는 없다. 다만 흥분을 가라앉히기 때문에 (『본초강목』에 적힌 것처럼) 사정을 지연시키는 효과는 있을 수 있다. 다만 발기가 잘 안될 수도.

아편을 계속 팔기로 결정한다. 불법으로. 청나라 사람들도 마약과 아편이 함께 금지되자 '어차피 불법이라면 성능이 좋은 아편을 하겠어!' 하는 심리가 된다. 영국과 인민의 이해가 맞아떨어진 것이다.

아편 불법화로 청나라는 망하는 테크트리로 접어든다. 청나라가 간과한 점은 이런 것이다.

하나, 아편 불법화로 청은 아편에 대해 공식적으로 세금을 거둘 수 없게 된다. 그래서 아무리 아편이 팔려봐야 청나라는 득 볼 게 전혀 없게 된다.

둘, 공식적으로 아편을 수입하면 정부는 어느 정도 양을 통제할 수 있다. 전체 물량을 조절할 수도 있고, 의지가 있다면 아편을 복용하는 사람들을 파악할 수도 있다. 하지만 불법화가 되면서 대도시에서만 유행하던 아편이 (신고당할 확률이 낮은) 시골로 숨어 들어 중국 전역으로 퍼진다. 불법으로 규정했으니 아편량 통제는 불가능해지고, 음지로 쏟아진 아편으로 국민들의 중독은 훨씬 심각해졌다. 같은 양의 아편이 중국에 팔린다고 하더라도 '판매량이 많다'와 '집계조차 되지 않는다'는 관리하는 입장에서는 하늘과 땅 차이다.

공식적으로 아편 사업은 불법이었으니, 겉으로만 매너를 아는 영국은 아편을 청나라에 직접 팔지 않고 인도와 청나라 상인에게 하청을 주는 방식을 택했다. 그런데 이 상인들 입장에서는 나름 위험을 무릅쓰고 장사를 하는 것이었으므로 당연히 가격에 프리미엄을 붙였고, 청나라 국민들은 더 가난해지고 국부 유출은 점점 걷잡을 수 없게 되었다.

영국은 물 들어올 때 노 저으라는 한국 속담에 따라, 식민지였던 인도 벵골 지역의 논밭을 싹 밀어버리고 양귀비 밭을 조성한다. 이 조치로 '벵골 대기근' 때 300만 명이 넘는 인도인이 아사하게 되지만, 영국 입장에서는 알 게 뭔가. 당장 그해에만 청나라에 판 아편 수입이 두 배 이상 늘어났는데. 전쟁에서 영국이 이겼기에 망정이지, 졌으면 지금 독일이 지고 있는 원죄는 영국이 지고 있을 것이다.

이후 아편 무역은 19세기 후반까지 100년 넘게 세계에서 단일 상품으로는 가장 수익성이 높은 사업이 된다. '불법'이었는데 말이다. 거대한 국제범죄를 당시 최강국가가 체계적으로 후원한 셈이다. 물론 네덜란드, 일본 같은 다른 제국주의 국가들도 숟가락을 얹었다.

이 기간 중국의 연간 아편 수입량은 1650년 50톤에서, 아편전쟁 이후인 1880년이 되면 130배인 6,500톤으로 늘어난다. 당시 중국 성인 남성의 27퍼센트가 아편에 중독된 상태였고, 이들이 소비하는 아편량은 연간 3만 5,000톤에 달했다. 이쯤에서 산수를 잘하는 사람은 이상함을 느껴야 한다. 6,500톤을 수입했는데 어떻게 사용량이 3만 5,000톤일 수 있지? 오류가 아니다. 그 차이만큼 중국 내에서 자체적으로 생산한 것이다. 아편이 돈이 되는데 당연히 직접 키우는 이들이 나타나지 않겠는가. 이 시기를 거치면서 중국의 아편 생산량은 한때 전 세계의 85퍼센트를 차지할 정도로 늘어나게 된다. 그만큼 다른 농산물의 생산은 줄어들었을 것이고, 중국 서민들은 더욱더 가난과 굶주림으로 내몰렸다. 그리고 삶이 힘들어질수록

❶, ❷ 당시 아편굴의 모습을 담은 그림과 사진. 민중들은 아편으로 힘든 세상을 잊었다.

❸ 이후 차이나타운을 중심으로 세계로 퍼져나갔다. 사진은 싱가포르의 아편굴.

❹ 영화 〈인셉션〉의 한 장면. 아편굴을 연상시킨다.

58

아편을 찾는 사람은 더 많아졌다.

이 시기 많은 중국인들이 가난과 정치적 급변으로 고향을 떠나는데, 아편 문화도 이들과 함께 전 세계로 퍼져 나간다. 이때부터 '차이나타운=아편굴'이라는 인식이 생겨나게 된다.

이 모든 일의 원흉인 영국은 이에 대한 책임을 졌을까? 그럴 리가.

❖

이 시기 격동의 세계사처럼 유럽에서는 과학이 미친 듯이 발달하기 시작한다. 마약사에서도 혁명적인 두가지 변화가 일어난다.

하나는 주사기의 발명이다. 19세기 중반 스코틀랜드의 의사 알렉산더 우드Alexander Wood는 피하주사기를 대중화시킨다. 그야말로 의학 혁명이라 부를 만한 사건이다. 주사기가 없는 현대의학이 상상이나 되는가. 동시에 마약도 새로운 시대를 맞이한다. 우리가 생각하는 마약중독자의 전형적인 모습은 한 손에는 마약 봉지를 한 손에는 주사기를 들어야 하지 않던가.

재밌는 건, 우드는 피하주사기 덕분에 이제 마약중독을 걱정할 필요가 없어졌다고 생각했다는 것이다. 왜냐하면 당시 사람들은 입으로 마약을 흡입해서 마약에 중독된다고 생각했기 때문이다. 말도 안 되는 소리지만, 그때는 입으로 먹은 음식을 계속 먹고 싶듯이, 마약을 계속하고 싶은 것도 입을 통해 흡입했기 때문이라고 믿었다. 그러니 주사기를 개발하고는 유레카를 외칠 수 밖에. "이제 중독은 없다! 마약을 즐기자, 유후!"

또 하나의 큰 변화는 화학의 발전이다. 이전까지 마약은 대부분 천연 상태의 마약이거나, 기껏해야 즙을 짜내고 액을 모으는 수준이었다. 그런데 이 시기 기술의 발달로 드디어 화학적인 추출과 변형이 가능해진다. 19세기 초, 20살의 약사 제르튀르너Friedrich Wilhelm Adam Sertürner는 모르핀 개발에 성공한다. 모르핀은 아편의 업그레이드 버전이다.

의사들은 이 모르핀을 주사기와 결합해 환자에게 마구잡이로 투여했다. 조금 아파서 병원에 가면 일단 모르핀부터 맞고 시작하는 거다. 목숨이 오가는 전쟁에서는 오남용이 더 심했다. 미국의 남북전쟁, 프로이센-오스트리아 전쟁, 프로이센-프랑스 전쟁에서 병사들은 막무가내로 모르핀을 맞았다. 이 전쟁에 참여한 병사 대부분이 전쟁 후 심각한 중독 현상에 시달렸는데, 군인 중독자가 얼마나 많았는지 모르핀 중독을 '군인 질병soldier's disease'이라 부를 정도였다.

모르핀과 주사기를 개발해 마약사를 바꾼 두 사람은 고전적이면서도 아이러니한 최후를 맞았다. 모르핀을 개발한 제르튀르너는 자신과 친구들을 대상으로 실험을 진행했는데, 이 과정에서 결국 자신도 모르핀에 중독됐고 이후 별다른 업적을 내지 못한 채 젊은 나이에 사망한다. 알렉산더 우드는 주사기로 중독문제를 해결했다고 믿은 탓에 가족에게도 모르핀 주사를 권했고, 자신은 괜찮았지만 부인이 모르핀에 중독된다. 그의 부인은 주사기로 모르핀을 과다 투여해 사망한 역사상 첫 번째 케이스가 되었다. 하지만 이 비극적인 사건은 합성마약 시대에 숱하게 이어질 중독과 죽음의 신호탄에 불과했다.

그럼 합성마약 시대로 넘어가기 전에 마약의 종류를 간단히 정리해보자.

6.
오늘 오후엔 뭘 하지?:
마약의 종류와 구분

대체 마약은 무엇일까? 왜 우리는 담배는 단순한 기호식품으로 분류하면서, 대마초는 마약이라고 할까?

사람들은 흔히 마약이라는 범주가 명확한 과학적 근거에 의해 정해졌다고 생각하지만 그렇지 않다. 우리가 마약이라고 부르는 건, 단순히 법적인 구분인 경우가 많다. 법에서 마약으로 지정하면 그때부터 마약이 된다. 물론 법률로 지정되기 위해서는 어느정도 과학적 증거와 기준이 필요하지만, 그 기준이란 것이 애매해서 그때그때 다르게 적용된다. 그래서 시대별로 국가별로 마약이 달라진다.

UN이 제시하는 마약의 기준을 쭉 읽어보면 크게 두 가지로 정리할 수 있는데, 하나는 위험성이고 하나는 의존성이다. 그 기준에 따라 아편, 엑스터시, 헤로인, 대마초, 히로뽕, 코카인 등이 마약으로 지정되어 있다. 그런데 알코올(술), 니코틴(담배), 카페인(커피)은 마약이 아닌 기호식품이다. 이게 과연 합당한 걸까? 국가가 허용한 3대 마약 중 가장 약하다는 카페인을 살펴보자.

카페인은 의존성이 있고 중독이 된다. 커피를 입에 달고 사는 사람은 반나절만 커피를 못 마셔도 금단증상을 보인다. 집중이 안 되고 머리도 멍해지고 속이 안 좋아지면서 손톱을 물어뜯는다. 또한 카페인은 독성이 있다. 많이 섭취하면 죽을 수 있다. 카페인의 치사량은 약 10그램인데, 이는 프랜차이즈 레귤러 사이즈 커피 80잔 정도에 해당한다. 커피 80잔을 한 번에 마시는 사람이 없으니 안전한 것 아니냐고 반문할 수 있다. 하지만 치사량이란 사람마다 다르고, 특별히 카페인에 취약한 사람이라면 10잔 정도에 심장마비가 올 수도 있다.

반면 마약류로 분류되는 대마초의 치사량은 '5분 이내에 자신의 몸무게만큼' 피우는 것이다. 참고로 대마초 한 개비는 1그램이 채 안 된다.[1] 1그램이라 치더라도 거식증에 걸린 깡마른 40킬로그램 여성이 대마초를 피워서 죽으려면 5분에 4만 개비를 피워야 한다. 굳이 둘 중 하나의 방법으로 자살을 해야 한다면, 나는 커피 80잔을

1   대마초는 치사량 자체가 존재하지 않는다는 의견도 있다. 실제로 이제껏 대마초에 의해 사망한 경우는 단 한 차례도 보고된 적이 없다. 도전하라는 말은 아니다.

마시는 쪽을 택하겠다.[2]

물론 대마초는 꽤 특별한 경우다. 헤로인이나 히로뽕처럼 소량으로도 치명적인 약물도 많다. 이런 약물들이 마약으로 지정된 건 어느 정도 타당해 보인다. 하지만 경계선에 걸쳐 있는 애매한 약들은 필요에 따라 마약이 되기도 하고 안 되기도 한다.

가령 2011년에 국내에서 향정신성의약품(마약류)으로 지정된 프로포폴이라는 약물이 있다. 프로포폴은 사회적인 이슈가 되기 전에는 병원에서 손쉽게 사용하는 의약품이었다. 갑자기 성분이 바뀌어서 마약이 된 게 아니라, 사건이 터지자 국가가 갑자기 마약으로 지정한 것이다. 2017년 환각물질로 지정된, '해피 벌룬(아산화질소)'도 비슷한 경우다.

마약 관련법이 애매하다고 비난하는 건 아니다. 원래 법이란 건 사후적일 수밖에 없으니까. 문제가 생기면 그때 관리하는 것이 일반적이다. 말하고자 하는 건, 우리가 마약이라는 규정을 너무 고정적인 것으로 여길 필요는 없다는 거다. 현재 마약으로 규정돼 있는 사악한 약물들도, 필요에 따라 얼마든지 합법적으로 이용되고 있으니까.

---

2 치사량은 경우의 수가 많아 최근에는 단순한 수치로 표시하지는 않지만, 이해를 돕기 위해 과거 자료를 참고했다. 헤로인이나 코카인, 펜타닐 같은 마약은 치사량과 무관하게 단 한 번 투약에 저세상으로 갈 수도 있으니 조심하자. 특히 한동안 마약을 끊었다가 오랜만에 다시 복용하는 경우라면 특히 조심해야 한다. 영국에서는 헤로인 중독자들이 감옥에서 출소한 이후 갑작스럽게 헤로인을 투약해 사망하는 사고가 늘어나자, 이를 억제하기 위해 출소 직전 중독자들에게 소량의 헤로인을 제공하는 정책을 시행하기도 했다.

법과 무관하게 의존성과 위험성이 있는 모든 물질을 마약이라 부른다면, 그 종류는 셀 수 없이 많다. 우리가 주변에서 흔히 보는 식물 중에도 소량의 마약 성분을 포함한 것들이 많다. 상당수 정신과약과 몇몇 일반 약도 마약 효과가 있다. 실제로 다수의 약물 중독자가 불법 마약이 아니라 합법적으로 처방받은 약에 중독이 된다.

하지만 이 장에서는 우리가 흔히 '마약' 하면 떠올리는 클래식한 약들과 지난 몇 년간 국내에서 이슈가 된 마약만을 추려서 소개하도록 하겠다.

만들어진 방식에 따른 구분

마약을 구분하는 데는 다양한 기준이 있다. 먼저 마약 제조 방법에 따라 천연마약과 추출 알칼로이드, 합성마약으로 구분할 수 있다. 천연마약은 말 그대로 자연에서 채취한 마약, 추출 알칼로이드는 천연재료에서 알칼로이드만 추출해 정제한 마약, 합성마약은 실험실에서 화학적으로 합성한 마약을 말한다. 물론 지구상에 존재하는 것은 따지고 보면 모두 자연에서 왔다. 플라스틱도 지구에 있는 걸로 만든 것이지, 어디 우주에서 주워 온 건 아니니까. 하지만 합성마약이라 하면 자연의 상태보다 실험실에 가깝다고 이해하면 된다.

천연마약 & 추출 알칼로이드

① 대마(마리화나, 하시시)

깜짝 놀랄 이야기로 시작해보자.

신대륙을 발견한 콜럼버스. 그가 탄 배, 그 배의 돛은 무엇으로 만들어졌을까? 바로 대마…가 아니라 천으로 만들었다. 돛을 천 아니면 뭐로 만들겠는가. 그런데 이 천은 바로 대마로 만들었다.

렘브란트와Rembrandt van Rijn과 고흐Vincent van Gogh 역시 대마 천으로 만든 캔버스에 그림을 그렸다.[3] 의류에서도 대마 천과 대마 섬유는 중요한 소재다. 청바지 브랜드 '리바이스'를 만든 스트라우스Levi Strauss는 청바지의 프로토 타입을 대마 천으로 만들었다.[4]

미국 건국의 아버지 조지 워싱턴George Washington과 토머스 제퍼슨은 대마 농장을 운영했다. 특히 제퍼슨은 대마 사랑이 남달랐는데, "나라를 지키고 부유하게 만들기 위해서는 첫 번째로 대마가 필요하다"라는 말도 남겼다. 그는 실제로 좋은 대마를 구하기 위해 중국과 튀르키예에서 대마 씨를 숨겨 들여오기도 했다. 미국의 문익점.

또 다른 건국의 아버지[5] 벤저민 프랭클린Benjamin Franklin은 제지 공장을 가지고 있었는데, 이 공장에서는 종이를 대마로 만들었다. 그

---

3   초기에는 캔버스를 대마로 만들었으나 지금은 대마가 아닌 일반 면으로 만든다.

4   의류나 종이에 사용되는 산업용 대마는 마약 성분인 THC 함유율이 낮다. 영어권 국가에서는 오해를 줄이기 위해, 산업용 대마를 'hemp'라고 구분해서 부른다.

5   아버지가 참 많다. 미국 '건국의 아버지founding father'는 100명이 넘어서 미국인도 다 모른다고 한다.

래서인지 벤저민 프랭클린이 작성한 미국 독립선언문은 대마 종이
에 인쇄되어 있다. 미국의 건국 정신은 대마와 함께했다고 해도 과
언이 아니다.

요점은 마약이라고 해서 어디 지옥에서 자라는 특별한 식물이 아
니라는 것이다. 한반도에서도 아주 오래전부터 대마를 길렀고, 지금
도 안동 지역에서 대마를 키운다. "한국에서 대마를 키운다고?" 놀
란 분들도 있을 텐데, 삼베옷을 만드는 삼, 그게 바로 대마다. 1970년
대까지만 해도 시골에서 담배 대신 대마를 피우는 어르신들을 종종
찾아볼 수 있었다. 그러나 군사정권에서 대대적으로 대마 금지 정책
을 펴면서 대마 밭이 사라지고, 대마초를 피우던 문화도 사라졌다.

대마의 마약 작용은 꽃, 잎, 줄기 순으로 순도가 높고(꽃>잎>줄기),
꽃 중에서는 암꽃이 수꽃보다 순도가 높다(암꽃>수꽃). 그래서 대마
전체가 아니라 꽃과 잎 부분만 마약으로 지정되어 있다. 대마의 줄
기, 뿌리, 씨앗은 한국에서도 합법적으로 이용할 수 있다. 줄기는 대
마 섬유(삼베옷)로, 뿌리나 씨앗은 기름이나 한약재로 이용한다.

대마를 수확해서 말리면 대마초가 된다. 대마초는 보통 담배와 비
슷한 방식으로 흡입하는데, 담뱃대를 이용하거나 담배와 섞어 말아
피운다. 간혹 물담배처럼 증기를 내서 마시기도 한다. 외국영화에서
가끔 인물들이 흰 연기로 꽉 찬 플라스크를 마시며 헤벌레 하고 있
는 장면을 볼 수 있는데, 이때 피우는 게 보통 대마초다. 이 물담배용
도구를 '봉bong'이라 부른다. 봉씨 성을 가진 사람이 해외에서 자기소

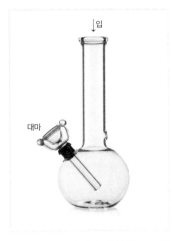
기초적인 'bong'의 형태. 과학 실험도구처럼 보이지만 학구적인 용도는 아니다. 화살표로 표시한 부분에 입을 댄다. 헷갈리지 마시라.

개만 했을 뿐인데, 사람들이 웃음을 터진다면 아마 이 때문이다.[6] 최근에는 전자담배 기기에 넣는 대마초 농축액도 나온다.

대마를 음료나 음식에 넣어 먹기도 한다. 그래서 해외에서 파티나 축제에 참석했을 때, 모르는 이가 음식을 권하면 조심하는 것이 좋다. 특히 해피 쿠키, 해피 브라우니 같은 식으로 소개한다면 대마가 들었을 확률이 높다.[7]

한때는 대부분의 국가에서 대마초가 금지되었으나, 최근에는 합법화되는 곳이 많다. 놀랍게도 북한에서도 대마초는 범죄가 아니다. 길에서도 피우는 사람을 쉽게 볼 수 있다고 한다. 당연히 북한도 국가적으로 마약 사용을 금지하고 있지만 북한 기준에 대마초는 마약의 범주에 포함되지 않는 것 같다. 북한의 대마는 대부분 산업용, 농업용이라 마약 성분이 턱없이 적다.

6　〈기생충〉, 〈살인의 추억〉 등을 만든 봉준호 감독이 영어권 국가에 처음 소개되었을 때, '미스터 봉Mr. Bong'이라는 이름은 언어유희의 대상이 되곤 했다. 그의 영화를 소개하면서 "봉에 매혹당하다", "봉(마약) 같은 영화"라는 표현을 많이 사용했다. 영화감독으로서는 나쁘지 않은 것 같다.

7　대마초 대신 환각버섯Magic Mushroom이나 엑스터시가 들어가는 경우도 있다. 음식에 약을 넣어도 겉으로는 티가 나지 않는다.

생대마. 혹시 동네 공원에서 누군가 키우고 있는 건 아닌지 잘 찾아보라. 실제로 2016년, 서울 노원구의 한 공원에서 동네 노인들이 대놓고 대마를 키우다가 적발된 적이 있다.

대마초는 흡입 후, 최대 세 시간까지 효과가 지속된다. 기분이 좋아지면서 감각이 예민해진다. 잘 들리고 잘 보이는 것 같은 기분이 든다. 가끔은 없는 소리도 들리고 없는 물체도 보이는데, 드문 경우다. 환각 효과가 있긴 하지만 강하진 않다. 'Happy smoke, Love & Peace'로 불리는 만큼 피우고 나면 실없는 사람처럼 헤헤 웃으며 나른해진다. 술 마시고 싸우는 사람은 있어도 대마초 피우고 싸우는 사람은 없다고 한다.

또한 다른 마약과는 다르게 복용 후에 허기가 져서 "정신을 차려보니 밥솥째로 퍼먹고 있더라" 같은 증언도 있다. 실제로 에이즈나 암 환자가 식욕을 잃었을 때, 의료용으로 마리화나를 처방하기도 한다.[8] 미국 애니메이션 〈사우스 파크〉 시즌 14에 랜디 마쉬라는 캐

---

8 한국에서도 대마밭이 있는 안동시를 중심으로 의료용 대마 합법화를 추진하고 있다.

릭터가 마리화나를 목표로 고환암에 걸리기 위해 노력(?)하는 에피소드가 있다. 어떻게 일부러 고환암에 걸리냐고? 해당 작품에서는 고환을 전자레인지에 넣고 돌린다. 그 덕에 고환이 너무 부어올라서 수레에 싣고 다닌다…. 현실에서는 그렇게 될 리가 없겠지만, 그렇다고 따라하진 마시라. 사실 이 책에 나온 그 무엇도 따라하지 않는 것이 인생에 좋다.

대마초는 해외에서는 주로 마리화나라고 부른다. 마리화나marihuana란 이름은 스페인어 여성 이름 중 가장 흔하다는 '마리아Maria'와 '후아나Juana'를 합쳐 만든 합성어로,[9] 피우면 '여성과의 성관계처럼 좋다' 혹은 '여성의 품처럼 아늑하다'라는 뜻에서 시작된 단어로 보인다. 단어의 시작부터가 은어인 셈이다. 마리아의 'M'과 후아나의 'J'를 따서 'MJ'라 부르기도 하고, 영어권 국가에서는 이를 다시 은어화해서 '메리제인Mary Jane'이라고 부르기도 한다. 그래서 팝 가사에서 메리제인이라는 여성을 찬양하거나 그리워하는 경우, 대마초를 비유한 것일 수도 있다. 검열 들어오면, "이거 사랑 노랜데, 왜? 뭐?" 이러는 거지.

마리화나라는 표현이 익숙해서 흔히 사용하긴 하지만, 공식 명칭은 '칸나비스cannabis'다. 그림을 그리는 '캔버스canvas'와 철자가 비슷해 보이지 않는가? 캔버스라는 명칭이 칸나비스에서 딴 것이다. 앞

---

9   포르투갈어 'Mariguango취하게 만드는 것'에서 유래했다는 설이 더 유력하다.

에서 말했듯이 초기 캔버스는 대마로 만들어졌다. 마리화나보다 칸나비스라고 부르는 것이 올바른 표현이지만, 사회적 금기가 늘 그렇듯 정식 명칭보다는 은어가 더 많이 쓰인다. 한국의 꾼들은 대마초를 '떨'이나 '빵'이라고 부른다.

히피 문화의 영향 때문인지 '위드weed', '그래스grass', '그린green', '허브herb' 같이 친자연적인 애칭도 많으며, 또 대마초를 태울 때 나는 냄새가 스컹크의 방귀 냄새와 비슷하다고 해서 '스컹크skunk'라고 부르기도 한다. 물론 보통의 한국 사람들은 스컹크 방귀 냄새도 맡아본 적이 없겠지만. 하지만 대마초 향이 워낙 독특하기 때문에 당신이 이전에 대마초를 한 번도 피워보지 않았어도, 냄새를 맡는 순간 대마초인지 담배인지 바로 구분할 수 있을 것이다.

혹시 '데메테르'라는 향수 회사를 아는가? 독특한 향을 만들기로 유명한 회사인데, 이들이 출시한 제품 중에 대마 향(칸나비스 향)이 있다. 모토는 "피우지는 말고, 향을 즐기세요". 네티즌들은, "무슨 약을 빨고 향수를 만들면 저런 향을 만들 수 있지?"라는 반응을 보였다. 대마초의 냄새가 정말 궁금한 독자라면, 이 제품을 한번 사용해보는 것도 좋다.[10] 다만 주변 사람들이 좋아할지는 잘 모르겠다. 나는 마리화나가 스컹크로 불린다는 사실을 분명히 고지했다.

---

10 데메테르는 그 외에도 쿠키, 케이크, 브라우니, 피자, 팝콘, 랍스터 같은 음식 향, 햇빛, 비, 눈, 나무, 곰팡이, 먼지, 번개(번개가 대체 무슨 냄새가 나는지는 모르겠지만)처럼 자연 친화적인 향, 또 베이비 비누, 린넨 같은 섬유유연제 느낌을 내는 향, 벽난로, 목욕탕 수증기, 종이책, 좀비 향(시체 냄새?) 등 특이한 향을 많이 판매한다. 당연히 데메테르 여신이 사랑한 양귀비 향도 있다. 이 정도 했으면 광고 주세요.

참고: 하시시

하시시를 마리화나의 다른 이름으로 알고 있는 이들도 많은데, 둘은 비슷하긴 하지만 조금 다르다. 하시시는 대마에서 성능이 좋은 암꽃과 잎만을 응축해서 만든 일종의 압축 마리화나로, 마리화나보다 8~10배 정도 강한 효과를 낸다.

대마를 말리면 이렇게 건나물처럼 되는데(왼쪽), 이를 타바코 페이퍼에 말아 피우거나 봉에 넣고 물담배로 피운다. 오른쪽은 대마초를 압축한 하시시다. 빚은 모양에 따라 초콜릿이나 똥 덩어리처럼 보인다.

② 양귀비(아편, 모르핀, 헤로인)

양귀비에는 꽃이 있다. 이 꽃이 덜 익어서 초록색일 때 칼로 그 봉우리를 쫙 찢으면 진한 우윳빛 액체가 나오는데, 이걸 모아서 하루 정도 말리면 아편이 된다. 아편은 진통제와 마취제, 수면제로 탁월한 효과를 보여 18세기까지 널리 사용됐다. 과거에는 지중해를 중심으로 유럽과 중동, 아프리카 북부, 아시아에서 광범위하게 길러졌지만, 현재는 유통되는 양귀비의 80퍼센트가 아프가니스탄에서 재배된다. 그 외 나머지는 동남아시아 라오스, 미얀마에 위치한 '황금 삼각지대Golden Triangle'에서 합법 혹은 불법으로 재배된다. 키우기 어려운 식물은 아니어서 국내에서도 매년 100여 명이 텃밭에서 몰래 키우다가 검거되곤 한다. 회사 부장님이 주말 텃밭을 애지중지 하신다면 의심해볼법 하다.

아편에 물과 석회를 섞어 끓이다가 염화암모늄을 넣어 침전시키면 모르핀이 된다. 모르핀은 진통제로 최고의 성능을 자랑하는데, 모든 진통제를 모르핀이라고 통쳐서 부를 정도로 일종의 대명사가 됐다. 하지만 중독성이 강해서 투여를 제한한다. 2차 세계대전 당시에 크게 유행했는데, 병사 한 명에게 최대 3회까지만 투여했다. 2차 세계대전을 배경으로 한 드라마 〈밴드 오브 브라더스〉를 보면, 의무병이 모르핀을 투여하면서 횟수를 체크하는 모습을 볼 수 있다.

모르핀에 무수초산, 활성탄, 염산, 에테르 등등을 넣고, 다시 화학 처리를 하면 헤로인이 된다. 헤로인쯤 되면 마약의 끝판왕이라 여기던 시절도 있었다.[11] 흡입, 흡연, 주사 등 모든 방식으로 이용할 수 있지만, 중독성이 강해서 결국 대부분의 헤로인 사용자가 주사기를 쓰는 단계까지 간다. 외국영화에서 숟가락에 올린 다음, 불에 달궈 액체를 만든 뒤, 주사기에 넣고 고무 밴드를 팔에 두르고 톡톡 친 다음 주사를 하면, 헤로인일 가능성이 높다. 이때 액체 상태의 헤로인을 보면 갈색이나 검은색인 경우가 많은데, 이는 헤로인에 커피나 초콜릿, 흑설탕이 중화제로 섞인 것이다. 순수 헤로인은 녹았을 때 잘 숙성된 화이트와인 같은 맑은 황금색을 띤다.

---

11 지금은 더 강력한 마약도 많다. 다만 여전히 헤로인은 하드드럭의 대표 약물로 상징적 의미를 가지고 있다.

주머니가 가벼운 자린고비 헤로인중독자들은 헤로인을 주사하고 난 뒤, 그대로 주사기 피스톤을 뒤로 빼서 자신의 피를 뽑아내 주사기 속에 남아 있을 소량의 헤로인을 피에 섞어 다시 주사한다. 마지막 한 방울까지 모두 다 흡수해버리겠다는 강렬한 의지겠지만, 비중독자가 보기엔 살짝 서늘한 장면이다.

미국에서는 마약중독자를 '정키junky'라고 부르기도 하는데, 처음에는 헤로인 중독자들만을 부르는 별명이었다. 재정적으로 힘들어진 헤로인중독자들이 헤로인 살 돈을 구하기 위해 좀비처럼 돌아다니다 남의 집 마당이나 차고에서 돈이 될 만한 물건이 보이기만 하면 습격해서 가져다 팔았는데, 버려진 물건 중 고철junk이 값을 잘 받다 보니 주 타깃이 됐고, 이 정크를 노리는 헤로인중독자를 정키라고 부르게 됐다.

내셔널 지오그래픽에서 만든 다큐멘터리 〈마약 주식회사〉를 보면, 헤로인중독자가 헤로인의 중독성에 대해서 이렇게 표현한다.

> 헤로인을 하면 어머니의 품같이 따뜻하고,
> 헤로인을 하지 않으면 알코올중독자 아버지의 주먹처럼 아프다.

그러니 할 수밖에 없는 거지.

정리하면 아편, 모르핀, 헤로인은 모두 양귀비가 기본 재료다. 양을 비교해보면, 양귀비꽃 2,000개를 가공하면 아편 10킬로그램을 얻을 수 있고, 이 10킬로그램을 화학 처리하면 모르핀이나 헤로인 1 킬로그램을 얻을 수 있다.

이 외에도 동물 마취제로 사용하는 에토르핀, 감기약에 들어가는 진통제 코데인, 그 외 현재 사용하는 다수 중증 진통제가 양귀비 계열이다.

❶ ❷ 양귀비 꽃과 봉오리. 꽃이 피기 전 봉오리를 칼로 그어 나온 액체를 말리면 아편이 된다.
❸ 액체는 처음에는 흰색이지만 반나절이 지나면 검은 갈색으로 변한다. 이를 생아편이라고 한다. 생아편은 시간이 지나면 완전한 덩어리가 되고 부서져서 가루 형태가 된다.

③ 코카잎(코카인, 크랙)

코카나무의 잎도 인류에게 사랑받는 마약 중 하나다. 하지만 불행히도 코카나무는 남미 안데스 지역에서만 자란다. 그래서 북미와 유럽의 부유한 코카인 사용자들의 만족을 위해, 중남미의 많은 국가가 고통받고 있다.

현지인들은 코카잎을 그냥 질겅질겅 씹어 먹는다. 코카잎은 잉카인들의 허기, 갈증, 고통, 피로를 잊게 해주는 소중한 존재였다. 코카잎을 씹어서 볼이 빵빵한 잉카의 조각상들이 지금까지도 남아 있다.

코카잎의 성분을 분석해보면 코카인 성분은 1퍼센트뿐이고, 나머지 99퍼센트는 비타민과 무기질이다. 중남미 지역은 비타민을 섭취하기 어려운 환경인데, 코카잎이 원주민의 건강을 지키는데 일정부분 역할을 해왔다고 볼 수 있다. 지금도 남미 여행 중에 고산병에 시달리면, 현지인들이 예방 차원에서 코카차를 권한다. 실제로 코카차를 마시면 비아그라를 복용하지 않아도 고산병이 상당히 완화된다.

16세기 초 스페인이 잉카제국을 정복한 후, 19세기 중남미가 스페인의 식민지에서 벗어나기까지 약 300년 동안 스페인 약탈자들은 원주민들을 광산에 몰아넣고 혹독하게 일을 시켰다. 이때 약탈자들은 원주민들에게 밥 대신 코카잎을 줬다. 코카잎은 피로와 허기를 참게 해주기 때문에, 그들에게 더 많은 일을 시킬 수 있었다. 코카잎에 중독된 원주민들은 이 코카잎을 받기 위해서라도 일을 계속할 수밖에 없었다.

코카잎을 씹어 볼이 빵빵한 조각상. 성적으로 비하할 때 짓는 표정과 비슷한 거 같지만 다 기분 탓이다.

스페인 식민지 시기 중남미 전체 원주민의 70퍼센트가 말살된다. 가장 큰 원인은 유럽과 아프리카에서 건너온 전염병이었다. 하지만 혹독한 노동을 하지 않았다면 사망률은 절반 이하로 떨어졌을 것이다. 어느 병이나 잘 먹고 잘 쉬어야 나을 수 있으니까. 만약 회사에서 야근을 시키면서 임금 대신 박카스나 비타500만 준다면 "이런 스페인 정복자 같은 놈들" 하면서 뛰쳐나가길 바란다. 그러지 못하면 우리도 300년 뒤에 70퍼센트가 줄어 있을지도 모른다.

코카인은 코카잎에서 추출한 마약이다. 코카인 1킬로그램을 얻으려면 코카잎 250킬로그램이 필요하다. 할리우드 영화에서 자주 나오는 마약 흡입 장면 기억나는가? 흰 가루를[12] 평평한 판 위에 올

12 코카인은 새하얀 색깔 때문에 '스노snow'라는 애칭으로도 불린다.

려놓고, 카드로 톡톡 쳐서 일자로 만든 다음, 지폐를 돌돌 말아 코로 쓱 들이마시는, 이게 바로 코카인이다.

영화에서는 코카인을 흡입할 때 꼭 지폐를 쓴다. 돈에 세균이 많다는 걸 모르는 사람이 없는데, 왜 굳이 지폐로 하는지 모르겠다. 특히 코 내부는 세균에 상당히 취약한데, 코카인이 코 점막에 나쁜 건 둘째 치고, 세균 감염의 위험도 커 보인다. 이 때문에 코카인 상습 복용자들은 코를 훌쩍거리는 경우가 많다. 2017년 미국 대선 TV 토론회에서 도널드 트럼프Donald Trump 후보가 코를 계속 훌쩍거렸는데, 이로 인해 트럼프가 코카인 중독자라는 소문이 돌기도 했다. 물론 사실 확인은 되지 않았다. 재밌는 건 당시 네티즌 대부분이 '트럼프가 정말 코카인 중독자라고 해도 특별히 놀라지는 않을 것'이라는 반응을 보였다는 점이다.

비염 환자가 되는 부작용은 있지만, 코카인을 코로 흡입하는 건 과학적으로 상당히 안전한 방법이다. 코카인을 한 번에 많이 흡입하더라도 코의 점막이 좁아 천천히 체내에 흡수시켜주기 때문이다. 코카인을 질이나 항문으로도 흡입할 수 있지만, 이 부위의 점막은 코보다 훨씬 넓어서 한순간에 흡수돼 신체가 큰 타격을 받을 수 있다. 물론 흡수량이 많다는 건 한 번에 더 큰 자극을 받을 수 있다는 의미기도 하다. 그래서 이런 식으로 마약을 흡입하다가 쇼크사하는 사람이 매년 나온다. 가끔 성기 안에 마약을 숨겨서 들어오다 비닐이 체내에서 터져서 사망하는 경우가 있는데, 이도 비슷한 경우라 볼 수 있다. 물론 마약 사용자들이 이 사실을 알고 코카인을 코로 마

월계수잎처럼 보이지만 코카잎(왼쪽). 코카잎을 정제한 코카인 그리고 코카인의 친구인 카드와 미국 달러(오른쪽).

시는 건 아닐 것이다. 단지 복용할 때마다 바지를 벗을 수 없을 뿐.[13]

　서구권에서 코카인은 잘사는 백인들, 중상류층의 마약이라는 이미지가 있다. 주식시장의 광기를 다룬 영화 〈더 울프 오브 월 스트리트〉에는 온갖 마약이 등장하는데, 메인은 코카인이다. 코카인은 흡입하는 즉시 강한 자극이 오지만, 지속 시간은 15분 정도로 짧다. 또한 각성제에 속하기 때문에 일정 부분 일의 효율을 끌어올리기도 한다. 이런 점이 자본주의 사회에서 남의 돈을 빼먹느라 바쁜 화이트칼라들에게 딱 맞았나 보다. 덕분에 코카인은 자본주의를 상징하는 마약이 되었다. 그래서 유독 카드로 치고 지폐로 들이마시나 보다.

　2009년 미국 매사추세츠대학 연구팀에서 30개국의 화폐를 조사했는데, 미국의 경우 유통 중인 지폐의 90퍼센트에서 코카인이 검

13　코카인을 그냥 입으로 복용할 수도 있다. 다만 효과가 반감되고, 엄청나게 쓴 맛이 나서 애용되진 않는다. 범죄 영화에는 종종 마약밀매상이 코카인의 성능을 테스트하기 위해 찍어서 맛을 보는 장면이 나온다.

출되었다고 한다.[14] 놀랍지 않은가. 이 약쟁이들 같으니… 물론 이 90퍼센트의 지폐 모두가 직접적으로 코카인 흡입에 사용된 것은 아니다. 은행의 지폐 계수기나 시장을 통해 돈이 돌면서 옮아간 경우도 많다. 일부만 오염되도 전체로 번지는 것은 금방이다. 그래도 일본 지폐의 경우 12퍼센트 정도만 코카인이 검출된 것을 감안하면, 미국의 코카인 사랑이 특별하다는 걸 알 수 있다.

코카인에 관련된 가장 재밌는 일화는 2009년 영국 타블로이드 《데일리 메일》에서 나왔다. BBC에서 프로듀서로 근무했던 사라 그레이엄Sarah Graham이 "BBC는 직원들이 독창적인 생각을 해야 한다며, 코카인을 나눠준다"라고 폭로한 것이다. 그녀의 고백에 따르면, 일하다가 함께 코카인을 흡입하는 건 너무 흔한 일이었고, 원하면 언제든 방송국에서 코카인을 얻을 수 있었다고 한다. 그녀는 아동 프로그램을 제작하는 'Children's BBC'에서도 근무를 했는데, 이 시기에 Children's BBC에서 희대의 명작 〈텔레토비〉가 나왔다. 그래서 이 폭로 이후 〈텔레토비〉가 약 빨고 만들어졌다는 풍문이 돌았으나, 그녀가 직접 〈텔레토비〉 제작에 관여하지는 않았다고 한다. 물론 회사에서 마약을 조직적으로 권했다면, 〈텔레토비〉를 만든 분들도 약을 빨았을 수도 있겠지만.

---

14 이 조사에서 특히 마약 사용이 많은 도시 지역(마이애미, 보스턴, 디트로이트, LA 등)의 경우, 지폐의 100퍼센트에서 코카인이 검출됐다. 다른 조사에서 영국은 무려 99퍼센트의 지폐에서 코카인이 검출된 적이 있다.

하지만 이 뉴스를 특종 보도한 《데일리 메일》은 대표적인 황색 언론(전문 용어로 찌라시)이다. 이후 다른 언론의 추가 취재가 없는 것으로 보아, 이 기사는 유언비어거나 개인의 경험이 과장된 것일 가능성이 높아 보인다. 만약 실제로 공영방송에서 조직적으로 마약을 권유했다면, 영국이 발칵 뒤집힐 스캔들인데 추가 기사가 없다는 건 말도 안 되니까.

그럼에도 굳이 이 사건을 언급하는 이유는 이거다. 혹시 〈텔레토비〉를 보면서 그런 느낌 받은 적 없는가? 그들의 느긋함과 여유가 너어어어-무 비현실적인 느낌? 아동 프로그램의 내용이 비현실적인 건 당연하지만, 〈텔레토비〉는 그냥 정서가 다르다. 진짜 마리화나나 헤로인 한 대 맞은 거 같다. 물론 코카인은 각성제이기 때문에 효과는 정반대겠지만.

참고: 크랙

코카인을 베이킹파우더와 섞어서 가열하면 '크랙Crack'을 얻을 수 있다. 코카인은 원래 가열하면 타버려서 담배처럼 흡연할 수 없는데, 크랙으로 만들면 흡연이 가능해진다.

고가의 코카인은 중상류층 백인들의 사용이 많지만, 불순물이 다량 포함된 크랙은 상대적으로 저렴해서 가난한 흑인들이 많이 사용했다. 최근에는 더 강력한 마약을 더 저렴하게 구할 수 있어 크랙의 인기는 예전만 못한 편. 아무튼 마약도 자본과 인종에 따라 나뉘는 더러운 세상이다.

④ 카트잎(케치논)

국내에는 많이 알려져 있지 않지만, 카트잎Khat도 대중적인 마약이다. 코카잎처럼 씹는 것만으로 바로 작용하는데, 코카잎과 마찬가지로 공복을 없애주고 고통을 잊게 해준다. 즙에서 나오는 케치논Cathinone 성분이 마약 물질로, 보통 씹어서 즙만 마시고 잎은 뱉는다. 예멘, 에티오피아, 케냐, 소말리아 등 주로 동아프리카와 중동 일부 지역에서 재배되고 사용된다. 이슬람이 국교인 국가에서는 율법에 따라 알코올이 금지된 경우가 종종 있는데, 몇몇 국가에서는 알코올 대신 이 카트잎을 오락용으로 허용하고 있다. 아직도 예멘 남성의 80퍼센트가 매일 카트잎을 씹고 뜯고 맛보고 즐긴다고 한다. 영국에서는 2014년까지는 합법적으로 유통되었으나, 현재는 금지 되었다.

카트잎의 케치논 성분은 수확 후 48시간 정도가 지나면 사라지는데, 이는 사회적으로 큰 문제점을 가지고 있다. 신선도가 카트의 생명이고, 이는 카트가 실시간으로 계속 재배되어야 한다는 뜻이기 때문이다. 그러기 위해서는 넓은 경작지와 많은 물이 필요한데, 문제는 카트를 재배하는 동아프리카 지역이 대부분 식량난과 식수난이 심각한 곳이라는 거다. 한 지역이 생산할 수 있는 농산물이란 건 제한적이고, 아프리카 같은 곳은 더 제한적인데, 카트가 수익성이 좋다 보니 많은 농민들이 다른 밭을 밀어버리고 카트를 키운다. 결국 식량난과 식수난은 더 심각해지고, 삶이 피폐해질수록 주민들은 더 카트에 의존하게 되는 악순환이 반복된다.

카트잎을 즐기는 데는 특별한 요령이 필요치 않다. 시장에서 구매해 씹기만 하면 된다.

십여 년 전, 한국에도 악명을 떨친 소말리아 해적들도 이 카트잎을 씹었다. 모가디슈전투 때는 소말리아인들이 카트잎을 씹으며 총을 맞아도 미친 듯이 저항해서, 세계 최강 미군을 공포에 떨게 만들기도 했다. 이들도 마야인들처럼 월급 대신 카트잎을 받았다고 한다. 진짜 세상 참 더럽게 안 변한다.

합성마약

① 메스암페타민(히로뽕)

히로뽕 혹은 필로폰이란 이름이 익숙하지만, 정식 명칭은 메스암페타민Methamphetamine이다. 미국이나 유럽에선 간단히 '메스'라고 부른다. 일본에서 감기약을 개발하다가 우연히 발명됐으며, 이웃 국가인 한국에서 큰 사랑을 받고 있다. 우리가 소위 '뽕 맞았다'라고 할 때, 그 뽕이 이 뽕이다.

버버리가 롱코트의 일반 명사가 되었듯, 스카치테이프가 셀로판 테이프를 대체했듯, 히로뽕도 상표에 불과하지만 메스암페타민의 대표 명칭이 되었다. 히로뽕이란 이름은 '노동을 사랑하다'라는 뜻의 그리스어 'philoponus'에서 따왔다. 약 먹고 일하라는 뜻이다. 노동이란 약을 흡입하면서 해야 할 만큼 가혹한 것. 이름에서 알 수 있듯이 히로뽕은 개발 당시 지금의 박카스 같은 일종의 피로회복제로 팔렸다. 당시 광고 문구는 이랬다.

"신발매품. 피로 방지와 회복엔! 게으름뱅이를 없애는 히로~뽕!"

각성 효과가 있는 마약들의 공통점이지만, 메스암페타민을 복용하면 실제 일의 효율을 두 배 정도 올려준다. 스도쿠나 체스로 실험을 해본 결과 190퍼센트의 효율을 얻었다고 한다. 실제로 주의력 결핍 과다행동장애(ADHD) 치료에 효과가 있다.[15] 또한 인간의 활력이란 기본적으로 성적 욕구와 연결되기 때문에 최음제로도 많이 이용된다.

제2차 세계대전 당시에는 추축국과 연합군 모두 군인들의 전투력 향상을 위해 이 약을 복용 시켰다. 특히 자국 제품을 사랑하는 일본군이 많이 사용했는데, 가미카제 작전 직전에도 마구 투약했다고 한다. 전쟁 이후 부작용이 알려지면서 한 국가씩 금지하기 시작해,

---

15 물론 메스암페타민은 부작용이 너무 심각해서 실제로 ADHD 치료에 쓰이는 경우는 거의 없다. 보통 효과가 안정적인 다른 암페타민류를 사용한다. 특히 한국은 메스암페타민 문제가 심각하므로 의학적 사용도 허가하지 않는다.

1970년대가 되면 대부분 국가에서 금지약물이 된다.

행복감, 활력, 자신감, 집중력, 성적 충동, 오르가즘을 높여주는 효과가 있지만, 그 대가로 공격성이 증가하고, 강박적인 행동, 망상, 식욕 감퇴 등이 발생한다.

또 메스는 치아에 엄청난 피해를 준다. 메스를 복용하면 극

가루도 있지만 보통 깨진 유리 모양의 결정으로 되어 있다. 그 때문에 '크리스탈 메스' 혹은 '아이스'라고 부르기도 한다. 물론 어차피 녹여서 주사기로 주입하는 경우가 대부분이라 모양이 딱히 중요하진 않다.

도의 흥분으로 이를 강하게 부딪치거나 갈게 되는데, 엎친 데 덮친 격으로 침샘이 말라 입안이 건조해져 치아가 더 빨리 손상된다. 물론 대부분의 마약중독자들이 양치질을 제때 하지 않기 때문에 치아 상태가 좋진 않지만, 메스 중독자들은 다른 마약중독자들과 비교해도 상태가 훨씬 나쁘다. 가끔 다이어트 목적으로 메스를 복용하는 사람이 있는데, 미적인 관점에서 볼 때 결코 좋은 선택은 아니다.

무엇보다 메스의 가장 큰 부작용은 금단증상이다. 메스를 복용하면 도파민 수치가 평소의 1,200퍼센트까지 올라간다. 이는 강력한 각성제의 대표 주자인 코카인보다도 세 배나 높은 수치다. 그렇기 때문에 메스 중독자가 복용을 중단할 경우 찾아오는 우울은 깊고 오래 지속된다.

피로회복제로 메스가 사용될 때는 음료에 섞어 마시는 경우가 많았지만, 현재는 정맥 주사가 대세다. 그래서 투약하는 모습만으로는

헤로인과 구분하기 힘들다. 하지만 헤로인은 다운 계열 약이고, 메스는 업 계열 약이라 효과는 완전히 다르다. 업, 다운의 구분은 뒤에서 따로 다루도록 하겠다.

이 아시아의 자존심은 강한 효과와 중독성으로 재구매율이 높고, 무엇보다 마약식물을 기를 필요 없이 간단하게 생산할 수 있기에, 아시아뿐 아니라 유럽과 미국에서도 급속도로 세를 불리고 있다. 미국 인기 드라마 〈브레이킹 배드Breaking Bad〉는 고등학교 화학 교사가 순도 높은 마약을 만들어 마약시장을 재편한다는 이야기인데, 이 작품에서 주인공 화학 교사가 만드는 약이 이 메스암페타민이다. 미국보

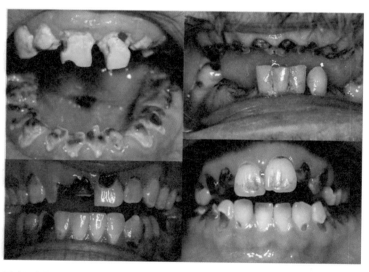

좀비 분장이 아니다. 메스는 투명하고 아름답지만, 메스를 한 사람은 결코 아름다울 수 없다. 충격이 부족하면 구글에서 'meth mouth'를 검색해보라.

다 메스암페타민 비율이 높은 한국에서는 드라마가 나오기 수십년 전에 월터 화이트(브레이킹 배드 주인공)가 수십 명은 있었다.

② 애더럴

암페타민류 각성제. 알약 형태로 제작되어 쉽게 섭취 가능하다. 효과는 메스암페타민과 거의 동일한데, 각성제 자체가 대부분 비슷한 효과를 낸다. 다만 장점이든 단점이든 메스암페타민에 비하면 그 효과가 매우 작다.

한국에서는 의료용으로도 완전히 금지돼 있지만 해외에서는 주의력결핍 과잉행동장애, ADHD 치료용으로 자주 사용된다. 미국에서는 마약이 아닌 2급 규제 약물로 지정되어 있다. 한국에서도 금지약물이긴 하지만, '비마약성 항정약제'로 분류한다. 물론 일반인의 인식 속에는 그냥 마약이다.

한국에서 ADHD 환자에게 처방하는 메틸페니데이트와 비교하면 둘 다 생산되는 도파민의 재흡수를 차단해 도파민의 활동을 돕는다. 차이점은 메틸페니데이트가 직접적으로 도파민 생성을 하진 못하는 반면, 암페타민은 도파민을 직접 생성한다. 그래서 도파민 생성을 전혀 못하는 중증 ADHD 환자에게 메틸페니데이트는 별 효과가 없다. 하지만 도파민을 직접 생성한다는 그 자체가 위험성을 가지고 있기에 한국에서는 완전히 금지하고 있다.

몇 년 전, 가수 박봄 씨가 애더럴을 무단으로 들여오다 적발되어 인터넷에서 조리돌림을 당한 적이 있는데, 절차에 문제가 있긴 했지만 개인적으로는 좀 안타깝게 생각했다. 박봄 씨는 후에 자신이 ADHD 환자임을 밝혔다(하지만 여전히 인터넷에서는 살 빼려고 먹었을 것이라는 비난 여론이 대세다).

앞서 메스암페타민이 일의 효율을 올리면서도 사용되지 않는 이유가 부작용이 돌이킬 수 없을 정도로 심각하기 때문이라고 했는데, 애더럴은 신체가 받아들일 만한 부작용을 가진 것 중에 가장 효과가 좋다고 생각하면 된다.

당연히 높은 집중력이 필요한 사람, 잠을 적게 자야 하는 사람들에게 인기가 좋다. 미국에서도 의사의 처방이 필요한 약물이지만, 처방전 받기가 어렵지 않다보니 오남용이 쉽게 일어난다. 특히 학생들이 불법적으로 많이 사용하는데, 특이하게도 성적이 좋은 모범생 집단일수록 사용 비율이 높다. 아이비리그[16] 재학생의 18퍼센트 이상이 애더럴을 복용한다는 통계도 있다. 참고로 일반적인 흡연율이 20퍼센트 정도인 걸 감안해보면, 미국 대학생들에게는 애더럴은 담배만큼 익숙한 것이라 볼 수 있다. 국내에서도 공부 잘하는 약, 살 빠지는 약으로 불리며 암암리에 거래된다고 한다.

집중력과 능력 향상은 신체에도 적용되는데 그로 인해 프로게이머나 운동선수들이 복용하기도 한다. 현재는 대부분 종목에서 금지약물로 지정되어 있다. 단, ADHD 처방을 받으면 사용할 수 있는데,

---

16 미국 북동부 지역에 위치한 8개 사립대학으로 일반적으로 미국 명문대 집단을 의미한다.

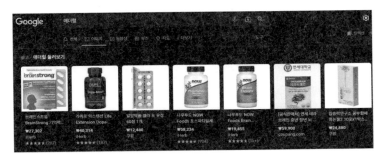

구글에 애더럴을 검색했을시 나오는 연관 광고. 당연히 금지 약물인 애더럴을 판매하진 않는다. 다만 '브레인 스트롱', '공부할 때 먹는' 등의 표현에서 현재 애더럴이 어떤 이미지로 소비되는지를 알 수 있다.

올림픽에서 웬만한 국가보다 금메달을 많이 딴 수영 선수 마이클 펠프스가 대표적이다.

③ 엑스터시(MDMA)

공식 명칭은 '메틸렌 디옥시-메스암페타민Methylene Dioxy-MethAmphetamine' 이며, 줄여서 MDMA라고 한다. 하지만 엑스터시란 이름이 더 폭넓게 사용된다. 애칭은 몰리 혹은 핑거즈, 한국에서는 먹고 춤을 추면 (머리를 흔들면) 효과가 더 좋다고 해서 '도리도리'라고도 부른다. 시중에는 보통 알약이나 사탕 형태로 나오는데, 어린 시절 먹던 불량식품처럼 생겼다.

1914년에 감기 증상을 완화하고, 식욕을 감퇴시켜 다이어트에 도움 되는 약으로 처음 등장했지만, 현재는 금지약물이다. 주로 파티용 마약으로 사용된다. 공식 명칭에서 알 수 있듯이 화학구조는 각성제인 암페타민과 비슷하지만, 효과는 환각제에 가깝다. 복용하면 행복감, 안정감, 편안함, 자신감을 주고, 스킨십 욕구도 강해져서 '포옹 마약Hug drug'으로 불리기도 한다. 시중에는 순수 엑스터시는 드물고 카페인이나 히로뽕 같은 각성제 성분이 섞인 엑스터시가 많이 돌아다닌다. 즉, 전혀 다른 효과가 날 수 있다.

엑스터시는 불순물이 섞이지 않았다면(그런 엑스터시는 거의 없지만), 그 자체로 크게 위험한 마약은 아니다. 다만 탈수 증세를 조심해야 한다. 그런데 파티에서는 과도한 흥분 때문에 탈수 증세를 자각하지 못해 사고가 발생하는 경우가 많다. 탈수 증세는 심해지면 열사병으로 발전할 수 있고, 열사병은 죽음으로 이어질 수 있다. 특히 술과 함께 먹으면 탈수 증세가 더 심해진다. 그러니 엑스터시를 복용한다면, 물을 지속적으로 섭취해야 한다는 사실을 잊지 마라.

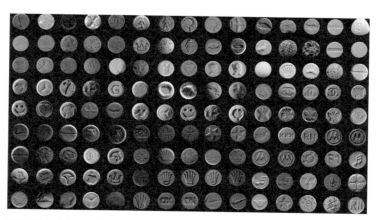

이미지에 속지 말자. 어릴 때 먹던 불량식품이 아니다. 물론 엑스터시는 불량식품.

④ 메타돈

모르핀이나 헤로인 같은 양귀비 계열의 진통제는 효과는 좋지만, 중독성이 강하다는 문제가 있다. 또 양귀비를 재배해야 해서 제조비도 많이 든다. 그래서 많은 제약회사가 오랫동안 이를 대체할 약물을 만들기 위해 노력했는데, 이 과정에서 지금 우리가 사용하는 다수의 합성마약들이 만들어졌다. 메타돈도 그중 하나다.[17]

메타돈도 다른 합성마약과 마찬가지로 진통제의 중독 효과를 해결하지는 못했지만, 모르핀이나 헤로인보다는 상대적으로 지속 시간이 길고 중독성도 약하다. 그래서 일부 국가에서는 헤로인이나 모르핀 중독자들에게 메타돈 치료를 하기도 한다. 담배 끊으려고 금연초 피우는 것과 비슷하다고 생각하면 된다. 그런데 금연초 피워본 사람은 다 알텐데, 담배 끊으려다 금연초에 중독되는 경우가 종종 있다. 메타돈도 마찬가지다. 헤로인 끊으려다 메타돈 중독에 빠지기도 한다. 물론 굳이 둘 중에 하나에 중독되야 한다면 메타돈이 낫다. 메타돈은 적어도 제약회사가 일정한 기준에 맞춰서 제조하기 때문에 길거리 마약보다는 안전하니까. 당연히 오남용으로 인한 사망 사고도 훨씬 적다.

하지만 메타돈도 마약이다. 이 사실을 절대 잊으면 안 된다.

메타돈을 굳이 소개하는 건 국내에서 이와 관련된 어처구니없는 사건이 있었기 때문이다. 1962년, 국도제약에서 새로운 진통제를

---

17 메타돈 외에도 페티딘pethidine, 모르피난morphinane, 아미노부텐aminobuten, 벤조 모르판benzomorphan, 펜타닐fentanyl 등이 모르핀을 대체할 목적으로 개발됐다.

발매한다. 당연히 정부 승인을 받은 제품이었고, 일반 의약품으로 의사 진단 없이도 누구나 쉽게 약국에서 구매할 수 있는 제품이었다. 그런데 이 제품에 메타돈이 포함돼 있었다. 당시에도 메타돈은 이미 마약류로 지정돼 있었지만, 국도제약은 메타돈의 원료를 다른 물질인 것처럼 위장 수입해 제품에 섞었다.

이 약은 탁월한 효과를 보였고, 날개 돋친 듯 팔려나갔다. 특히 광업, 농업, 어업 등 고된 육체노동을 하는 시골 지역 주민들이 이 약을 궤짝으로 사 놓고 만병통치약처럼 복용했다. 그러자 다른 스물두 곳의 제약회사들도 메타돈 성분을 포함한 제품을 출시한다. 비타민 영양제, 해열진통제, 국소마취제 등 그 종류도 다양했다.

마약이 시중에 합법적으로 돌아다녔는데, 정부는 3년이 지난 1965년에야 이를 알아차렸다. 당시 국내에는 메타돈을 검출할 수 있는 기술이 없었기 때문에 다른 물질과 섞어 놓으면 확인하기 쉽지 않았다. 제약회사는 이를 알고 악용한 거고. 하지만 그게 무능한 국가의 핑곗거리가 될 순 없다. 정부가 사실을 파악했을 때는 이미 전국 곳곳에 메타돈이 퍼진 뒤였다. 독재정권의 많은 일이 그렇듯 피해 조사는 제대로 이루어지지 않았고 피해 규모도 명확히 밝혀지지 않았다. 언론 보도에 따르면, 당시 메타돈에 중독된 사람이 최소 100만 명 이상이었다고 한다.

⑤ 펜타닐

합성 오피오이드의 일종. 메타돈과 마찬가지로 아편계 약물의 대체제를 찾는 과정에서 1959년 얀센사의 창업자 파울 얀센이 개발했다. 특징은 매우 강한 진통 효과, 가장 강력한 진정제로 생각되는 헤로인보다 100배나 강력한 효과를 낸다. 합성마약은 조금만 변형해도 더 강력해지곤 하는데, 펜타닐의 변형인 서펜타닐, 카펜타닐은 각각 펜타닐의 10배, 100배 효과를 낸다. 헤로인이 아편의 100배, 펜타닐은 그 헤로인의 100배인데, 그 펜타닐의 또 100배라니 솔직히 어느 정도인지 감이 안 온다.

하지만 가격은 100배 약한 헤로인보다 저렴하다. 진통제를 달고 살아야 하는 말기암 환자들에게는 유일한 위안이라 할 만한 약이다. 특히 종료와 함께 중국발 값싼 재료가 유통되면서 2000년대 이후 가격이 급격히 떨어졌다. 효과가 좋고 저렴하니 당연히 의사들도 자주 처방하는 약이 되었고, 마약상들도 선호하는 약이 되었다. 책 뒷 부분에서 자세히 다루겠지만, 현재 약물과다투여 사망사건의 압도적 1위 약물이다.

⑥ LSD

공식 명칭은 '리세르그산 다이에틸아마이드 Lysergic Acid Diethylamide'지만, 간단히 LSD 혹은 애시드[18]라고 부른다. 가장 유명한 환각제로, 환상을 보려면 LSD만 한 것이 없다.

액체 상태나 알약 형태도 있지만, 보통 네모난 작은 종이로 유통

---

18 오해하지 말아야 할 부분은 'acid'는 황산, 탄산 같은 산류의 통칭이기 때문에, 누군가 'acid'라고 말한다고 모두 LSD를 의미하는 건 아니다. 다만 일부 마약 사용자가 'acid'라고 부른다.

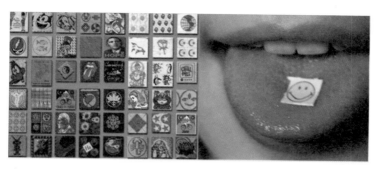

전문 디자이너도 있는 LSD 압지의 세계.

된다. 액체 상태의 LSD를 종이에 뿌려서 말린 것으로 이 종이를 혀 위에 올려 흡입하는 방식이다. 실제로 보면 작은 우표처럼 생겼다. 종이 위에는 스마일이나 인기 캐릭터(심슨, 스펀지밥, 어드벤처 타임, 미키 마우스 등)의 귀여운 이미지가 그려져 있다. 마치 '이건 별거 아니야. 가벼운 장난이지'라고 말하는 것처럼.

LSD는 상당히 독특한 마약이다. 사람의 마음은 크게 세 가지 신경전달물질의 영향을 받는다. 도파민, 노르아드레날린 그리고 세로토닌. 최대한 간단하게 설명하면 도파민은 쾌락, 정열, 성욕, 식욕 등 긍정적인 마음을 담당하고, 노르아드레날린은 반대로 불안, 스트레스 등 부정적 마음을 담당한다. 세로토닌은 도파민과 노르아드레날린을 적정 수준으로 유지시켜주는 역할을 한다.

대부분의 마약은 도파민에 작용한다. 기분을 좋게 만드는 것을 우리는 보통 마약이라고 하니까. 하지만 LSD는 세로토닌의 흡수를 막는 역할을 한다. 그러면 어떤 일이 일어나느냐? 모른다. 통제를 하는 세로토닌이 줄어드니 어떤 일이 일어날지 명확하지 않다. 그래서 복용 후 기분이 좋아지는 보통의 마약과는 달리, LSD를 복용하면 양극단의 감정을 오가는 경우가 많다. 통제가 안 되니 극단적 환상을 경험한다. 그 환상이 꿈인지 악몽인지는 그때그때 다르다.[19] 그러다 보니 인터넷에 도는 마약에 관한 괴소문들(보모가 아이를 칠면조로 착각해 오븐에 넣었다더라, 날 수 있을 줄 알고 옥상에서 뛰어내렸다더라, 눈이 실명될 때까지 햇빛을 쳐다봤다더라)은 LSD와 연관된 것들이 많다. 미국 드라마 〈CSI〉에는 LSD를 복용한 치어리더가 다른 여학생의 배를 찢어 내장을 먹는 에피소드가 있다. 그러니 혹시 하실 분들은 본인과 다른 사람의 안전을 위해 흉기가 없는 밀폐된 곳에서 조용히 하길 권장한다.

히피들이 사랑했고, 명상을 통해 깨달음을 얻으려는 사람들의 MSG 같은 마약이다. 1960년대에는 사회현상이 될 정도로 많은 이들이 광범위하게 LSD를 사용했다. 당시에는 환각물질을 지지하는 학자들도 있었다.[20] 지금도 일부 심리학자들은 LSD를 통해 상상력을 키울 수 있다고 주장한다. 또한 편집증이나 정신분열증 같은 중증 정신 질환이나 알코올중독 치료에 도움이 된다는 주장도 꾸준히 제기되고 있다.

---

19 우울증 환자에게 처방하는 항우울제는 대부분 세로토닌 수치를 올리는 역할을 한다. 세로토닌 수치를 올려서 우울한 감정을 조절할 수 있게 도와주는 것이다. 즉, 우울증 환자에게 LSD는 치명적일 수 있다.

20 이 때문에 1960년대를 사이키델릭 시대라고도 한다. 대표적인 학자로 영국 정신과 의사 험프리 오스몬드Humphrey Osmond와 하버드대학 심리학과 교수 티모시 리어리Timothy Leary가 있다.

다른 마약에 비해 신체적 중독은 약하지만, 문제는 강력한 환각이다. 사람들은 이 환각에 매료되어 LSD를 복용하는 거겠지만, 환각을 보는 약을 정부가 어떻게 허용할 수 있겠어. 무슨 일이 생길줄 알고.

LSD를 사용한 사람들 중 일부는 시간이 한참 지난 뒤에(하루나 수 주일, 어떤 경우에는 몇 년 뒤) 갑자기 LSD를 복용했을 때의 환각을 다시 경험하기도 한다. 이를 '플래시백Flashback'이라 부른다. 별거 아니라고 생각할 수도 있지만, 자신이 원하지 않을 때(가령 운전 중이라거나 위험한 작업을 할 때) 환각을 보면, 큰 사고로 이어질 수 있다.

플래시백 현상이 과연 실제로 존재하는지에 대해서는 논쟁이 있다. 경험자의 증언 외에는 딱히 왜 이런 현상이 일어나는지에 대해 명확한 과학적 설명이 없다. 얼핏 생각해봐도 LSD를 과거에 경험한 것만으로, 몇 년 뒤에 그 현상을 다시 겪는다는 것이 좀 이상하긴 하다. 하지만 우리는 우리의 뇌를 다 이해할 수 없으니, 메커니즘을 모른다고 해서 플래시백 현상이 거짓말이라고 단정할 순 없다.

※ 유명한 LSD 복용자

(1) 비틀스: 비틀스가 〈Lucy in the Sky with Diamonds〉라는 곡을 발표했을 당시 LSD를 찬양한다는 의혹이 있었다. 제목에 들어간 단어의 첫 알파벳만 모아보라.

곡을 만든 존 레논John Lennon은 제목의 약자가 LSD인지 몰랐다며 의혹을 전면 부인했다. 그는 아들이 유치원에서 그린 그림(친구 루시가 다이아몬드 별이 반짝이는 하늘을 날아다니는 그림)을 보고 영감을 얻었다고 밝혔다. 이후 비틀스 멤버들은 몇차례 더 LSD와 관련이 없다는 인터뷰를 했지만, 논란은 가라앉지 않았다. 이 곡은 아니라고 해도, 비틀스가 LSD를 포함해 다수의 마약을 즐긴 건 사실이니까.

이 곡은 비틀스의 곡답게 발표된 즉시 큰 인기를 끌었고, 전 세계에 울려 퍼졌다. 당시 아프리카에서 이 노래를 흥얼거리며 작업 중이던 발굴팀이 우연히 현생인류의 직계조상인 오스트랄로피테쿠스 아파렌시스Australopithecus afarensis 화석을 발견하게 되는데, 발굴팀은 인류의 조상에 자신들이 즐겨 듣던 음악의 제목을 따서 '루시'라는 이름을 붙여줬다. 물론 이게 그들이 마약 원숭이 가설을 지지했기 때문은 아닐 것이다. 모든 건 우연이다. 하지만 재밌는 우연이지.

(2) 스티브 잡스Steve Jobs: 그는 자서전에서 LSD를 복용한 것이 자신의 인생에서 가장 중요한 경험 중 하나라고 고백할 정도로 열렬한 LSD 지지자였다.

(3) 올더스 헉슬리Aldous Huxle: 이 분의 많은 글이 마약과 연관이 있는데, 그의 대표작인 『멋진 신세계』에는 '소마'[21]라는 가상의 마약이 등장한다. 그는 임종 직전, 아내에게 LSD를 한 대 놓아달라고 유언했고, 부인은 그의 부탁을 들어주었다. 그는 환각 속에서

---

21 힌두교 경전인 베다에 등장하는 환각성 물질. 현재는 힌두교 문화권에서 환각물질을 뜻하는 단어로 쓰인다. 이 이름을 올더스 헉슬리가 따와 작품에 차용했다. 실제 소마와 작품 속 소마는 마약이란 것 외에 큰 연관은 없다.

생을 마쳤다.

(4) 캐리 멀리스^{Kary Mullis}: DNA 관련 실험의 거의 모든 과정에 사용하는 PCR(중합효소연쇄반응) 검사법을 개발한 공로로 1993년 노벨 화학상을 수상했다. 그는 자신의 아이디어를 LSD에 취한 상태에서 얻었다고 고백했다.

(5) 아사하라 쇼코^{麻原彰晃}: 옴진리교 교주. 도쿄 지하철 사린가스 테러를 비롯해 수많은 테러의 배후로 지목된 인물

(6) 찰스 맨슨^{Charles Manson}: 설명하기 복잡한데, 결론적으로 연쇄 살인범. 기괴한 화장으로 유명한 록 스타 마릴린 맨슨이 이 사람에게서 이름을 따왔다. '마릴린' 먼로^{Marilyn Monroe}+찰스 '맨슨'

이 인물들 간에 어떤 공통점이 보이는가?

좋은 의미로든 나쁜 의미로든 미친 사람들이다. 물론 착각하면 안 되는 게, 저 사람들이 LSD를 했다는 거지 LSD를 한다고 저 사람들처럼 된다는 건 아니다.

참고: 아야와스카(DMT)

아마존 지역 원주민들이 3,000년 전부터 사용해왔다고 전해지는

신비의 약으로 천연마약에 속하지만 LSD와 비슷한 점이 많아서 이 부분에서 소개한다. 이 약물을 서양 세계에 처음 알린 사람은 마약 원숭이 가설을 주장한 테렌스 맥케나다.

아야와스카의 핵심은 디메틸트립타민dimethyltryptamine, DMT라는 물질인데, 문제는 이 DMT가 위액에 분해가 돼 신체에 작용을 하기 전에 사라진다는 것이다. 그래서 원주민들은 DMT가 위에서 분해되는 것을 막아주는 MAOI[22]가 포함된 식물을 DMT가 포함된 식물과 함께 달여서 복용한다. 그러면 DMT가 정상 작동한다. 즉, 아야와스카는 한 가지 식물이 아니라 DMT가 포함된 식물과 MAOI가 포함된 식물, 최소 두 개 이상의 식물을 넣고 달인 액체를 뜻한다. 화학 지식이 없는 원주민들이 이 과정을 정확히 알고 있었다는 것이 외부인들로 하여금 아야와스카의 신비감을 더 부각시킨 측면이 있다. 현지인들은 이 비법을 아주 오래전에 외계인이 와서 알려줬다고 주장한다.

많은 천연마약이 그렇듯 아야와스카도 현지인들에게는 만병통치약으로 통하는데, 다큐멘터리 〈아마존의 눈물〉을 보면 아야와스카를 마시고 말기 자궁암을 완치했다는 여성이 등장하기도 한다.

아야와스카는 첫맛이 너무 쓰고 먹은 직후 복통과 어지러움이 와 일단 구토를 하고 시작한다. 효과는 LSD와 비슷하다. 특이한 점

---

22 MAOI, 모노아민산화효소억제제monoamine oxidase inhabator, 항우울제로 사용하기도 한다. 그래서 아야와스카는 본의 아니게 두 개의 마약이 섞인 복합 마약의 성격을 띠는데, 이 때문에 LSD보다 강력한 환각을 보여준다는 주장도 있다.

은 LSD를 복용한 이가 보는 환상은 개인의 경험과 기분에 따라 제각각인 반면, 아야와스카 복용자가 보는 환상은 대체로 비슷하다는 것이다. 그래서 현지인들은 아야와스카를 마약이 아니라 신성하고 종교적인 것으로 여긴다. 물론 이건 그들의 일방적 주장으로, 추측컨대 아야와스카를 복용하는 곳이 대부분 아마존 일대다 보니, 주변 환경이 비슷비슷해서 비슷한 환상을 보는 게 아닐까 싶다. 이들이 본다는 환상은 페루의 샤먼 출신 화가 파블로 아마링고Pablo Amaringo의 회화 작품에서 확인할 수 있다. 저작권 때문에 여기에 싣지는 못하지만 구글 검색으로 쉽게 찾아볼 수 있다.

전 세계의 많은 마약 애호가가 이 신비의 약을 구하려고 발을 동동 구르고 있다. 한국에서는 2014년, 국정원 직원이 DMT 성분이 포함된 미모사 뿌리를 인터넷으로 주문해 네덜란드에서 국내에 반입하려다 검찰에 체포된 일이 있었다. 국정원 직원은 "아야와스카가 우울증과 ADHD에 효능이 있다는 이야기를 듣고 자녀를 위해 구입했을 뿐, 마약인지는 전혀 몰랐다"라고 주장했고, 경찰은 그의 주장을 받아들여 무혐의 처분을 내렸다. 충분히 있을 법한 일이지만, 박근혜 정부의 국정농단 사태를 겪고 나서 돌이켜보니, 그 사건이 조금은 묘한 구석이 있었다는 생각도 든다. 물론 VIP가 원한 물건이었다면 애초에 검찰에서 잡지도 않았겠지만.

⑦ 프로포폴

일명 우유주사. 한국에서는 십년 전부터 몇몇 연예인들의 스캔들로 유명해진 약물이다. 수면마취제의 일종으로, 다른 마취제에 비해 부작용이 적어 내시경 검사나 성형 수술 등 의료용으로 자주 사용된다.

스캔들이 터졌을 때 문제는 일부 의사들이 프로포폴을 '잠을 푹 잘 수 있게 도와 주고 기분도 상쾌하게 만들어주는 약'으로 속여서 장사를 했다는 것이다. 하지만 엄밀하게 따지자면 프로포폴은 수면제가 아니라 기억 중추를 마비시켜 기억이 나지 않게 하는 약이다. 그러니 잠을 잔 것처럼 느끼는 것이지 실제로 잠을 자는 건 아니다.[23] 잠이 드는 게 아니라 반수면 상태가 되는 건데, 이때 헛소리를 하면 본인은 기억을 못 한다. 수면 내시경 검사를 받다가 무의식 중에 '성스러운 헛소리를 했다' 류의 19금 유머와 비슷하다고 보면 된다.

처음 이슈 당시 언론은 프로포폴을 악랄한 신종 마약이라도 되는 것처럼 묘사했는데, 사실 약물 자체에는 중독성이 거의 없다. 다만 이를 사용하는 사람들의 상태가 불안정하다 보니 이 약물에 의존해야만 '잘 수 있다, 쉴 수 있다'는 생각에 지속적으로 투여하는 것이다. 그래서 연예인들이 유독 많았던 것 같다. 그 판에 잠깐 있어봤지만 배우(특히 여배우)는 외롭고 스트레스가 많은 직업이다.

크게 위험하진 않지만 종종 호흡에 문제를 일으키며, 남용하면 사망에 이르는 경우도 있다. 2009년 사망한 마이클 잭슨^{Michael Jackson}

---

23 이 효과를 이용해 의사가 환자를 강간한 사건도 있었다.

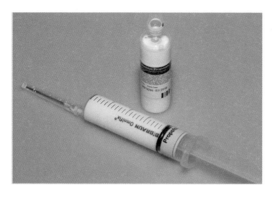

의 사망 원인이 프로포폴 과다 투여였다.

　해외 유명인사가 약물과다복용으로 사망하는 사건이 심심치 않게 발생하는데(프로포폴로는 드물지만 헤로인 등으로), 이런 사건이 일어나면 보험회사와 유가족 간에 치열한 법정 공방이 벌어진다. 마약을 다량으로 하면 죽을 수도 있다는 사실은 누구나 알고 있다. 그러니 누군가 약물과다복용으로 사망했을 때, 죽은 이가 자살하려고 마약을 많이 한 것인지, 아니면 평소처럼 마약을 했는데 그날따라 컨디션이 안 좋아서 죽은 것인지가 명확하지 않다. 이게 무슨 차이냐면, 보통 자살은 보험금이 지급되지 않는다. 그래서 보험회사는 자살을, 유가족은 사고사를 주장한다. 죽은 이의 유서라도 발견되면 자살이 확실한데, 이게 기분이 울적해져서 순간적으로 확 자살한 거라면 누구도 명확한 진실을 알기 어렵다. 또한 자살이라고 하더라도 죽은 이가 평소에 정신과 치료를 받고 있었거나 정신적인 문제가 있을 경우, 자신의 의지로 자살한 것이 아니라고 판단해 보험금을 지급하라는 판결이 난 적도 있다.

불행인지 다행인지 마이클 잭슨의 경우는 의사가 약물을 과다 투여한, 일종의 과실치사로 결론이 났다.[24]

번외: 아산화질소(해피 벌룬, 웃음가스)

'해피 벌룬'을 아는가? 풍선 안의 가스를 마시면 순간적으로 기분이 좋아져서 붙은 별명이다. 이 풍선 안에는 아산화질소가 들어 있다. 외국에서는 '웃음가스laughing gas'라는 속어를 더 많이 사용한다. 2015년쯤부터 국내 클럽과 대학가를 중심으로 퍼지기 시작한 일종의 유사 마약이다. 영국같이 마약 통제가 심한 일부 국가에서 2000년쯤부터 파티에서 마약 대용으로 큰 인기를 얻었는데, 한국에도 그 문화가 유입된 것이다. 처음에는 클럽을 중심으로 퍼져 나갔고, 이후 일부 술집에서는 이를 아예 상품화해 팔기도 했다.

하지만 아산화질소는 2000년대에 갑자기 나타난 물질은 아니다. 1772년 발견된 이후, 치과나 산부인과에서 일상적으로 사용하고 있다. 사용자가 의식을 잃지 않고 마취가 되기 때문에 치료에 쓸모가 많다. 또 카페에서 휘핑크림을 만들 때 생크림에 가스를 주입하고 흔드는데, 그 때 사용하는 가스도 아산화질소다.

---

24 죽은 이를 두고 돈 이야기만 한 게 찔려서 덧붙이면, 보험금이든 사고 보상금이든 간에 유가족이 이를 요구하는 것이 당연하다고 생각한다. 그들이 보상을 요구한다고 해서 덜 슬퍼하는 것도 아니고. 문제는 그런 걸 가지고 유가족을 비난하려고 드는 일부 언론과 특정 세력 그리고 그들의 놀음에 놀아나 악플을 쓰는 일부 대중들이다. 자본주의 사회에서 돈 외에 어떤 걸로 보상이 가능하겠는가.

19세기 그림. 당시 아산화질소 흡입이 얼마나 광범위하게 이루어졌는지 짐작할 수 있다.

재밌는 건, 아산화질소를 오락용으로 사용한 것이 21세기가 처음은 아니란 거다. 사실 아산화질소는 처음 발견됐을 때부터 오락용으로 사용됐다. 19세기 중반까지 상류층 파티에서 아산화질소는 빠질 수 없는 소품이었다. 당시 풍속화를 보면, 사람들이 술을 마시듯 아산화질소를 마신다. 오히려 마취제로 사용된 것이 19세기 중반 이후다. 오락은 많은 경우 필요에 앞선다. 이후 오락용 아산화질소는 다른 강력한 약물의 등장으로 인기가 시들해진다.[25] 그러다 21세기 가난한 젊은이들의 손에 다시 등장한 것이다.

25 물론 오락용으로 완전히 사라지진 않았다. 1940년대 미국 대학을 배경으로 한 영화 〈킬링 유어 달링〉을 보면 파티장에서 아산화질소를 즐기는 장면이 등장한다.

아산화질소는 긴장을 풀어주고 행복한 기분을 느끼게 해준다. 지속 시간도 30초 이내로 짧고, 부작용도 적어서 거부감이 적다. 큰맘 먹지 않아도 술김에 쉽게 할 수 있다는 뜻이다. 그러니 파티에서 유행한 거지.

하지만 아산화질소를 순간적으로 대량 흡입할 경우, 혈중 산소량이 급격히 떨어져 사망할 수 있다. 국내에서도 2017년 사망사고가 있었다. 정부는 그제야 아산화질소를 환각물질로 지정해 본래의 용도와 다르게 팔거나 사용하는 걸 금지했다. 하지만 여전히 인터넷에서 쉽게 구할 수 있어서, 10대와 20대를 중심으로 빠르게 퍼지고 있다.

환각물질이란 마약류로 분류되진 않지만, 마약과 비슷한 역할을 하기 때문에 정부가 통제하는 물질이다. 아산화질소 외에도 본드와 부탄가스, 시너 등이 환각물질에 포함되어 있다. 국내에서 마약은 가격도 비싸고 구하기 어려워 환각물질을 마약 대용품으로 사용하는 경우가 많다. 특히 10대의 사용 빈도가 높다. 보통 이런 문제는 시간이 갈수록 심각해지기 마련인데, 환각물질사범(환각물질 사용으로 경찰에 적발된 사람)은 2011년 1,761명에서 2016년 18명으로 급격하게 줄어들었다. 이유가 뭘까? 경찰 단속의 승리? 아니면 경찰 단속을 피한 사용자들의 승리?

둘 다 아니다. 답은 의외로 간단하다. 국내에서 가장 많이 사용되던 환각물질이 본드였는데, 10년 전쯤부터 본드 제조업체가 소매용 제품에 환각물질 대신 대체물질을 넣어 본드를 만들기 시작했기 때문이다.

본드는 환각 효과는 크지 않은데 신체에 입히는 피해는 웬만한 마약보다 훨씬 크다. 그럼에도 청소년들이 본드를 흡입한 건 구하기 쉽기 때문이었는데, 이제는 마약보다도 구하기 어렵게 된 것이다. 그러니 사범이 확 줄어든 거지. 지금은 그들이 건강하게 살고 있길 바라지만, 아마 그들은 본드 대신 다른 대안을 찾았을 거다. 그 대안 중에 하나가 아산화질소일 수도 있겠지.[26]

강간용 마약

또 우리가 심각하게 여겨야 할 것들이 로히프놀[27], 졸피뎀[28], 케타민[29], GHB[30] 같은 강간용 마약이다. 미국 범죄드라마의 단골 소재로 음료나 음식에 넣어서 상대방의 정신을 잃게 만들 때 주로 사용한다. 최음제(성적 쾌감을 올려주는 약물)로 착각하는 이들도 있는데, 정확히는 몸을 가누지 못하게 하는 용도로 성적 쾌감과는 무관하다. 약

---

26 아산화질소가 환각물질로 지정된 2017년을 기점으로 환각물질 사범은 400명대로 폭증했다가 현재는 100명대로 떨어진 상황이다.

27 원래는 불면증 치료용으로 사용하는 수면제로 줄여서 '루피'라고 부른다. 외국에서는 강간용 마약을 통쳐서 루피라고 부르기도 한다.

28 역시 불면증을 치료하기 위한 수면제다.

29 강력한 마취제로, 한국에서는 동물용 마취제로 사용된다.

30 흔히 '물뽕'이라 부른다. 다른 강간용 약물은 수면제나 마취제인 경우가 많지만, GHB는 강한 각성제로 이를 술에 섞어 마시면 뇌가 충격을 받아 기절한다. 무색·무취·무미해 각별한 주의가 필요하다.

물을 이용한 범죄는 예상하지 못한 상황에서 발생하기 때문에 조심하기 어렵다. 특히 한국은 마약에 대한 정보가 부족한 편이라, 범죄자 입장에서는 오히려 외국보다 한국이 쉽다. 상대방이 약물을 쓸 거라는 생각까진 잘 안하니까.

본인의 쾌락을 위해 마약을 투약하는 것과, 상대방의 동의 없이 강제로 마약을 투약하는 건 전혀 다른 차원의 범죄다. 이에 대해서는 앞으로 훨씬 더 강력한 법적 조치가 필요하다.

강도에 따른 구분

마약을 신체에 끼치는 독성과 의존도를 고려해 소프트드럭soft drug과 하드드럭hard drug으로 구분할 수 있다.[31] 말 그대로 약한 마약과 강한 마약.

> 소프트드럭: 대마초, 카트잎, 엑스터시(MDMA), LSD
> 하드드럭: 히로뽕(메스암페타민), 코카인, 헤로인

합법적 마약인 술(알코올)과 담배(니코틴)의 경우 소프트드럭과 하드드럭의 중간쯤 위치하지만, 하드드럭에 가깝다. 아편은 그 자체

---

31 보통 이를 '연성 마약', '경성 마약'으로 번역해서 사용하는데, 이해하기가 더 어려운 것 같아 영어 표현을 그대로 사용했다.

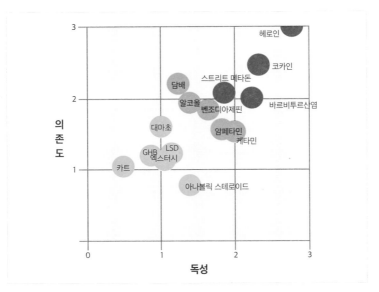

약물의 의존성과 독성에 대한 평가는 때에 따라 달라서 절대적이진 않지만, 이해를 돕기 위해 첨부했다. (「Development of a rational scale to assess the harm of drugs of potential misuse」를 참고)

로 효과가 강하진 않지만, 같은 계열의 강한 마약으로 연결될 수 있기 때문에 하드드럭으로 분류한다. 우리나라처럼 모든 마약이 불법인 곳에서는 하드든 소프트든 큰 의미가 없지만, 마약이 부분적으로 비범죄화된 곳에서는 처벌의 기준이 되기도 한다.

물론 이 기준은 투박하기 이를 데 없다. 예를 들어 가장 약한 마약으로 평가받는 대마초도, 최근 기술 발달로 마약성분인 THC를 극도로 끌어올려 '슈퍼 대마초'로 만들기도 하니까. 즉, 같은 마약이라 하더라도 농도와 중독성 등에 따라 다양한 기준과 관리가 필요하다.

효과에 따른 구분

마약을 사용하는 입장에서는 업 계열(각성제), 다운 계열(억제제), 사이키델릭 계열(환각제)로 구분할 수 있다. 본인이 어떤 상태가 되고 싶은지에 따라 선택하는 마약이 달라질 것이다. 물론 같은 계열이라 해도 효과가 완전히 똑같지는 않지만, 어느 정도 비슷한 부분이 있다.

① 각성제(흥분제)

중추신경을 흥분시켜 사람을 각성시키는 마약

효과: 쾌락적 행복감, 도취감, 활발한 에너지, 흥분과 불안

종류: 코카잎 베이스(코카인, 크랙), 카트잎, 히로뽕, 니코틴(담배), 카페인(커피)

② 억제제(진정제)

각성제와 반대로 중추신경을 억제

효과: 나른한 행복감, 편안함, 수면, 마취

종류: 양귀비 베이스(아편, 모르핀, 헤로인 등), 물뽕(GHB), 케타민, 대마초,[32] 알코올(술)

---

32 대마초의 경우 효과가 복합적으로 나타난다. 약하지만 환각 효과도 있어서 환각제로 분류하는 경우도 있다. 대마초를 마약으로 지정하려는 이들은 대마초를 환각제로, 합법화를 원하는 사람은 억제제로 구분하는 경향이 있다.

③ 환각제

말 그대로 복용 시 환각을 본다. 각성제나 억제제에 비해 신체적 의존성은 낮지만 정신적 의존성이 크다.

효과: 환각

종류: LSD, 아야와스카, 엑스터시 [33]

파티에서는 두 개 이상의 마약을 함께 복용하는 경우가 있는데, 이럴 경우 대부분 각성제+억제제, 각성제+환각제 식으로 다른 계열의 마약을 섞는다. 이렇게 되면 각 마약의 단점을 보완하면서, 훨씬 더 강렬한 기분을 맛볼 수 있다. 하지만 신체 충격이 배 이상으로 오기 때문에 특별히 조심하는 것이 좋다.

최근 국내 일부 술집에서 알코올(억제제)에 카페인(각성제)을 첨가한 칵테일을 판매하는 경우가 있는데, 이런 경우 법 위반은 아니지만, 마약과 거의 같은 수준으로 신체에 데미지를 줄 수 있기 때문에 조심하는 것이 좋다. 술이든 마약이든 폭탄은 나쁘다.

❖

이 장에서 다룬 마약보다 다루지 않은 마약이 훨씬 많다. 기술이 발전하면서 지금 이 순간에도 새로운 마약들이 계속 생겨나고

---

33 화학 구조가 각성제인 암페타민과 비슷해 각성제로 분류하기도 한다.

있다.[34]

여기서 다룬 마약은 기본 토대라고 생각하면 된다. 이 정도만 알고 있어도, 외국 영화나 드라마에서 마약 하는 장면이 나오면 대충 어떤 마약인지 감이 올 것이다. 모든 문학 작품이 그렇듯이, 영화와 드라마도 아는 만큼 보인다. 단순히 주인공이 마약을 하는 장면을 보는 것과 왜 하필 주인공이 지금 이 상황에 저 마약을 하는지, 감독은 왜 하필 저 마약을 선택했는지를 알고 그 장면을 보는 건 전혀 다른 차원의 재미를 준다.

이쯤 읽었으면 BBC가 왜 직원들에게 헤로인이 아니라 코카인을 줬는지 정도는 이해가 될 것이다.(정말 줬다는 건 아님)

---

34 UN 마약범죄사무소에 따르면 2009년에서 2016년 사이 보고된 신종마약(NTS)은 총 739개로 2016년 한 해에만 100개의 새로운 마약이 등장했다.

부록
일상에서 합법적으로
즐길 수 있는 마약 1

만약 당신이 이 책을 읽고 또 읽어 마약에 대해 이론적으로 빠삭해진다 해도, 일상에서는 마약을 경험할 순 없다. 경험해서도 안 되고. 믿거나 말거나, 이 책은 마약 사용을 권장하지 않는다.(제발 어디가서 이 책을 보고 마약 했다는 소리는 하지 말아 주시길)

하지만 옛말에 백 번 읽는 것보다 한 번 보는 것이 낫고, 백 번 보는 것보다 한 번 해보는 게 낫다고 했다. 그래서 여러분의 호기심을 채워 주기 위해 일상에서 합법적으로 즐길 수 있는 마약 아닌 마약을 소개할까 한다.

담배와 술, 커피, 차, 이렇게 당연히 마약인 건 제외한다. 섹스나 도박처럼 말하지 않아도 누구나 마약 못지않게 효과가 좋다는 걸 아는 것도 제외다. 섹스나 도박은 하고 싶다고 누구나 할 수 있는 것도 아니고, 여기에 중독되는 건 마약중독보다 딱히 낫다고 볼 수도 없으니까. 때에 따라서는 차라리 마약에 중독되는 게 나을 수도 있다.

그럼 우리들의 안전한 놀이터는 어디일까?

① 음악

음악은 우리가 가장 손쉽게, 합법적으로, 어디서든 즐길 수 있는 마약이다. 비유적 표현이 아니라 실제로 음악은 마약이다. 음악을 들으면 우리의 뇌 속에서 도파민 활성이 촉진되는데, 도파민은 행복감을 주는 신경전달물질이다. 대부분 마약도 도파민을 대체하거나 활성화하는 역할을 한다. 즉, 음악이 뇌에 작동하는 방식은 마약과 거의 같다.

이런 과학적인 사실까지 알진 못했겠지만, 우리 조상들도 음악에 심취해 있었다. 영국의 '스톤헨지'를 보자. 기원전 3000년경에 건설됐는데, 아직도 왜 이 건축물을 만들었는지 명확히 밝혀지지 않았다. 수많은 가설이 제기됐는데 그중 하나는 스톤헨지가 다 함께 음악을 즐기기 위해 만들어진, 일종의 콘서트장으로 공동체가 음악으로 엑스터시를 공유하는 공간이었다는 것이다.

음악의 마약 효과는 자신이 잘 모르는 음악보다, 잘 알면서 좋아하는 음악을 들을 때 더 극대화된다. 최애곡이 나오면 뇌는 바로 그 음악을 알아차리고 행복해지기 시작한다. 음악에는 보통 클라이맥

과거의 공연장? 스톤헨지에 사용된 돌의 재질과 배치는, 현대의 공연장처럼 소리의 증폭 효과가 있다.

스 부분이 있는데, 우리의 뇌는 의식적·무의식적으로 이 클라이맥스를 기다린다. 그러다 고대하던 클라이맥스가 오면, 뇌는 기다림을 보상받으며 도파민을 폭발하고, 우리는 극단의 쾌감을 맛보게 된다. 개그맨 유민상 씨의 유행어처럼 "아는 맛이 더 무서운 법"이다. 물론 이건 음식이나 음악 뿐 아니라 실제 마약에도 마찬가지다. 해본 사람이 계속한다. 성관계도, 음주도, 흡연도, 따지고 보니 세상 모든 기호는 동일하다. 역시 개그는 철학이다.

개개인의 민감도와 처한 상황에 따라 음악에서 오는 행복감은 크게 차이가 난다. 2011년 바롤리 샐림푸어Valorie N Salimpoor와 미첼 비노보이Mitchel Benovoy 박사는 PET 장치를 이용해, 인간의 뇌에 음악이 미치는 영향을 관찰한 논문을 발표했다. 이 논문에 따르면, 사람들은

자신이 좋아하는 음악을 들었을 때 평균적으로 6~9퍼센트 도파민
이 증가했다. 이는 우리가 맛있는 음식을 먹었을 때 뇌 속에서 일어
나는 반응과 비슷하다. 하지만 어떤 사람은 음악을 들으며 과도하
게 흥분했고, 도파민 수치가 21퍼센트까지 증가했는데, 이는 하드
드럭인 코카인을 복용했을 때와 비슷한 수치다. 본인이 가장 좋아
하는 가수의 콘서트에서 가장 좋아하는 곡이 나오는 순간을 상상해
보라. 모든 관객이 하나되어 떼창을 하는 거다. 그 순간의 쾌감은 어
쩌면 코카인을 넘어서지 않을까?

음악은 마약처럼 의존성도 가지고 있다. 그래서 음악을 이용해
인위적으로 도파민을 계속 자극하면, 마약에 중독됐을 때와 마찬가

관객들의 열광에 함께 신난 메탈리카의 공연 모습. 마약이 특별한 게 아니다. 자신이 좋아하는 가수
의 공연장에서 떼창만 해도 마약과 동일한 수준의 도파민이 폭발한다.

지로 음악을 듣지 않을 때, 도파민이 제대로 작동하지 않아 심한 우울을 느낄 수 있다. 일종의 금단증상인 셈이다.

하지만 아무리 그래 봐야 음악이지 않은가? 경찰이 잡아가는 것도 아니고. 충분히 중독되시기를.

② 종교

음… 차라리 마약을 하는…… 농담이다.

종교적 엑스터시는 고대부터 인류의 오랜 마약이다. 마약 식물이 종교를 돕기도 했지만, 종교 그 자체도 마약 같은 황홀감을 선사한다. 전설의 평양대부흥회[35] 같은 집단적 엑스터시는 실제 마약을 하면서 즐긴다는 글래스톤베리 페스티벌을[36] 유치원 학예회 수준으로 만들어버린다.

마약대신 종교를 하는 것의 가장 큰 문제는 시간이 너무 오래 걸린다는 것이다. 일단 신앙을 가져야 하고 마음속으로 진짜로 종교를 믿어야 한다. 이게 몇 년이 걸릴지 알 수 없다. 운 좋게(?) 믿음에 성공한다면, 마약을 경험할 준비가 다 된 것이다.

이제 종교 집회에 참여하자. 사회와 격리되어 외딴곳에서 하는 집회일수록 효과가 더 좋다. 당일치기가 아니라 숙박을 한다? 그러

---

35 1907년 평양에서 2주간 벌어진 부흥회. 회개와 고백, 방언, 눈물이 전염병처럼 터져 나오면서 도시 전체가 알 수 없는 종교적 열병에 빠져들었다고 한다. 이를 본 한 개신교인은 평생 잊지 못할 환희를 맛보았다고 하고, 한 비종교인은 마치 지옥이 열린 것 같았다고 회상했다.

36 세계에서 가장 큰 노천 음악 축제. 영국 서머싯 지역의 글래스톤베리에서 개최된다. 히피 문화의 영향으로 시작된 축제라 가벼운 마약 사용은 쉽게 목격할 수 있다.

면 더 좋다. 캠프 참석자들은 저녁 시간이 되면 다 함께 모여 고양된 상태에서 통성기도를 드린다. 이 때 마음을 열고 행사에 참여 하면, 어느새 중얼중얼하며 방언을 하고 있는 자신을 발견하게 될 것이다. 신이 당신에게 찾아오고, 당신은 마약 이상의 엑스터시를 경험할 수 있다. 여기에 종교 음악까지 합쳐지면 심장마비가 올지도 모른다.

음… 그러니까 차라리 마약을 하는…… 농담이다.

7.
19세기, 중독의 시대

5장에서 19세기 피하주사기와 모르핀이 개발되면서 마약에 새로운 시대가 열렸다는 이야기로 끝을 냈다. 이어서 가보자.

모르핀 추출은 다른 수많은 알칼로이드 추출을 이끌었다. 아편에서 모르핀을 추출하듯 다른 물질에서도 추출하면 되니까. 코카인, 카페인, 나르코틴이 연이어 발명된다.

모르핀이 처음 등장했을 때는 피하주사기가 그랬듯, 아편중독을 치료하는 약으로 소개되었다.

"아편에서 벗어나고 싶으신가요. 여기 모르핀이 있습니다."

아편중독에서 벗어나긴 할 거다. 모르핀중독이 되어서 그렇지.

당연히 모르핀은 아편보다 훨씬 중독성이 강하다. 이런 코미디는 이후 새로운 마약이 등장할 때마다 반복된다.

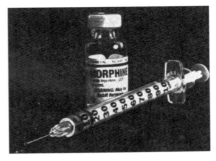
마약의 새 역사를 열어젖힌 두 개의 발명품.

일본 의사 나가이 나가요시長井長義는 1887년, 마황에서 에페드린을 추출한다. 메이지유신이 19세기 중반이었던 걸 감안하면, 이 당시 일본의 과학 발전은 놀라운 수준이다. 이때만 해도 완전한 후발 주자였는데 말이다. 에페드린은 현재까지도 감기약의 주재료로 사용된다.

그런데 나가이는 에페드린을 추출하는 과정에서 히로뽕도 우연히 개발한다. 뉴스에서 가끔 일반인들이(심지어 청소년들도) 감기약으로 히로뽕을 제조하다 경찰에 적발되는 경우를 볼 수 있는데, 에페드린에서 산소 원자 하나만 제거하면 히로뽕이 되기 때문에 전문가가 아니어도 조금만 공을 들이면 만들 수 있다.

1897년 독일 바이엘 제약회사의 펠릭스 호프만Felix Hoffman은 나가이 나가요시가 그랬듯, 위대한 약과 최악의 약을 동시에 만든다. 일단 위대한 약은 현대의 만병통치약 아스피린이고, 최악의 약은 모르핀의 상위 버전으로 뇌와 중추신경에 쉽게 접근할 수 있게 만든 강력한 마약이다. 약과 마약이 계속 함께 만들어지는 것이 신기해 보일 수도 있겠지만, 약과 마약은 원래 한 끗 차이다. 참고로 이 마약은 호프만 이전에 영국에서 먼저 개발됐지만 당시 이를 만든 사람은 그 가치를 몰라서 묻어버렸다. 반대로 바이엘사는 이 약의 가치를 알아봤을 뿐만 아니라 맹신했다. 그래서 이 약의 이름을 '약 중의 영웅'이라는 뜻의 '헤로인heroine'이라 지었다. 바이엘사는 헤로인을 아스피린보다 더 자랑스러워했고, 자신들의 주력 상품으로 밀었다.

새로 나온 헤로인은 당연히 모르핀중독을 해결할 수 있다고 홍보됐다. 당연하지. 약의 영웅이니까. 아편중독은 모르핀으로, 모르핀 중독은 헤로인으로!

같은 시기에 남미의 코카잎에서 추출된 코카인도 모르핀중독에 효과가 있다는 소문이 돌았다. 이때 코카인이 함유된 대박 아이템 두 개가 나온다.

첫 번째는 코카인이 들어간 포도주, '뱅 마리아니Vin Mariani'다. 이 음료의 인기는 대단했는데 교황 레오 13세가 이 포도주의 애호가여서, 뱅 마리아니를 만든 안젤로 마리아니Angelo Mariani에게 바티칸 금 메달을 수여하기도 했다. 지금으로 치면 대통령상을 받았다고 보면 된다.

『80일간의 세계일주』를 쓴 쥘 베른Jules Verne, 『목로주점』을 쓴 에밀 졸라Emile Zola, 『인형의 집』을 쓴 헨릭 입센Henrik Ibsen 역시 이 포도주의 애호가였다. 이 외에도 우리가 아는 이 시대의 수많은 명작들은 술발 더하기 약발로 만들어졌다.

왼쪽부터 당시 교황, 에밀 졸라, 헨릭 입센, 쥘 베른. 이들은 마약이 섞인 음료를 즐겼다. 하지만 멀쩡하다 못해 위대했다.

뱅 마리아니의 성공은 미국의 존 펨버턴^{John Pemberton}이란 사람에게 영감을 준다. 그는 약사 출신으로, 남북전쟁에 참여했다가 총상을 입고 퇴역한 군인이었는데, 군인이었던만큼 당연히 모르핀 중독자였다. 앞에서도 말했지만 당시 군인들에게 모르핀 중독은 무좀이나 치질만큼 흔한 질병이었다.

그는 코카인이 모르핀중독 치료에 도움이 된다는 말을 듣고 코카인에 빠지게 된다. 그는 뱅 마리아니 같은 대박의 꿈을 안고 코카인을 이용한 음식 사업에 뛰어든다. 그는 코카인을 넣은 와인도 만들고, 도넛도 만들고, 이것저것 닥치는 대로 만들었으나, 큰 재미를 보지 못했다. 그러다 우연히 얻어걸린 제품이 바로 '코카콜라'다. 여기서 코카는 코카잎에서 추출한 코카인이고, 콜라는 콜라나무의 열매에서 추출한 카페인이다. 이걸 합쳐서 코카콜라, 이름 짓기 참 쉽다.

1885년, 미국 애틀랜타시가 알코올이 함유된 주류의 판매를 전면금지하면서 코카콜라는 대박이 터진다. 바야흐로 금주법의 시대가 도래한 것이다. 금주법 시대에 가장 득을 본 게 마피아와 코카콜라가 아닐까 싶다.

그러면 우리가 마시는 코카콜라에는 코카인이 들어 있을까? 없을까?

정답은… 있으면 좋겠지만 없다.

19세기 후반부터 20세기 초반에 미국 남부에서는 "흑인이 백인 여성을 강간하기 전에 코카인을 복용한다"라는, 지금 우리나라로 치면 "조선족이 연쇄살인을 저지른다" 같은 흉흉한 소문이 돈다. 이런 소문은 대부분 낭설이지만, 장사는 논리보다 이미지가 중요하기 때문에, 코카콜라는 재빠르게 코카인을 제품에서 완전히 빼겠다고 선언했고, 결국 1906년 코카인을 제거한다. 그래서 지금의 코카콜라는 코카잎의 향만 우려내서 사용하며, 우려내는 과정에서 나오는 아주 미량의 코카인 성분도 화학적으로 완벽히 제거한다.

지금 보니 무서운 광고 문구, "Open Happiness!!"

코카인은 유럽에서도 큰 인기를 끌었다.

세계에서 가장 유명한 정신과 의사 지그문트 프로이트Sigmund Freud 박사도 코카인의 열광적인 팬이었다. 그는 코카인에 대해 몇 편의 에세이를 쓰기도 했는데, 이 글에서 "코카인은 유쾌함과 행복감을 야기하는 만병통치약"이라고 극찬했다.[1] 그는 모르핀에 중독된 친구에게 마치 숨겨진 투자 정보라도 알려 주는 양, 코카인을 추천하기도 했다. 그러나 친구가 알려준 투자 정보가 제대로 된 게 없듯이, 프로이트의 조언도 제대로 된 게 아니었고 친구는 코카인에도 중독되어 버린다. 어쩌면 스피드볼(헤로인과 코카인을 섞은 칵테일)의 창시자가 프로이트의 친구일지도…. 역시 부모님 말씀은 틀린 적이 없다. 사람은 어쨌거나 친구를 잘 사귀어야 한다.

시간이 지나면서 사람들은 코카인이 모르핀중독 해결에 도움이 되지 않는다는 당연한 사실을 깨닫는다. 코카인의 명성에 금이 가자 코카인에 단단히 빠진 프로이트는 이 모욕을 참을 수 없었는지 임상실험도 없이 의학저널에 "코카인이 모르핀 중독을 치료할 수 있다"라는 글을 게재해 인생 최대의 오점을 남긴다. 사람의 자존심이란 가끔(혹은 자주) 이런 실수를 하게 만든다. 그래서 프로이트를 비난하는 사람들 중 일부는, 그의 주장을 코카인에 빠져서 한 미친소리 정도로 치부하기도 한다. 그럼에도 프로이트의 명성을 등에 업은 코카인의 인기는 점점 치솟았다.

---

1 프로이트는 환자에게 최면술, 전기요법 그리고 코카인 치료법을 자주 사용했는데, 지금 기준에서는 세 가지 치료법 모두 큰 문제가 있다.

천연마약의 인기도 여전했다.

시인 새뮤얼 콜리지Samuel Coleridge, 소설가 에드거 앨런 포Edgar Allan Poe, 알렉상드르 뒤마Alexandre Dumas는 아편에 빠져 있었고, 프랑스 파리에서는 작가 테오필 고티에Theophile Gautier가 당대의 명사들을 모아, 일종의 사교 모임인 '하시시 클럽'을 만들었다. 당시 그는 문화 잡지 편집장을 지내면서 넓은 인맥을 가지고 있었는데, 이 클럽의 멤버는 조각가 자메 프라디에James Pradier, 낭만파 화가 유진 들라크루아Eugène Delacroix, 구스타브 플로베르Gustave Flauber, 작가 알렉상드르 뒤마(두 탕 뛴 용자), 빅토르 위고Victor Hugo, 시인 샤를 보들레르Charles Baudelaire와 제라르 드 네르발Gerard de Nerval 등이었다.

긍정에서 부정으로, 마약 인식의 대변환

19세기를 전후해 마약에 대한 대중의 인식이 변하기 시작한다. 이전 시대에는 중세를 제외하면 마약에 대해 호의적이었지만, 산업혁명 이후가 되면 마약에 대한 부정적인 인식이 크게 늘어난다.

19세기 이전, 사람들은 마약중독을 취미나 습관 정도로 생각했고, 크게 신경 쓰지 않았다. 중립적이었다고 볼 수도 있다. 그러나 19세기부터 마약중독이 사람을 피폐하게 만든다는 부정적 인식이 강해지는데, 이는 마약이 이전과 다르게 사회문제가 되기 시작했다는 의미다. 마약 자체는 이전에도 존재했다. 헤로인이나 코카인 같은 하드드럭이 이 시기 나오긴 했지만 그건 어디까지나 상류층의 문화였고, 일반인들은 여전히 아편이나 마리화나 정도만을 피우고 있었다. 그런데 마약중독은 갑자기 심각한 사회문제로 떠올랐다. 무슨 일이 있었던 걸까?

산업혁명 이후 시기는 인류 역사를 통틀어 사회 생산성이 가장 급격히 증가한 때다. 그에 따라 노동자의 노동량이 증가했고, 노동 피로가 배가됐으며, 그 결과 마약 사용이 급격히 증가한다. 여성 또한 산업현장에 끌려 나오면서 열악한 환경에 시달리게 되는데, 이에 따라 유아사망률도 치솟는다. 왜냐하면 일하는 여성들이 아기가 울면 달래기 위해 아편을 먹였기 때문이다.

그런데 직접적인 아편 남용으로 죽은 아이들은 생각보다 적었다. 그러면 아이들은 왜 죽었을까? 아이들은 지속적인 아편 사용으로 중독 상태에 빠졌고, 그에 따른 식욕 부진으로 결국 음식물을 거부해 영양 결핍으로 죽은 경우가 많다. 머릿속으로 이 상황을 한번 그려보라. 너무 끔찍하지 않은가.

제국주의 국가들이 식민지에 가서 한 행패도 행패지만, 그들은 자국의 국민들에게도 불행을 선사했다. 서민들에게는 그 어느 곳이나 지옥이었다. 이런 사회에서 술과 마약은 유일한 안식처였지만, 그 대가는 혹독했다.

또 하나, 의료인들의 애매한 의학 지식이 마약중독을 가속화시켰다. 이 시기 과학과 의학이 비약적으로 발전한 건 사실이다. 그래서 의사는 그 이전과는 확연히 다른 전문직이 된다. 예전에는 개인이나 공동체 내에서 자가 치료하던 시대였지만, 19세기에 오면 의사의 말이 곧 권력이 된다. 그런데 문제는 이들이 잘 몰랐다는 거다.

예전 같으면 아편에 중독된 사람이 생겼다, 그러면 그 사람은 아편을 스스로 줄이려고 노력을 했을 것이다. 물론 잘 안됐겠지만 어쨌든 시도는 했다. 하지만 이 시기부터는 일단 의사에게 간다. 그러면 의사는 "흠… 아편중독이시네요. 걱정하지 마세요. 특효약이 있습니다" 하면서 모르핀을 놓는다. 그리고 더 심한 중독자를 만들고, 그다음에는 모르핀 중독을 고치기 위해 헤로인이나 코카인을 놔준다. 의사가 치료법이라고 하니 환자는 그대로 믿을 수밖에 없다.

과거 같으면 아이에게 로더넘(아편의 일종)을 주니까 문제가 생겼다, 그러면 부모가 자제해서 복용을 중지했을 거다. 그런데 의사나 제약회사들이 나서서 로더넘은 문제가 없다고 말하니, 그 말을 곧이곧대로 믿은 부모는 아이에게 로더넘을 계속 복용시켜 사달을 내는 것이다.

마약에 중독되는 경우는 크게 두 가지다. 하나는 즐거움을 위해 오락용으로 하다가 중독되는 경우이고, 나머지 하나는 치료용으로 투여했다가 중독되는 경우다. 통계에 의하면 1950년대까지 치료용으로 마약을 사용하다 중독된 경우가 즐거움을 위해 중독된 사람보다 압도적으로 많았다. 결국 당시 마약중독은 사용자가 절제를 못했기 때문이 아니라 치료에 실패한 결과였다.

물론 당시 의사들이 일부러 그런 건 아닐 것이다. 당시에도 마약의 문제점들이 조금씩 보고되고는 있었지만, 지금처럼 의학 지식이 명확하지 않다 보니 의사나 언론은 좋은 면만을 보고 싶었을 것이다. 제약회사들에게 로비를 받으려면 그렇게 믿는 게 속 편했겠지. 결국 의사의 권위는 중독자를 양산하고, 제약회사들의 배만 불려주게 된다.

단순화하면 이런 패턴이다. 약을 만드는 제약회사가 있다. 전문가들이 기존 천연마약 중독의 위험성을 언급한다. 국가는 여기 동조해서 천연마약을 금지시키고, 이를 치료해야 할 병으로 캠페인한다. 제약 회사들은 천연마약 중독을 해결하기 위해서 천연마약과 별반 다를 바 없는(혹은 더 심각한) 신약을 만든다. 언론에 세뇌당해 마약이 문제라 생각하는 환자가 병원을 찾으면 의사는 제약회사가 만든 신약을 추천하고, 환자는 마약 대신 그 약을 투약한다. 그리고 그 대체 약물에 중독되면, 짠! 평생 호갱 완성.

이런 현상은 최근까지도 이어진다. 미국에서는 몇 년전까지만 해도 마리화나 중독자들에게 치료 목적으로 '마리놀'이라는 약품을 처방했다. 이름에서 보듯이 마리화나와 비슷한 제품이다. 마리화나보다 성능도 안 좋으면서 가격은 더 비싸고, 마리화나중독을 마리놀중독으로 대체해주는 놀라운 약이다.[2] 하지만 마리화나는 불법이고 마리놀은 합법적인 치료용 의약품이니, 환자는 마약에서 벗어났다는 행복을, 의사와 제약회사는 돈을 벌었다는 행복을, 국가는 마

---

2 마리놀은 대마초 성분 중 THC만을 합성한 캡슐형 알약이다. 캡슐형이라 소화기관에서 녹아버리기 때문에, 마리화나를 피우는 것보다 효과가 더디게 나타나며 성능도 떨어진다.

약중독자를 줄였다는 수치상의 행복을 누리니, 모두가 행복한 놀라운 창조경제다.

또한 19세기 말이 되면 '퇴보이론'이 유행해 마약에 대한 부정적 인식을 한 스푼 추가한다. 산업혁명이 일어나고 자본주의가 발달하고 도시가 커지다 보니 사회적 빈곤, 범죄, 알코올중독, 마약중독, 정치폭력, 매독, 동성애[3] 같은 문제가 발생하게 된다. 도시화 과정에서 피하기 어려운 문제지만, 당시 사람들은 이런 현상을 처음 겪었기에 한숨을 푹푹 쉬며 "말세여, 말세" 하며 인류가 멸망할 거라는 사이비종교 같은 이론을 마구 전파했다. 이를 퇴보이론이라 하는데, 세기말적 분위기를 떠올리면 이해하기 쉽다.

사회 분위기가 이렇다보니 마약에 대해서도 부정적인 인식이 강해진다. 이전의 문학 작품들은 마약에 긍정적이었지만, 이 시기부터는 부정적인 묘사가 많아진 것이다. 대표적으로 『지킬 박사와 하이드』가 있다. 이 작품에서 '평범한 지킬'의 다른 인격인 '광폭한 하이드'는 코카인 중독자를 은유한 캐릭터다. 설에 의하면 작가인 스티븐슨Robert Louis Stevenson은 6일간 코카인을 대량 복용한 상태에서 이 작품을 집필했다고 한다.

이렇게 마약중독이 시민들의 삶을 파고들어가는 상황에서 자본가와 위정자들은 왜 시민들이 마약을 하고 술을 마시는지를 고찰하

---

3   현재 동성애는 하나의 성적 지향으로 문제가 될 것이 없지만, 당시 사람들은 이를 심각한 문제로 여겼다.

는 것이 아니라, 술과 마약 때문에 노동생산성이 떨어지는 것을 걱정했다. 더 정확히 표현하자면, '지금도 괜찮지만, 노동생산성을 더 끌어올리려면 술과 마약을 통제해야 한다'라고 생각했다. 이는 당시 계몽주의, 이성만능주의와 맞아떨어지면서 술과 마약을 끊자는 절주운동으로 이어지게 된다. 지금이야 사람들이 물건을 사지 않으면 바로 경제 침체에 빠지기 때문에 소비를 늘리는 것이 국가의 지상과제지만, 당시에는 상황이 달랐다. 자국 내에서 엄청나게 물건을 뽑아낸 다음에, 해외로 수출하고, 식민지 늘리고, 그런 방식으로 한없이 발전할 수 있을 것 같았다. 그러니 당연히 근면과 절제가 최고의 덕목이지. 우리나라 1970~1980년대를 떠올리면 된다. 다 같이 새마을운동 하는 거지.

일단 술이 먼저 단두대에 오른다. 마약은 어쨌든 일의 효율을 올리는 데 효과적인 면도 있었으니까. 이 절주운동은 제국주의의 후발주자였던 미국에서 특히 강하게 일어난다. "우린 늦었으니까 더 열심히 해야 돼" 하면서 자녀를 기숙학원에 처넣은 거지. 절주운동은 청교도 정신과도 잘 들어맞았는데 그야말로 '프로테스탄트 윤리와 자본주의 정신'이다.

결국 미국은 자신들에게 대재앙이 될 금주법 시대로 근면 성실하게 제 발로 뛰어든다.

🍁
부록
일상에서 합법적으로
즐길 수 있는 마약 2

③ 육두구

육두구는 향신료의 일종이다. 한국에서 흔한 향신료는 아니지만, 인터넷으로 쉽게 구할 수 있다. 육두구는 환각과 진정 효과가 있어 과거 대항해시대에는 선원들이 고된 노동과 육지를 향한 그리움을 달래는 용도로 애용했다. 향신료는 귀한 물건이었기 때문에 여러 가지 효과가 있다는 미신이 있었는데, 육두구의 경우에는 최음 효과가 있다고 여겨졌다. 심지어 흑사병을 예방할 수 있다고 믿어지기도 했다. 물론 근거는 전혀 없다.

육두구의 마약 효과는 육두구에 포함된 미리스티신^{myristicin}과 엘

소량의 육두구는 전혀 상관없다. 그냥 평범한 향신료일 뿐.

레미신 elemicin 그리고 사프롤 safrole이 낸다. 미리스티신과 엘레미신은 암페타민과 비슷한 작용을 하고, 사프롤은 엑스터시의 기초가 되는 물질이다.

문제는 마약 효과가 아주아주 미미해서 기분을 좀 내려면 육두구를 겁나게 많이 섭취해야 하는데, 그러면 설사와 구토가 날 수밖에 없다. 다른 것도 아니고 향신료 아닌가. 후추나 설탕을 퍼먹는다고 생각해보라.

④ 상추

학창 시절 상추 먹으면 졸린다는 이야기를 들어봤을 것이다. 이 소문 때문에 학교 급식에서 상추가 나오면 안 먹는 친구들도 종종 있었다. 물론 나는 안 먹는 친구 것까지 먹고 자는 쪽을 택했지만. 물론 상추를 안 먹어도 잤다.

아무튼 실제로 상추에는 수면제 성분이 들어 있다. 상추의 줄기 부분을 보면 하얀 진액이 나오는데, 이를 락투카리움^{Lactucarium}이라고 한다. 진정·진통 효과가 있는데, 아편과 비슷한 작용을 한다고 이해하면 된다. 종교가 아편이 아니라 상추가 아편이다.

상추 마약의 문제는 육두구와 비슷한데, 너무 약하다. 100장 이상의 상추의 끝부분을 잘라 즙을 모아서 건조하면 조금은 효과를 발휘할 수 있지 않을까 싶지만, 그조차도 살짝 느낌만 오는 정도일 것이다. 그런데 락투카리움은 맛이 굉장히 쓰다. 그러니 이걸 모아서 먹으면 더 쓸 거다. 그리고 무엇보다…… 이 귀찮은 일을 누가 하고 앉아 있겠어?

⑤ 설탕

우리는 깨닫지 못하는 사이에 이미 마약에 중독되어 있다. 그 마약의 이름은 바로 설탕이다.

단맛이 당기는 건 인류의 본능이다. 우리 조상들은 늘 열량 부족에 시달렸고, 높은 열량을 찾도록 진화했다. 단맛은 보통 열량이 높다. 즉, 인류는 설탕을 좋아한다. 이건 취향의 문제가 아니다. 또한 뇌는 포도당에서 에너지를 얻는데, 포도당은 탄수화물이 소화된 형태다. 그런데 설탕은 정제된 탄수화물이라 먹으면 뇌에 곧바로 에너지를 공급한다. 마치 마약처럼 설탕은 뇌 속에서 도파민을 활성화하고 우리를 행복하게 만든다. 뇌는 이를 잘 알고 있기 때문에 우리는 스트레스를 받으면 본능적으로 단 걸 찾는다. 그러니 설탕은 마약 대용으로 사용하기 아주 적절한 물질이다.

문제는 우리가 이미 설탕에 중독되어 있다는 거다. 그러니 설탕을 섭취하는 것만으로는 마약 하는 기분을 느낄 수 없다. 대신 설탕을 통해 마약 금단증상을 경험해볼 수 있다. 영화에는 마약을 끊은 중독자들이 금단현상으로 몸서리치는 장면이 종종 나오는데, 우리는 설탕을 끊음으로써 이 기분을 유사하게 느껴볼 수 있다. 마약도 안 해보고 끊는 느낌 느껴보기.

설탕을 끊는 과정은 쉽지 않다. 일단 시중에서 사 먹는 음식 대부분에 설탕이 들어가 있다. 백종원 아저씨만 음식에 설탕을 뿌리는 게 아니다. 음료, 술 이런 건 당연하고 각종 찌개나 볶음 등에도 설탕이 들어 있다. 설탕을 끊기 위해서는 모든 음식을 직접 만들어 먹어야 한다. 조미료도 쓰면 안 된다. 대부분의 조미료에는 당류가 포함되어 있다.

그런 모든 철저하고 고생스러운 과정을 거쳐 설탕을 끊고 3일 정도만 지나면, 드디어 고대하던 금단현상이 나타난다. 메스꺼움과 두통이 찾아온다. 이 과정을 겪고 나면 당신은 한동안 훨씬 건강해지겠지만, 어차피 생활하다 보면 다시 설탕에 중독된 예전 상태가 되겠지.

마약중독자들의 삶을 다룬 〈레퀴엠〉이란 영화가 있다. 영화 내용은 뒤에서 다룰테니 생략하자. 이 영화를 촬영할 당시 대런 아르노

프스키^{Darren Aronofsky} 감독은 배우들에게 마약중독자의 기분을 느껴보라며 두 가지 제안을 했다고 한다. 하나는 '마약중독자와 한 달간 함께 생활하기'였고, 또 하나는 '한 달간 설탕을 절대 먹지 말고 성관계를 하지 않기'였다. 설탕의 금단현상이 마약 금단현상처럼 극적이진 않지만, 충분히 비슷한 느낌을 받을 수 있다고 생각한 것이다. 감독의 제안이 효과가 있었는지는 영화를 보며 확인해보시길.

⑥ 두꺼비

가끔 애니메이션에서 마녀들이 정체불명의 약물을 만드는 장면을 보면, 이상하게 마지막에 꼭 두꺼비 한 마리를 집어넣는다. 상당히 이상한 공통점 아닌가? 두꺼비가 주변에 흔한 것도 아니고 말이지. 그때는 이유를 몰랐는데, 알고 보니까 독이 있는 두꺼비의 독액 성분에는 환각 효과가 있다고 한다. 마녀들이 괜히 집어넣는 게 아니었던 거지.

다행히 우리는 마약을 위해 마녀들처럼 두꺼비를 죽일 필요는 없다. 먼저 살아 있는 독 두꺼비를 잡아다가, 고무장갑을 끼고 독액 분비샘을 압박하면 독액을 짜낼 수 있다. 몸이 눌려 툴툴대는 두꺼비에게 사과하고 맛있는 먹이를 주면, 며칠 뒤에 다시 독액을 짜낼 수도 있다. 이 독액을 모아 잘 말려서 담배와 섞어 피우면 된다.

물론 도시에 사는 사람이라면 이 짓을 하느니, 클럽 뒷골목을 배회하는 게 마약을 구하는 훨씬 빠른 길이겠지만.

⑦ 전갈

전쟁에서는 군인이나 지역 주민의 불안을 달래기 위해 마약을 합법적 비합법적으로 많이 사용한다. 특히 불리한 입장에 놓인 진영에서는 더욱더 마약이 필요하다.

2001년 파키스탄에서 동맹군이 탈레반을 공격했을 때, 교통이 끊어지면서 주변 지역에 헤로인 공급이 일시적으로 중단된 적이 있다. 이때 주민들이 전갈의 독침을 말려서 빻은 다음, 담배와 섞어 피웠다고 한다. 효과가 괜찮았는지 지금도 파키스탄 일부 지역에서는 전갈의 독침을 마약으로 이용한다.

아직까지 전갈 마약의 효과에 대해서는 정확히 조사된 적이 없지만, 지속 시간이 열 시간 정도 되고, 술에 취한 듯 비틀거리면서 환각을 보며, 상당히 역한 냄새가 난다고. 문제는 두꺼비와 마찬가지로 우리가 구하기 너무 힘들다는 것이다.

역시 클럽 뒷골목을 배회하는 게……

8.
금주법으로 살펴본 마약금지 정책

금주법. 이름 그대로 술의 생산, 유통, 소비를 금지한 법이다. 미국 수정헌법 18조에 해당하며 볼스테드법이라고도 부른다. 이 법은 1920년 시행돼서 1933년까지, 이 법의 폐기를 공약으로 내걸고 당선된 프랭클린 루스벨트Franklin Roosevelt 대통령이 폐기할 때까지 무려 13년간 유지됐다. 늘 그렇듯이 미국은 주법이 연방법과 따로 존재해서 결국 금주법이 미국 내에서 완전히 사라지는 건 1966년이 다돼서였다.[1]

---

1   미국에서 최후까지 금주법을 유지한 곳은 미시시피주다. 미시시피주는 법에 관한 특이한 사례가 많은데, 노예제가 2013년까지 남아 있기도 했다. 물론 그때까지 진짜로 노예가 있었던 건 아니고 명목상 주법에 남아 있다가 2013년 폐지된 것.

금주법의 도입 배경에 대해서는 앞에서 간단히 설명했는데, 그 외에도 몇 가지 이유가 더 있다.

　먼저 알코올 제조는 기본적으로 곡식을 많이 소모하는데, 당시가 1차 세계대전 직후여서 식량 안보가 세계적으로 중요한 이슈였다. 하지만 미국이 아프리카도 아니고, 술 때문에 보급할 식량이 없다는 건 말도 안 되지. 하지만 애국심 마케팅은 놀라운 힘을 가지고 있어서, 포장만 잘하면 어떤 명청한 말도 지지를 받을 수 있다.

　또 하나 흥미로운 점은, 당시에 꽤 많은 사람이 금주법을 일종의 여성인권법으로 여겼다는 것이다. 당시 여성도 술을 마시기는 했지만, 아무래도 사회생활을 많이 하는 남성들이 훨씬 술을 많이 마셨다. 그런데 꽤 많은 남성이 술독에 빠져 가정을 돌보지 않거나 집에서 폭력을 행사했다. 우리도 겪었지만, 가부장제 사회에서 가부장은 술을 마시면 대부분 집안사람을 괴롭힌다. 이때는 여성을 남성의 소유물로 여기던 때라 개차반이 훨씬 많았다. 그런데 문제는 당시에는 이혼이 쉽지 않았다는 것이다. 개차반이랑 평생 살아야 하는 거지. 그러니 '술이라도 못 마시게 하면 좀 나아지지 않을까?' 하는 생각을 자연스레 하게 됐다.

　지금 페미니즘 입장에서 보면 이건 여성운동이라고 하긴 좀 그렇다. 어쨌든 금주법의 목적은 남성 중심의 가정을 상정하고 있으니까. 그런데 알다시피 여성인권을 직접적으로 주장하는 건, 그때나 지금이나 반발이 크다. "습~ 뗵! 어디서 여자가" 이런 반응이 나오기 십상이다. 그러니 우회로를 만든 거다. "우리는 남성들을 비난하는 게 아니에요. 술이 나쁜 겁니다. 우리 아버지를, 남편을 돌려주세요." 그러자 남자들도 고개를 끄덕이며 눈물을 흘렸다.

이런저런 역사적 맥락을 이해하더라도 미국의 금주법은 여전히 이상한 구석이 있다. 미국은 자유를 모토로 세워진 나라다. 그렇게 총기 사고가 많이 나도 총기조차 제대로 규제하지 못한다. 그런데 술을 금지한다? 확실히 금주법 당시의 미국은 어딘가 광적인 열망에 빠져 있었던 것 같다.

물론 금주법을 시도한 국가가 역사상 미국이 처음은 아니다. 앞에서도 여러 번 이야기했듯이 술은 늘 마약보다 더 큰 사회문제였고, 이는 대륙과 문화, 종교를 뛰어넘어 모두 마찬가지였기에, 금주법은 곳곳에서 시행됐다.

우리나라도 조선시대에 심심하면 금주령을 반포했다. 특히 근검절약을 중시했던 영조는 재위 기간 51년 중에 50년간 금주령을 내렸다. 영조는 유독 술에 엄격했는데, 술을 가지고 있다는 이유만으로 관리를 사형시킨 적도 있다. 영조가 자기 아들인 사도세자를 뒤주에 가둬 죽인 이유가 술을 마셨기 때문이라는 썰이 있을 정도다.

하지만 영조 시대를 제외하면 조선에서 금주령이란 흉년이나 천재지변, 국상 등에 한시적으로 내려지는 조치였다. 오래가지도 않았지만 간다고 해도 백성들이 이를 지키지 않았다. 영조가 아무리 사형을 시켜도 술을 마실 사람은 마셨다. 심지어 영조 본인도 남들은

술을 못 마시게 해놓고 자신은 자주 마셨다고 한다.[2]

이제껏 이슬람 문화권을 제외하고는 단 한 차례도 금주법이 성공한 경우가 없다. 이슬람에서 금주법이 성공할 수 있었던 것도, 금주가 법이었기 때문이 아니라 알코올이 종교적 터부였기 때문이다.[3] 그리고 일부 이슬람 지역에서는 알코올 대신 카트잎 등 일종의 대체재를 허용하고 있다.

그런데 미국은 착각했다. '우린 할 수 있다! 왜? 우주가 도와줄 테니까!' 그래서 역사를 부정하고 금주법을 전면 시행했다. 그리고 모두가 알다시피 대실패로 끝났다.

그림으로 보는 미국 금주법의 변화 과정

금주법 시대는 모순이 넘치는 시대였고, 그만큼 흥미로운 에피소드가 많다. 미국의 많은 영화와 드라마가 이 시대를 배경으로 만들어졌고, 여전히 만들어지고 있다.[4] 하지만 이 책의 주인공은 마약이

---

2 『조선왕조실록』에는 한 신하가 영조에게 건강을 위해 술을 그만 마시라고 간청하는 부분이 나온다. 영조는 이에 대해, "과인은 오미자차를 마셨는데, 남들이 소주로 오해한 것이다"라고 답한다. 흠… 아… 뭐… 왕이 그렇다고 하니 그런 거겠지.

3 술이 금지된 이슬람 국가에서도 당연히 몰래 술을 마시는 사람들이 있다. 다만 다른 문화권보다는 상대적으로 금주법이 잘 지켜진다는 의미.

4 다큐멘터리 〈금주법Prohibition〉, 영화 〈위대한 개츠비〉, 〈언터처블〉, 〈대부2〉, 〈원스 어폰 어 타임 인 아메리카〉, 드라마 〈보드 워크 엠파이어〉 등이 금주법 시대를 배경으로 한다.

◀금주법 찬반투표 포스터. "욕심 많은 기업가를 위해 투표할 것인가? 당신의 가족을 위해 투표할 것인가?" 지금 시점에서 보기에는 공산주의를 옹호하는 프로파간다처럼 보인다.

▼금주법을 지지하는 시민들의 시위 모습. 금주법에 대한 흔한 오해 가운데 하나는, 미국 시민들은 이 법을 원하지 않았는데 정부가 밀어붙였다는 것이다. 하지만 법이 시행될 당시의 분위기는 전혀 그렇지 않았다.

◀다수의 시민이 다가올 금주법을 축하하고 발전할 미국을 상상하며 파티를 벌였다. 물론 금주법을 반대했더라도 법이 시행되기 전에 가진 술을 다 없애야 했기에 파티는 벌였을 것이다. 금주법 시행 6일 전, 팔지 못하면 그 대로 술을 버려야 하는 상점 주인과 지금 술을 마시지 않으면 영영 마실 수 없을지도 모르는 시민들의 눈치 게임이 한창이다.

◀즐거운 표정으로 술을 길에 부어버리는 시민들. 미국인들은 정말 진지하게 금주법이 미국을 더 좋은 국가로 변화시킬 것이라 믿었다. 처음에는.

▼하지만 막상 법이 시행되고 시간이 흐르자 분위기가 달라진다. 1929년 대공황이 발생하면서 미국의 성장 신화도 깨져버린다. 미국인들은 술을 포기했지만, 아무것도 얻지 못했다. 경제가 어려운데 술도 못 마시다니… 시민들은 이번에는 '술을 원한다'라는 구호를 들고 거리로 나온다.

금주법으로 살펴본 마약금지 정책

니까, 현재 시행되고 있는 마약금지법을 금주법 당시의 미국과 비교해서 살펴보자.

금주법 VS 마약금지정책

현대 국가에서는 왜 마약금지 정책을 펼까?

범죄 감소, 국민 건강 증진, 마약 확산 방지, 노동력 저하 방지, 경제력 저하 방지, 국가 경쟁력 강화, 기타 여러 가지 이유가 있을 것이다. 당시 미국의 금주법도 비슷한 이유에서 실행됐다. 그러면 지나간 금주법을 통해 현재의 마약금지 정책이 과연 성공할 수 있을지 생각해보자.

첫째, 마약중독이 심각한 건강 악화를 초래한다.

과장된 부분도 있지만, 전체적으로는 맞는 말이다. 그런데 무작정 금지하는 게 문제 해결에 도움이 될까?

금주법 시대를 보면, 술을 금지해도 마실 사람은 계속 마셨다. 물론 법이라면 찰떡같이 따르는 모범생들이 있으니 음주를 하는 전체 인구는 줄었을 것이다. 그러나 술을 마시는 사람의 건강은 더 악화됐다. 왜냐? 술이 합법일 때는 식약청에서 품질 검사를 하고, 그 검사를 통과해야 판매할 수 있다. 하지만 불법이 되면 그 과정이 사라진다. 어차피 불법이라 몰래 파는 건데 품질 검사를 할리가 없지. 당연히 술의 품질이 급속도로 저하된다. 세균이 들어가서 식중독에 걸리는 정도면 양반이다. 알코올도 마실 수 있는 것과 없는 것이 있는데, 마실 수 없는 알코올도 술로 포장돼서 팔려 이걸 마시고 사망하는 경우도 비일비재하게 일어났다. 술 자체가 불법이니 문제가 생겨도 병원에 쉽게 갈 수도 없다. 병원에 가면 자신이 범죄를 저질렀다는 사실을 밝혀야 하니까.

현재 마약정책도 마찬가지다. 마약은 대체 어디서 만들어져서 어떤 과정을 거쳐 온 것인지 알 수가 없다. 동시에 품질도 보장할 수 없다. 불순물을 넣어서 마약이라고 파는 경우도 많다. 그나마 신체에 피해를 주지 않는 물건으로 사기를 치면 상관없는데, 가끔은 독약에 가까운 물건을 마약으로 속이기도 한다. 제대로 된 약이라고 해도 제작 환경이나 유통되는 과정이 청결하진 않을 것이다.

검사 출신인 금태섭 변호사(전 국회의원)가 《한겨레21》에 히로뽕에 관한 칼럼을 쓴 적이 있다. 이분이 검사로 처음 발령 났을 때, 자신의 소소한 목표 중 하나가 범인들에게서 압수한 히로뽕을 언젠가 한 번은 맛보는 것이었다고 한다. 왜, 그런 생각 할 수 있지 않나. 우리도 가끔 뉴스에서 마약 관련 소식을 들으면 호기심이 생기니까. 하지만 안타깝게도 자신은 마약 파트를 담당하지 않아서 체념하고 있었는데, 어느 날 다른 사건과 연계돼서 히로뽕을 밀수하는 조직을 검거해 마약을 압수하게 되었다.

드디어 기회가 온 것이다. 그래서 그는 떨리는 가슴을 부여잡고 히로뽕을 투약하려고 했으나, 차마 할 수 없었다고 한다. 그 이유는 겁이 난다든지, 죄책감이나 검사의 사명감을 느껴서가 아니라, 범죄자들이 목숨처럼 아끼던 그 히로뽕이 너어어어어어어어-무 더러웠기 때문이었다. 마약을 싼 종이는 얼룩덜룩, 주사기에는 피가 굳어 있고, 찐득거리는 무언가가 남아 있고, 그걸 본 순간 바로 포기해버렸다고 한다.

하지만 중독자들은 위생, 그까짓 거 신경 쓰겠는가.

또한 불법 마약의 품질이 일정하지 않은 것 또한 큰 문제다. 내가 코카인을 흡입한다고 해보자. 그런데 내가 코카인을 구매하는 딜러는 순도 5퍼센트짜리 불순물이 많이 섞인 코카인을 판다. 하지만 성분표가 있는 것도 아니고, 다른 코카인을 해본 적이 없는 나는 그 코카인이 5퍼센트짜리 코카인이 아니라 그냥 코카인이라고 생각할 것이다. 그게 사용해본 유일한 코카인일 테니까.

그러던 어느 날, 다른 도시로 출장을 갔다가 그 지역 딜러에게 코카인을 구입하게 된다. 단골 딜러보다 가격이 비쌌기 때문에 속으로 욕을 했지만 어쩔 수 없었다. 그런데 그 코카인은 순도 90퍼센트짜리였다. 사실은 고객을 속이지 않는 순박한 딜러였던 셈이지. 하지만 나는 그 사실을 전혀 알 수 없다. 나는 이제껏 경험으로 알고 있는 코카인의 정량을 코로 들이마실 것이다. 하지만 그건 정량이 아니다. 왜냐면 평소보다 18배 강한 코카인을 흡입하는 것이니까. 그럼 나는 어떻게 될까?

단순히 평소보다 기분이 18배 더 좋아질 수도 있지만, 너무 좋아서 저세상으로 갈 수도 있다. 실제로 마약을 지속해서 사용하던 이들이 갑자기 사망하는 경우, 이렇게 마약의 순도가 달라져서인 경우가 있다. 이렇듯 마약 사용으로 인한 건강상의 위해는 마약 사용으로 인한 결과라기보다는 마약 외적인 곳에서 오는 경우가 많다.

둘째, 마약을 금지하면 범죄가 줄어든다?

금주법 당시 지하로 숨어든 술집들은 완전한 치외법권이었다. 폭행, 강간, 살인이 일상적으로 일어났다. 이미 술을 마심으로써 모두가 불법을 저질렀으니, 다른 사건에 휘말려도 신고율도 낮았다. 피해자가 신고를 하더라도 사람들의 인식 자체가, '술을 마셨으니 네가 그런 일을 당해도 싸다'라는 식이었기에, 피해자는 점점 위축될 수밖에 없었다.

마약도 마찬가지다. 술보다 더 심하다. 특히 여성의 경우, 마약을 하게 되면 쉽게 성범죄의 표적이 된다. 하지만 역시 신고를 하기 어렵다. 금지 정책을 시행하면 수치상 경찰에 신고되는 범죄는 줄어들지만, 암암리에 벌어지는 범죄는 더 늘어나게 되고 범죄의 질도 더 나빠진다.

미국의 금주법도 범죄를 줄이기는커녕, 도리어 미국 내 갱을 키우는 데 결정적 역할을 한다. 금주법으로 술이 불법화되자 유통망을 점령한 갱들이 그 자금력을 바탕으로 막강한 힘을 갖게 된다.

불법시장은 어떤 면에서 아무 규제도 없는 완벽한 자유시장을 의미한다. 왜냐하면 그 시장 자체가 불법이니, 내부 규제는 하나도 존재하지 않으니까. 모든 자유시장이 그렇듯 제재가 없으면, 작은 기업들이 합쳐지고 먹히면서 몇몇 대형기업만 살아남는다. 영세 갱들은 사라지고 초대형 마피아가 탄생한다.

사실 어느 사업이든 폭력을 가미하면 사업하기 좋다. 그러나 합법적 사업은 법의 보호를 받고 폭력을 사용하면 처벌을 받는다. 하지만 어차피 다 불법인 당시 알코올사업에서 폭력은 중요한 스펙이 된다. 그러니 폭력조직과의 결탁은 너무도 당연한 귀결이었다. 이들의 검은돈은 늘 그렇듯이 정치권으로 흐르고, 정치권의 보호도 받게 된다.

마찬가지로 마약도 금지 정책으로 거대한 카르텔들이 형성됐다. 어느 가난한 시골의 농부들이 부업 삼아 마약을 만드는 게 아니다. 그렇다 하더라도 그들은 대기업에 속한 영계농장처럼 저수익에 허덕이는 하청업자일 뿐이다. 일부 범죄학자는 거물, 마피아, 카르텔만 잡으면 모든 문제가 해결될 것처럼 떠든다. 그에 대해 뉴멕시코 대학 정치학 교수인 피터 럽샤^{Peter Lupsha}는 이런 말로 반박한다.

선수가 바뀌어도 게임은 계속된다.

The players change, but the game continues.

수장 한두 명을 잡아도 결국 다른 이가 그 자리를 채울 것이고,

시장은 사라지지 않는다. 우리는 갱스터 영화로 금주법 시대를 접해서 마치 마피아들만 그 시대에 술을 만들어 판매한 것으로 알지만, 실상은 그렇지 않다. 술을 만들어 판 건 대다수 개인들이었다. 직접 술을 만들거나 캐나다와 멕시코에서 술을 사 와서 파는 보따리 장사꾼들이었다. 대도시처럼 인구가 밀집된, 시장이 큰 곳이야 마피아들이 유통을 했지만, 도시의 자잘한 곳, 시골 지역 대부분은 이 개인업자들의 몫이었다. 폭력조직을 다 없애는 것도 미션 임파서블이지만, 이 세세하게 나뉜 개인 유통망을 국가가 완전히 통제하는 건 더, 더 임파서블이다.

마약 문제도 비슷한 측면이 있다. 미국 정부는 마치 몇몇 카르텔만 숙청하고 나면, 몇몇 나라들만 조지고 나면 마약 문제가 해결될 것처럼 굴지만, 광범위하게 뿌리내리고 있는 마약 제조자들을 다 색출하는 건 톰 크루즈Tom Cruise도 불가능하다. 실제로 미국은 지난 30년간 대형 카르텔과 마약왕들을 꾸준히 제거했지만, 마약 문제는 해소되긴커녕 점점 심각해지고 있다.

금주법 시대를 배경으로 한 영화는 대부분 갱스터 무비다. 과연 우연일까?

셋째, 노동력 향상, 국가 경쟁력 향상을 위해 마약을 금지했다?

이것도 결과적으로 틀렸다. 술이든 마약이든 범죄가 되면, 이를 사용한 이들은 범죄자가 되고, 한 번 낙인이 찍힌 사람들은 사회생활이 어려워진다. 가령 어떤 이가 중독자였다고 하더라도 그게 범죄의 영역이 아니라면, 일의 효율은 떨어지겠지만 아예 사회 밖으로 떨어지진 않는다. 하지만 범죄가 돼 버리면, 중독자가 아니라 호기심에 한두 번 접해본 사람도, 평생 범죄자로 낙인이 찍힌다. 그들은 제대로 된 사회생활을 하는 것이 힘들어지고, 삶은 점점 더 수렁으로 몰리고, 불행히도 더 마약에 빠질 확률이 높다.

또한 불법이 되면 가격 프리미엄이 붙을 수밖에 없다. 판매자 입장에서도 위험을 감수하는 거니 당연하지 않겠나. 공권력은 강력한 처벌 정책으로 판매자가 겁을 먹고 판매를 중단할 것을 기대하지만, 처벌이 강해질수록 팔았을 때의 수익 역시 늘어나므로 가난한 나라의 국민들, 부유한 국가의 하층민들이 불나방처럼 이 사업에 뛰어든다. 신자유주의가 거세지자 이 한탕의 꿈은 더 신화화된다.

이는 결국 시민들을 경제적인 파탄으로 몰아넣는다. 다른 분야에서 소비되어야 할 돈이 검은 시장에 빨려 들어간다. 이는 국가적으로도 엄청난 손실이다. 금주법 시대를 돌이켜보면 비합법적인 알코올에 세금을 매길 수 없어서 국가가 1차 피해를 보고, 값 비싼 술값으로 개인이 2차 피해를 본다. 이는 결국 경제 전체의 위축을 가져온다.

극단적으로 평가하자면 금주법이나 마약금지 조치가 이루어낸 가시적 성과란 술과 마약에 손을 댄 서민들을 가난과 지옥의 구렁텅이로 밀어 넣은 것 밖에 없다.

영화 〈레퀴엠〉은 마약에 빠진 주인공들의 삶이 망가지는 과정을 적나라하게 그린다. 그런데 이 영화에서 주인공들의 삶이 결정적으로 지옥으로 떨어지는 이유는, 이들이 마약중독자여서가 아니라 마약이 불법이기 때문이다. 비위생적 주사기 사용으로 한 팔을 잃는 남자, 충분히 건강하지만 감옥에서 일생을 보내게 된 남자, 마약을 살 돈은 있지만 살 방법이 없어 마약 딜러에게 몸을 줄 수밖에 없는 여자.

만약 마약이 어느 정도 합법적인 영역에 있었다면, 이들은 우리 사회에서 알코올중독자나 헤비스모커가 받는 정도의 눈총은 받았겠지만, 돌이킬 수 없을 정도의 지점에 이르진 않았을 것이다. 나는 마약중독자들에게 잘못이 없다는 주장을 하는 것이 아니다. 다만 그들의 잘못이 '그들의 삶을 파탄 낼 정도로 큰 잘못인가' 생각해볼 필요가 있다.

부록
일상에서 합법적으로
즐길 수 있는 마약 3

⑧ 금식

꼭 무엇을 먹어야만 환각을 보는 건 아니다. 아무것도 먹지 않아도 환각을 볼 수 있다.

예수는 광야에서 40일을 떠돌며 아무것도 먹지 않았다. 악마가 나타나 예수를 유혹하지만, 그는 굴하지 않고 신의 음성을 듣는다. 붓다는 보리수 아래서 5주간 명상을 하고 깨달음을 얻었다. 어느 종교든 선지자가 고난 속에서 신의 음성을 듣거나, 악마를 만나거나, 깨달음을 얻는다는 스토리가 존재한다. 현대인들은 이런 이야기를 비유나 상징, 혹은 뻥이라 생각한다.

하지만 이런 일화는 일정 부분 사실일 가능성이 크다. 왜냐? 사람은 굶거나 고난 속에 있으면, 실제로 환상을 볼 가능성이 높으니까. 선지자들이 본 것이 진짜 악마나 신, 진리는 아니겠지만, 어쨌든 무엇을 보긴 봤을 것이다. 그리고 자신이 직접 봤기 때문에 굳건한 믿음을 가질 수 있는 거지. 과거 과격한 종교인들이 스스로 고난을 가하거나 자해를 했던 것도 같은 맥락에서 이해할 수 있다.

신체가 약해지면 사람은 환상에 시달리기 쉽다. 여기에 다른 요소를 더해주면 마약 이상의 경험을 할 수 있다. 2장에서 설명한 엘레우시스 제전을 떠올려보라. 왜 사람들은 바로 키케온을 마시지 않고 9일간 금식을 했을까. 효과를 더 극대화한 것이다. 10일쯤 금식한 상태에서 바로 술을 마시거나 담배를 피우면, 엄청난 충격이 뇌에 가해져서 곧장 신을 만날 수 있다(물론 곧장 천국으로 가버릴 수도). 조금 더 극단적인 상황을 만들어보자. 아무 소리도 들리지 않는 어두운 방에서 10일 동안 혼자 갇혀 있는데, 어디선가 음악이 흘러온다면? 그 음악은 분명 우리 귀에 신의 음성이나 악마의 속삭임으로 들릴 것이다.

이런 효과는 일상에서도 가볍게 적용할 수 있다. 고된 운동을 한 다음, 물 한 모금 마시지 않고 있다가 맥주를 마신다든가, 좋아하는 음악을 일부러 며칠간 듣지 않는다든가, 연인과 7일간 성관계를 참는 것만으로도 쾌감을 극도로 끌어올릴 수 있다. 어쩌면 너무 황홀해서 환각을 경험할 수도 있고.

⑨ 빙빙

분명 여러분은 지금까지 소개한 마약 대체품들이 전혀 마음에 들지 않을 것이다. 두꺼비나 전갈은 현실성이 낮고, 음악은 기분은 좋아질지 모르지만 마약으로 느껴지진 않는다. 금식은… 뭐, 그렇게까지 해야 하나 싶겠지.

그래서 준비한 최후의 비기!

이 방법은 돈도 한 푼 들지 않고, 조금만 주의한다면 크게 위험하지도 않다.

먼저 빈방이나 매트가 깔린 넓은 체육관을 찾아라. 그러면 준비는 끝난 셈이다. 그리고 마음을 가다듬고 심호흡을 한 다음, 돌면 된다. 뱅글뱅글 돈다. 몸을 못 가눠 쓰러질 때까지 돈다. 그러면 호흡이 가빠지고, 이산화탄소 압력이 떨어지고, 뇌에 산소가 잘 공급되지 않고, 혈관이 수축하면서 몽롱한 상태가 된다. 시야가 흐려지고 세상이 뱅뱅 돌 것이다. 그게 바로 마약을 한 상태와 비슷하다.

말도 안 되는 엉뚱한 이야기가 아니다. 이런 효과는 놀이동산에서 지금 이 시간에도 효과가 입증되고 있다. 아이들과 놀아줄 때, 그냥 돌려만 줬을 뿐인데 약빤듯이 좋아한다. 나이든 성인들도 놀이기구를 타면서 쾌감을 느낀다.

이슬람 신비주의 성향의 수피파는 신과 만나는 수행 방법 중 하나로 수피춤Sufi whirling을 춘다. 춤을 통해 엑스터시를 경험하고 신을 직접 만나는 수행 방법이다. 신비한 무언가가 있을 것 같지만, 전혀 특별한 춤이 아니다. 그냥 빙빙 돈다. 초기 종교에서 마약식물을 사

튀르키예의 수피춤. 믿어서 도는 건지, 돌아서 믿는 건지.

용했듯이 이들은 몸을 회전해 분별을 잃음으로써 종교적 엑스터시에 도달한다. 지금도 튀르키예에 가면 이 공연을 볼 수 있다. 직접 가기 힘든 분들은 유튜브에 검색하면 영상을 볼 수 있는데, 정말 전혀 특별하지 않다. 그 사람들 그냥 돈다. 그럼 남이 그냥 도는 공연을 뭐 하러 보냐고? 그분들은 정말 오래 흐트러지지 않고 잘 돈다. 그걸 가만히 보고 있으면 빠져든다. 뭔가 신성함이 느껴진다.

그러니 여러분도 마약을 경험해보고 싶은데 방법이 없으면, 그냥 빙빙 도시라. 부딪칠 만한 물건은 다 치우고, 헬멧도 꼭 쓰고.

9.
대마초는
강한 마약으로 가는 디딤돌?

나에게는 전 세계 불법 마약 사용자의 70퍼센트를 단번에 사라지게 하는 묘수가 있다. 독자분들에게만 살짝 그 비법을 살짝 알려드리려고 한다.

그 비법은 바로, 대마초를 합법화하는 것이다.

전 세계 마약 사용자의 70~80퍼센트는 평생 대마초만을 피운다. 즉, 대마초만 합법화돼도 마약으로 처벌받는 사람들이 확 줄어든다. 대마초는 위해성이 낮다. 물론 기술의 발달로 마약 성분인 THC를 극단적으로 끌어올린 대마초가 나오기는 하지만, 보통은 술이나 담배보다 중독성이나 위해성이 낮다. 이에 대해서는 대마초 합법화를 찬성하는 쪽이든 반대하는 쪽이든 대부분 동의한다.

　그런데 왜 대마초 금지 정책을 지지하는 이들이 여전히 많을까? 그들은 일명 디딤돌 효과(관문 효과)를 말한다. 쉽게 말해 이런 것이다. 어떤 사람이 대마초를 피운다. "음~ 좋네." 그래서 계속 피우다 보니 내성이 생기고, 그래서 더 강한 마약, 더 좋은 마약을 찾게 돼서 결국 하드드럭까지 한 단계, 한 단계 올라가 헤어 나올 수 없는 마약중독자가 된다는 것이다. 그러니 애초에 손도 못 대게 대마초도 금지해야 한다고 주장한다.

　그럴듯한가?

　그러면 이 경우를 똑같이 알코올에 적용해보자. 여러분들은 어떤 술을 좋아하는가? 나는 맥주를 좋아한다. 맥주의 알코올 도수는 약 5퍼센트다. 디딤돌 효과가 맞다면, 내가 맥주를 몇 년 마시다 보면 맥주에 내성이 생겨서 전혀 기분이 좋아지지 않고, 결국 맥주를 증류시킨 위스키(40퍼센트)에 손을 댔다가 중독이 돼야 한다. 막걸리를 좋아하면 소주중독자가 되고, 와인을 좋아하면 브랜디중독자가 된다는 식이다. 그런데 현실에서 그런가? 그런 사람도 있겠지만, 일반적인 경우는 아니다.

　마찬가지로 에쎄 1밀리그램 피우다가 말보로 레드 피우는 게 아니다. 오히려 건강 문제 때문에 완전히 끊지는 못하더라도, 술이든 담배든 점점 더 순한 걸 찾게 되는 경우가 더 많다.

　그리고 마약은 술과도 다르다. 술은 모두 알코올이라는 성분을 기본으로 하기 때문에 걱정대로 내성이 생길 수도 있고, 더 높은 도수를 찾을 수도 있다. 하지만 마약은 성분에 따라 제각기 모두 다르다. 아편을 하는 사람이 내성이 생겨 모르핀을 하고 헤로인을 찾을 순 있다. 하지만 대마초를 하는 사람이 코카인을 하고 헤로인을 한다? 이건 마치 "담배에 내성이 생겨 술을 마신다" 같은 소리다. 전혀 다른 종류라는 거다.

그러면 '금지를 하나 안 하나 다 똑같다'일까? 그 정도라도 되면 그나마 다행이다.

다시 금주법 시대로 가보자. 술은 불법이다. 사람들은 보통 맥주를 가장 많이 마시니까, 밀수업자들은 맥주를 구해서 팔아야 한다. 그런데 상대적으로 도수가 낮은 발효주인 맥주는 쉽게 상하고 부피도 크다. 맥주병과 소주병 크기를 생각해보라. 불법으로 하려면 보관과 운반이 쉬워야 한다. 그런데 맥주는 둘 다 힘들다. 쉽게 상하고, 크다.

그래서 판매업자들은 상하지 않고 부피가 작은 증류주를 선호하게 된다. 그러니 소주를 팔아야 하지만 외국이니 럼, 위스키, 브랜디, 보드카 이런 독주를 들여온다. 그런데 이런 술들은 도수가 높다. 비싼 돈을 주고 사야하는 소비자들도 가성비를 중시하게 되고, 같은 값이라면 알코올 도수가 높은 제품을 선호하게 된다. 어르신들 사이에 소주 선호도가 높은 이유가 가성비 때문인 경우가 많다.

또 맥주는 잘 상한다. 불법이니 검사를 받은 제품도 아니고, 알 수 없는 유통 과정 중에 변질될 가능성도 높다. 물론 증류주도 상할 수 있지만, 적어도 증류주는 증류 과정에서 세균을 한 번 죽였으니 위생적으로 훨씬 안전하다. 결국 판매자도 소비자도 모두 독주를 선호하게 된다.

역설적인 상황이다. 금지론자들이 걱정하던 디딤돌 효과는 오히려 완전히 금지를 할 때 더 많이 나타난다. 실제로 금주법 시행 전과 금주법이 폐기된 이후를 비교했더니, 독주 소비가 훨씬 많아졌다는 보고가 있다. 금주법 이전에는 도수가 낮은 술들을 마시다가, 금주법 동안 독주를 마시다 보니 그 술에 익숙해진 것이다. 이 수치는 금주법이 해제되고 한참이 지난 1980년대가 되어서야 금주법 이전 수준으로 돌아갔다.

마약도 마찬가지다. 대마초만 해도 생물이다. 관리하기 힘들다. 우리가 피우는 담배도 담배를 마르지 않게 하려고 화학약품이 엄청나게 들어가는데, 이런 약품들이 담배 못지않게 건강에 해롭다. 그러니 혹시 금연을 하고 싶은데, 도저히 못 끊겠다 싶으면, 기성 담배 대신 재료를 사서 말아 피워라. 담배의 유해함이 절반은 줄어들 것이다.[1]

무엇보다 대마초는 하드드럭에 비하면 부피가 너무 크다. 2015년 8월, 국내 중견 건설그룹 회장이 마약을 과다복용해 시체로 발견된

---

1   단, 수제 담배는 재료 구입부터 보관까지 손이 많이 간다. 귀찮아서 금연에 성공할 수도.

적이 있다. 이 사람의 금고에서 히로뽕 248그램이 발견됐다. 248그램이면 정말 얼마 안 되지 않나, 한 주먹 정도? 그런데 이게 몇 인분의 히로뽕인 줄 아는가?

무려 8,250명분이다.

히로뽕의 경우 1회 투약 분량이 0.03그램밖에 안 된다. 이러니 판매자들은 하드드럭을 선호할 수밖에 없다. 1950년 대만 해도 남미의 마약판매상들은 미국에 대마초를 가져다 팔았다. 대마초가 인기가 좋았으니까. 하지만 그들은 곧 알게 된다. 트럭으로 옮긴 대마초 1톤과 주머니 속에 숨긴 코카인 5킬로그램이 같은 돈을 번다는 사실을. 당신이 판매상이라면 둘 중 무엇을 팔겠는가?

만약 대마초가 다른 마약으로 가는 디딤돌이 된다면, 그 이유는 하나뿐이다. 대마초가 하드드럭과 함께 우리의 인식 속에 마약, 그리고 불법이라는 동일한 카테고리에 들어가 있기 때문이다.

미국이 금주법으로 쇼를 하는 동안, 다른 나라에서도 알코올이 문제가 되었다. 여러 번 이야기했지만, 역사적으로 마약보다 알코올이 늘 더 문제였다. 하지만 다른 나라들은 미국과 달리 알코올을 금지하는 것이 아니라 약간의 제약을 두어 통제하는 정책을 벌인다.

대표적인 것이, ① 허용된 장소에서만 술을 마실 수 있게 한다든지, ② 특정 작업(운전) 중에는 음주를 금지한다든지, ③ 주류 전문점에서만 술을 살 수 있다든지, ④ 미성년자에게는 판매를 금한다든지, ⑤ 일인당 판매량과 판매 시간에 제한을 둔다든지, ⑥ 도수가 높은 독주들을 제한하는 등의 조치다. 당시 금지론자들은 이런 애매한 햇볕정책이 시민들의 불만을 자아내고 판매 확대만 요구하게 할 것이라 주장했지만, 큰 문제는 발생하지 않았다.

판매자 입장에서는 괜히 법을 어겼다가 허가권을 잃을 경우 경제적 손해를 입을 수 있기에 법을 잘 따랐고, 소비자들도 술이 가져오는 사회적 문제에 대해서 일정 부분 동의하고 있었기 때문에 귀찮다고 말하면서도 국가의 제약을 어느정도 당연한 것으로 받아들였다.

결국 완벽한 금지 조치를 시행한 미국은 알코올 소비량을 줄이는 데 실패했지만, 적당한 통제를 가한 국가들의 알코올 소비량은 줄어들게 된다. 적어도 더 심각해지지는 않았다.

금주법과 마약금지 정책을 비교하면, 마약을 악마의 열매로 여기는 이들은 "술과 마약은 엄연히 다르다. 마약은 빠지는 순간 헤어나올 수 없다. 대마를 피우면 테크트리 타고 그대로 헤로인중독자가 된다"는 식으로 말하곤 한다.

하지만 실제 드러난 수치를 보면 전혀 그렇지 않다. 대마초를 합법화한 네덜란드의 통계를 보면, 네덜란드에서 대마초 흡연 인구는 전체의 8퍼센트인데[2], 이 8퍼센트 가운데 하드드럭을 경험한 사람은 대략 10퍼센트 밖에 안 된다. 그리고 이 하드드럭 경험자 중에 3분의 1 정도만이 하드드럭을 지속적으로 복용하고, 그 중 사회생활이 불가 능할 정도의 중독자는 다시 3분의 1 정도로 줄어든다. 이는 마약을 강력히 금지하는 미국에서 하드드럭을 접하는 비율보다 훨씬 낮은 수치다.

대마초 반대론자들은, 어쨌든 대마초가 허용되면 대마초의 전체 소비가 늘어날 것을 우려한다. 우리나라같이 상대적으로 마약에 청정한 국가의 경우는 그들의 걱정처럼 대마초 합법화가 대마의 사용량 증가로 이어질 수 있다. 우리가 어릴 때 담배 한 번 피워보고 싶은 것처럼, 대마초가 합법화되면 대마초도 언젠가 한 번은 해봐야 할 버킷리스트에 들어갈 수 있다. 하지만 서구권에선 그 나라 정책과 무관하게 이미 사람들이 대마초에 익숙하다. 금지든 아니든 접하는 것에 큰 차이가 없다.

영국에서 마약을 사용하지 않는 사람들에게 "당신은 왜 마약을 하지 않느냐?"라는 설문조사를 한 적이 있는데, 가장 많은 답변은 "마약 자체에 관심이 없어서"였다. 두 번째는 "건강에 좋지 않아서"였고, 세 번째가 "마약이 불법이기 때문"이었다. 마약이 이미 만연한 사회에서는 마약이 불법이기 때문에 하지 않는 사람은 생각보다 많지 않다.

---

2   2014년 기준으로 15~64세 가운데 1년 안에 한 번이라도 대마초를 흡입한 경우. UNODC의 "World Drug Report 2016" 참고.

단적인 예로 대마초가 허용된 국가인 네덜란드의 대마초 흡연율은 대마초가 불법인 미국의 절반 이하다.[3] 마치 동네슈퍼집 아들이 과자를 좋아하지 않는 것처럼, 전 세계인의 편견과 달리 네덜란드의 대마초 흡연율은 높지 않다.

그리고 대마초의 흡연율이 늘어난다고 하더라도 시민들의 건강이 특별히 더 악화될 것 같지도 않다. 미국에서 1년에 사망하는 사람 중에 담배가 원인인 사람은 44만 명, 알코올로 인한 사망은 8만 5,000명, 동네 슈퍼에서도 구매 가능한 아스피린에 의한 사망도 7,600명이나 된다. 심지어 땅콩을 먹고 죽는 사람도 100명이나 있다. 하지만 대마초로 인해 죽은 사람은 단 한 명도 없다. 사망률로만 보자면 대마초는 땅콩보다 안전하다.[4]

대마초는 의학적 효과도 많이 보고되고 있다. 알츠하이머, 파킨슨병, 에이즈, 폐암, 유방암, 뇌암 등의 치료에 사용되고 있다. 항암 효과가 있다는 연구 결과도 있으며, 대마초만 피울 경우에는 폐암 발병률이 줄어든다는 연구 결과도 있다.[5] 대마초 사용자의 대마초

---

3   UNODC의 "World Drug Report 2016" 기준. 네덜란드 8퍼센트, 미국 16.2퍼센트. 현재는 미국도 다수 주에서 대마초를 허용하고 있다.

4   이는 대마초에 한정한 경우다. 모든 약물남용으로 확장하면 2016년 한 해에 미국에서만 6만 명 넘게 사망했다. 이는 같은 기간 교통사고로 사망한 인원보다 많다. 미국 인구의 두 배 정도 되는 EU 전체의 마약남용 사망자가 한해 8,000명 수준인 걸 감안하면, 미국의 엄격한 마약금지 정책이 큰 효과를 거두지 못하고 있음을 확인할 수 있다.

5   담배와 섞어 피운 경우에는 폐암 발병률이 담배를 피웠을 때보다도 더 높았다.

의존도는 담배의 3분의 1 수준이고, 술의 절반 정도다. 만약 대마초가 합법화된다면, 흡연자들이 매년 담배를 끊으려다 실패해서 좌절감을 느낄 필요 없이, 대마초로 갈아탄 뒤 더 수월하게 금연에 성공할지도 모른다. 결국 담배와 대마초의 흡연자를 합쳐도 담배만 허용되던 시기보다 흡연자 자체가 줄 가능성도 있다.

합법적으로 유통되는 담배의 의존도는 헤로인이나 코카인 같은 하드드럭과 비슷하거나 살짝 높다. 그러니까 담배 끊으려고 시도했다가 실패하신 여러분, 결코 당신의 노오오오-력이 부족한 게 아니다.[6] 담배는 원래 웬만한 마약보다 끊기 어렵다.

그럼 약물이 사회에 끼치는 피해를 생각해 보자. 마약을 흡입하면 미친놈이 돼서 온갖 사회적 문제를 일으킬 거 같지만, 놀랍게도 사회적 피해는 알코올이 압도적 1위다(163쪽 그림 참고). 경험으로 알고 있겠지만, 담배가 타인에게 끼치는 피해는 어쩌다 옆에 있을 때 겪게 되는 간접흡연 정도지만 취객이 타인에게 부리는 행패, 특히 그들이 자신의 가족에게 끼치는 피해는 어마어마하다. 국내 가정폭력의 대부분이 알코올과 연관이 있다.

마약은 어떤가. 미관상 추악한 모습을 보이는 경우가 많다. 약에 따라 정신을 안드로메다로 보내고 침을 흘리고 있겠지. 하지만 이건 꼴사납긴 해도 다른 사람에게 직접적으로 피해를 주진 않는다.

---

6   물론 노력이 부족했던 사람도 있을 것이다. 너 말이야, 너.

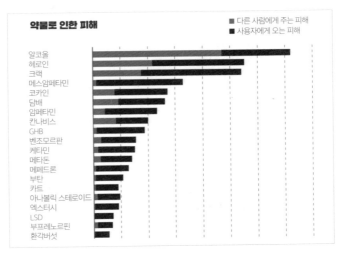

약물로 인한 피해

■ 다른 사람에게 주는 피해
■ 사용자에게 오는 피해

알코올
헤로인
크랙
메스암페타민
코카인
담배
암페타민
칸나비스
GHB
벤조모르판
케타민
메타돈
메페드론
부탄
카트
아나볼릭 스테로이드
엑스터시
LSD
부프레노르핀
환각버섯

영국 내 조사를 바탕으로 한 자료지만, 한국 역시 알코올이 주는 피해가 압도적일 것으로 보인다.(논문 "Drug harms in the UK" by David Nutt et al., 참고)

물론 각성제나 환각제의 경우 주변 사람들에게 피해를 줄 수 있지만 이는 장소를 제약하는 것으로 어느 정도 제어할 수 있다.

반대론자들은 마약이 합법화되면 사회 전체가 우범 지대가 될 것이라 주장하지만, 마약이 합법화된다고 해서 아무 데서나 마약을 할 수 있는 것도 아니고, 지정된 장소에서 안전하게 한다면, 불법으로 숨어서 할 때보다 사건사고가 줄어들 수 있다. 그리고 무엇보다 마약과 범죄는 별개다. 우리 사회에서 술이 합법화되어 있다고 해서 술 마시고 범죄를 일으키는 게 합법은 아니다. 술 마시고 교통사고를 내면 가중처벌을 받는다. 이상하게 우리나라는 성범죄나 폭행은 술 마시면 심신미약이 인정되는데, 이것도 가중처벌 해야 한다.[7]

그러면 갑자기 술 먹고 무의식적으로 일으키는 범죄가 확 줄어들 것이다. '무의식적으로'

사실상 우리나라는 알코올에 대해 제재가 거의 없는 편에 속한다. 그래서 사회 전체적으로 술버릇이 안 좋다. 사회적 피해가 가장 큰 알코올조차 이렇게 방만하게 운영되지만, 우리 사회는 어쨌든 돌아가지 않는가. 종합적으로 보자면 담배나 알코올보다 피해가 큰 건 몇몇 하드드럭뿐이고, 평균치로 놓고 보면 담배와 알코올의 폐해는 웬만한 마약보다 크다.

그렇다고 대마초를 피우라고 권하는 건 아니다. 실제로 끼치는 신체적 피해 정도에 비해 대마초가 쓸데없이 과한 규제를 받고 있다는 것에는 동의하지만, 대마초 합법화를 주장하는 측도 대마초의 안정성만을 과도하게 강조하는 경향이 있다. 앞에 소개한 내용들도 마찬가지다. 땅콩보다 안전하다느니, 의학적 효과가 뛰어나다느니… 탄압을 받다 보면 반대급부로 긍정적 측면이 과도하게 부풀려지기도 한다.[8] 실제로 대마초를 금지했다가 허용한 미국의 몇몇 주에서는 무분별한 대마초 흡입으로 병원을 찾는 이들이 크게 늘어났다. 대마초는 평균적으로 술이나 담배보다 안전하다. 하지만 그렇다

---

7   2011년, 아동 성폭행범 조두순이 '음주 상태에서의 심신미약'이 인정돼 감형받는 사건이 있었다. 이에 국민적 분노가 일었고, 2012년 일부 법이 개정돼 현재는 음주와 약물에 의한 심신미약이 인정되지 않는다.

8   이건 어느정도 당연한 반응이다. 심지어 이 책도 그런 입장에서 쓰였다.

고 누구든 밥 먹듯이 피워도 좋다는 뜻은 아니다.

바라는 건, 지금 우리가 담배와 술의 장단점에 대해서 잘 알고 어느 정도 스스로 선택했듯이, 대마초에 대해서도 장단점을 알고 난 뒤에, 스스로 선택할 수 있는 기회가 주어졌으면 한다. 국가가 강제적으로 정해 주는 것이 아니라.

부록

왜 마약을 할까?

이쯤에서 마약을 하지 않는 독자들은 한 가지 의문이 생길 것이다. 마약이 합법이든 불법이든, 피해를 주든 안 주든 간에 사람들은 대체 왜 마약을 하는 걸까? 다른 좋은 것들도 많은데, 이들은 왜 하필 마약을 하는 걸까? 이에 대해서 19세기 후반부터 다양한 분야의 학자들이 관심을 가졌고, 다양한 연구가 이뤄졌다. 그만큼 다양한 주장이 있다.

① 중독

말 그대로 마약에 중독되었기 때문에 마약을 한다는 주장. 호기심이든 치료든 강제로든 마약을 일단 접하게 되면, 중독이 돼 버려서 마약을 계속할 수밖에 없는 상태가 된다는 것이다. 초기 정신의학자인 에밀 크레펠린^{Emil Kraepelin} 때부터 이런 주장이 제기되었고, 현재까지도 마약 사용을 설명하는 주류 해설이다. 마약금지 정책을 가장 강력하게 뒷받침하는 주장이기도 하다. 일단 마약을 접하면 개인의 의사와 무관하게 중독되기 때문에, '절대 못 하게 해야 한다'는 것이다.

중독의 대표적 이론은 '물질대사^{metabolism} 불균형론'이다. 마약은 기본적으로 화학물질이고, 몸에 흡수되면 여러 가지 화학 반응을 일으킨다. 마약이 특정 신경물질을 대체하기도 하고, 신경물질을 자극해 과하게 반응하게도 한다. 이런 마약 작용이 몸에 익숙해지면, 마약을 하지 않았을 때 신경물질이 제대로 작동하지 않거나 작동하더라도 더 많은 신경물질을 요구하게 되고, 결국 마약을 복용하지 않으면 우리 몸이 유지될 수 없는 상태에 이르게 된다. 단순히 심리적 요인이 아니라 신체적으로도 마약을 갈구하게 된다는 의미다. 마치 당뇨병 환자가 인슐린을 찾듯이, 마약 사용자가 마약을 찾는 것이다. 그리고 당뇨병 환자가 인슐린을 끊을 수 없듯이, 마약 사용자도 마약을 끊을 수 없게 된다.

내성이 생기는 것도 이와 비슷하다. 마약을 몇 번 안 했을 때는 적은 양에도 즐거움을 느끼지만, 지속되면 더 많은 양의 약, 더 강한 약을 찾게 된다. 실제로 도파민은 같은 자극이 계속되면 더 이상 분비되지 않고, 더 강한 자극을 요구한다.

이런 식의 설명은 논란은 있지만,[9] 실험으로 일정부분 입증되기도 했고, 상당한 설득력을 갖고 있다. 그러니 주류적 해석이 된 거지.

그런데 이 설명에는 치명적 약점이 있다. 이 이론은 마약중독자들에게는 그럴듯하게 맞아떨어진다. 그런데 중독자를 제외한 대다수의 마약 사용자들에게는 적용되지 않는다. 술을 마시는 사람이 모두 알코올중독자가 되진 않는 것과 마찬가지다. 술 마시는 전체 인구에 비하면 알코올중독자는 매우 적은데, 마찬가지로 마약 사용자 중 마약중독자는 소수에 불과하다. 대부분의 마약 사용자는 마약을 한두 번 해보고 말거나 오락용으로 간간이 사용할 뿐, 중독 증상을 겪지 않는다. 결국 중독자가 아닌 일반 사용자를 설명할 이론이 추가로 필요해진다.

② 또래 압박

이름만 봐도 감이 오지 않는가? 또래 집단이 마약을 권유했을 때, 친구들과 어울리지 못하는 것이 두려워 차마 거부하지 못하고 마약을 하게 된다는 것이다. 즉, 일상적으로 마약을 즐기는 건 아니지만, 무리로 모여 있을 때 함께 하게 된다는 것. 왜 평소에 술을 좋아하지 않는 이들도 모임에서는 분위기 맞추려고 한두잔 하는 그런 경우라고 생각하면 된다. 특히 아직 주관이 명확하지 않은 청소년들은 이

---

9   물질대사에 문제가 생긴다 하더라도 그것이 지병이 아니라 마약에 의한 경우라면, 특별한 치료 없이도 일정 시간 마약을 하지 않으면 대부분 정상 상태로 회복된다. 그렇기에 이것이 중독의 진짜 원인인지, 마약중독이 치료가 안될 정도로 심각한 것인지에 관해서는 이견이 있다.

런 유혹에 더 취약하다. 이를 근거로 영국과 미국 등 마약 문제가 심각한 국가들은 청소년들을 대상으로 '안 해! 말하기 운동Just Say No'을 벌이기도 했다.

술을 마신 경험을 비추어보면 꽤 그럴듯한 주장이다. 하지만 실제 조사 결과는 달랐다. 영국에서 마약을 한두 번 경험한 10대들을 대상으로 한 조사에서, 마약을 경험한 아이들이 경험하지 않은 아이들보다 자존감이 더 높았다고 한다. 만약 친구의 강압이나 눈치 때문에 마약을 하는 경우가 많다면, 그들은 자존감이 낮은 사람일 가능성이 높다. 하지만 결과는 정반대. 왜 이런 결과가 나왔는지는 명확하지 않다. 자존감이 낮은 아이들은 부모와 학교와 법을 차마 무시할 수 없었던 걸까?

③ 하위문화

또래 압박과 비슷하지만 조금 다른 맥락이다.

가령 스무 살 때(혹은 미성년자 시절), 처음 술을 마신 경험을 떠올려 보자. 첫 경험부터 술이 좋던가? 맛은 쓰고, 머리는 아프고, 토하고, 판단력도 흐려지고, 몸은 제멋대로 움직이고… 아마 대부분의 사람이 별로 좋지 않았을 것이다. 이런 경험을 하게 되면, 어떻게 반응하는 게 정상일까? 다시는 시도하지 않는 게 정상이다. 별로면 안 해야지. 그런데 선배 혹은 친구가 당신에게 이렇게 말했을 것이다. "술이 얼마나 좋은 건데. 네가 아직 맛을 몰라서 그래" 그래서 우리는 고통을 참으며 술을 계속 마신다. 그러다 1년쯤 지나면 술을 진짜로 좋아하게 된 자신을 발견한다. 그런데 술맛을 모르던 때와 술맛을 안 뒤에 술이 신체에 끼치는 변화가 달라졌을까? 그렇지 않다. 똑같다. 다만 자신이 이제는 술에 취한 상태가 좋다고 느낀다. 일종의 '술을 즐기는 기술'을 터득한 것이다.

마약도 마찬가지다. 처음 마약을 하면, 머리도 아프고, 속도 안 좋고, 헛것도 보이고, 몸도 못 가눈다. 딱히 좋은 경험이 아닐 것이다. 그런데 마약에 호의적인 주변 지인으로부터 "술이나 마약이나 똑같아. 특별히 나쁠 게 없다니까. 네가 아직 맛을 몰라서 그래" 이런 말을 들으면서, 당신은 점점 마약을 제대로 하는 방법, 즐기는 방법을 배우게 된다.

④ 쾌락

너무 단순하고 너무 당연한 말이다. 결국 마약을 하는 가장 명백한 동기는 '쾌락'일 것이다. 마약금지 캠페인에서는 "한순간의 쾌락을 위해 버려진 당신의 가족"이나 "사소한 쾌락을 위해 인생을 망치겠습니까?" 이런 식상한 문구를 많이 볼 수 있다. 그런데 쾌락이 사소하다니, 이게 무슨 바보 같은 소린가? 쾌락은 전혀 사소한 게 아니다.

고통을 없애는 것도 일종의 쾌락이다. 인간관계나 경제적 이유 등으로 스트레스를 받았을 때, 마약으로 그 스트레스를 해소한다고 생각해보자. 이런 목적으로 마약을 사용하는 경우에 '① 중독'과 바로 연결될 수 있다. 고통을 받아서 마약을 사용했는데, 고통이 잠시

나마 사라지는 경험이 몇 번 반복되면, 같은 스트레스를 받을 때마다 마약을 하고 싶은 욕구가 생긴다. 의존하게 되는 것이다. 이런 방식으로 마약에 중독될 경우, 마약을 끊기가 굉장히 쉽기도 하고, 굉장히 어렵기도 하다.

이게 무슨 말이냐. 가령 가난 때문에 스트레스를 받아서 마약을 한다고 해보자. 그럼 마약을 하게 된 원인인 가난이 해소되면, 이 사람은 마약을 쉽게 끊을 수 있다. 그런데 이 해결책에는 큰 문제가 있다.

그러니까, 가난이 해결될까?

⑤ 정신분석이론

심리학자들도 이 논쟁에 끼어들어 여러 가지 주장을 했다. 그중 하나가 정신분석이론이다. 간단하게 설명하자면, 유아기와 아동기 때 발생하는 갈등을 제대로 해결하지 못하고 미성숙하게 어른이 된 사람이 마약에 취약하다는 것이다. 즉, 마약에 중독된 사람은 어린 시절 문제가 있었다는 것. 프로이트 이후 대부분의 정신분석이 어린 시절을 심하게 강조한다.

제대로 성장한 사람은 자아의 3요소(원초아 id, 자아 ego, 초자아 super ego)가 조화롭게 기능하지만, 미성숙한 사람은 이 세 가지 요소가 서로 파괴적인 모습을 보인다. 마약을 통해 같은 쾌감을 느끼더라도 성숙한 사람은 이를 절제할 수 있지만, 미성숙한 사람은 파괴적인 결과를 낳는다 해도 그 쾌감에 몰두한다는 것이다.

이 이론은 마약중독자들이 갖는 특유의 자기 파괴적인 성향에 대해서 그럴듯한 설명을 제공해준다. 하지만 정신분석학이 늘 그렇듯, 원인도 애매하고 해결책도 애매하다. 과거에 집착하니 현재의 환경적 요인을 무시하는 결과를 낳기도 한다.

⑥ 유전적 요인

사람의 신체는 모두 다르다. 같은 약물을 복용하더라도 고통도 다르고, 정신에 끼치는 영향도 다르고, 약물을 이겨내는 힘도 다르고, 취했을 때 반응도 다르다. 모든 일이 그렇듯, 진리의 케바케. 그리고 우리의 신체 능력의 많은 부분은 유전자가 결정한다. 당신이 어떤 유전자를 물려받았느냐에 따라, 약물에 대한 반응도 정해져 있다. 즉, 중독도 유전이란 소리.

조사에 따르면, 평범한 부모 밑에서 자란 아이가 알코올중독자가 되는 경우는 10퍼센트 정도였지만, 알코올중독자의 자녀가 알코올중독자가 되는 비율은 30~40퍼센트로 3배 이상 높았다. 물론 부모가 알코올중독자라면, 유전이 아니라 양육 환경 때문이라고 생각할 수도 있다. 물론 그런 부분도 있을 것이다. 하지만 입양된 아이만 따로 통계를 낸 결과, 알코올 중독률은 입양한 부모보다 원래의 부모에 더 가까웠다. 유전적인 영향이 확실히 있는 셈이다. 하지만 이는 수치에서 알 수 있듯이 100퍼센트는 아니다. 50퍼센트도 안 된다. 유전은 여러 요인 중 하나일 수는 있지만, 유일한 이유일 수는 없다. 앞에서 언급한 다른 요인이 함께 발생했을 때, '다른 이보다 유혹에 쉽게 넘어갈 수 있다'는 정도로 이해하면 될 듯 하다.

⑦ 동경, 흥미

자, 그렇다. 뜨끔하지 않은가?

이 책을 보고 있는 당신이 마약을 한다면, 아마 가장 결정적 이유
일 것이다. 사실 이 책을 보는 것부터가 의심스럽다(물론 쓴 건 더 의심
스럽다). 먹어보지 못한 이국적 음식을 먹고 싶은 욕망, 새로운 무언
가를 즐기고픈 욕망, 금지된 것에 대한 욕망.[10]

이런 욕망과 모험심은 후천적으로 길러지는 것이겠지만, 어쩌면
타고난 것일 수도 있다. 대부분 사람은 'DRD4'라는 유전자를 가지
고 태어나지만 인류의 약 20퍼센트는 'DRD4-7R'이라는 변형 유전
자를 가지고 태어난다. 이 유전자를 가진 사람은 도파민에 둔감한
반응을 보이는데, 언뜻 생각하면 도파민에 둔감하니 마약과 거리가
멀 것 같지만 정반대다. 이들은 도파민에 둔감하기 때문에 남들보
다 더 강한 자극을 원한다. 그래서 일생 동안 왕성한 호기심으로 새
로운 것에 도전하는 모습을 보인다.

여행, 익스트림 스포츠, 모험, 사업, 발명 등을 시도하고, 정치 성
향도 진보적일 가능성이 높다. 그래서 이 유전자를 '모험 유전자'라
고도 부르는데, 이런 유전자를 가진 사람은 아무래도 마약에 호기
심을 느끼고 도전할 가능성이 크지 않을까?

---

10 실제로 미국 금주법 시절, 알코올 소비량이 금주법 이전보다 더 많았다는 보고가 있다. 다만
불법인 시절의 통계는 정확하지 않아서 확실하다고 할 순 없다.

생명체에게 가장 중요한 건 안전이다. 우리는 안전을 보장하는 쪽으로 진화해왔고, 그 결과 사람은 대체로 보수적인 성향을 보인다. 하지만 이런 반대 성향의 유전자가 오랜 시간 살아남아 인류에게 전해진 걸 보면, 가끔은 우리에게 모험과 도전이 필요한 게 아닌가 싶다.

그렇다고 마약에 도전하란 말은 아니고.

❖

언급한 일곱 가지 말고도 마약 사용과 중독의 이유에 대한 다양한 주장이 있다. 사회의 모든 일이 그렇듯, 하나만이 정답이라기보다는 여러 이유가 복합적으로 작용한 결과일 것이다. 하지만 이 일곱 가지에는 마약을 하는 가장 결정적 이유가 빠져 있다. 그 부분은 책의 마지막에서 다룰 예정이다.

10.
세계최강 미국도 이길 수 없는
'마약과의 전쟁'

미국의 사정

금주법의 실패 이후, 미국의 청교도와 보수 세력은 새로운 적을 찾아야만 했다. 집단은 공공의 적이 있어야 유지되니까. 한국의 개신교가 동성애 반대에 목을 매는 것도, 국정원이 인터넷 속 종북좌파 척결을 외치는 것도 다 비슷한 이유다. 금주법이 실패한 이후 미국은 포커스를 알코올에서 마약으로 돌린다. 알코올 단속반은 그대로 '마약단속국(DEA)[1]'이 된다.

마약과의 전쟁이 시작된 것이다. 그리고 우리는 모두 알고 있다.

'XX와의 전쟁' 이런 유의 싸움은 절대 이길 수 없다는 것을. 이길 수 없을 뿐더러 끝나지도 않는다. 문제는 이 정책을 시행한 미국이 전 세계에서 가장 강한 국가라는 것이다. 그러면 그 정책이 아무리 바보 같아도 다른 국가들은 따라갈 수밖에 없다. 미국은 20세기 초반부터 마약에 대해 강경한 입장을 취하는데, 당시 마약이 사회문제로 떠오른 유럽 열강들이 이 흐름에 동참한다.

1912년 헤이그 아편협약과 1925년 제네바협약으로 마약 무역은 강력한 통제를 받기 시작한다. 세계적인 마약무역의 불법화는 마약거래의 음성화를 초래했다. 결코 줄어들진 않는다. 지하로 숨어들 뿐.

현재 전 세계에 마약을 하는 인구는 얼마나 될까?

UN 마약범죄사무소(UNODC)의 2020년 리포트에 따르면, 1년에 1회 이상 마약을 복용한 이는 대략 2억 8,400만 명이다. 이는 마약 가능 인구(15세에서 64세)의 6퍼센트에 해당한다. 이들 중 대다수는 한 달에 한두 번, 마약을 가볍게 복용하는 사람들이다. 이 가운데 마약 중독이라 할 만한 이들은 대략 3,200만 명 정도다.

많은가, 적은가? 잘 모르겠다. 기준을 어디에 두느냐에 따라 적은

---

1   미국 법무부 산하의 법 집행기관. 닉슨 대통령이 1973년 '마약과의 세계전쟁'을 선포하며 설립했다. '마약단속국'이라는 명칭 때문에 국내 음주단속반 정도로 생각할 수 있으나, FBI나 CIA처럼 독립적인 수사권을 가지고 있다. 국내와 국외의 경계선이 확실한 FBI나 CIA와는 달리, 국내외 경계 없이 업무를 수행한다. 5,000명이 넘는 특수요원이 소속돼 있으며 한 해 예 산도 2조 원이 넘는 대형 기관이다.

것 같기도 하고, 많은 것 같기도 하다.

그럼 한 해 불법 마약시장에 흘러 들어가는 돈이 대충 얼마쯤 될까?

정확한 통계는 없지만, 미국 워싱턴 싱크탱크 GFI는 전 세계 마약 산업 규모를 4,260억~6,520억 달러(당시 환율 기준 448조~686조원)에 이를 것으로 추정했다. 단위가 너무 커서 감이 안 오는 분들을 위해 비교를 하자면, 할리우드를 포함한 전 세계 영화시장 규모가 연간 1,000억 달러 수준이다. 불법 마약시장이 전 세계 영화시장보다 최소 4배에서 최대 6배나 큰 것이다.

마약밀매에서 파생되는 이 막대한 불법자금은 각국 조직범죄의 급성장을 부추기는 중요한 요인이 된다. 이 돈을 차지하기 위해 각 국가의 조직들이 해외 조직과 다투기도 하고 연합하기도 하면서 그 규모가 점점 커진다.

미국에서 금주법이 끝났을 때, 마피아들은 새로운 시장을 개척해야 했지만 마약사업에 크게 관심을 가지 않았다. 대형 마피아들은 "주류도 합법이 되었으니 이제 우리도 깨끗하게 살아볼까" 하면서, 주류사업이나 도박사업 같은 합법적 영역에 뛰어들었다. 마약에 관심을 가지게 된 부류도 있었지만 단가가 맞지 않았다. 술과 다르게 마약은 전 세계적인 커넥션이 필요했는데, 이런저런 유통단가를 빼고 나면 수익이 별로 없었기 때문이다. 그래서 그들은 전통적인 갱들의 사업 영역인 도박, 매춘, 고리 대금 등을 고수하며 평화로운 일상을 유지했다. 마약밀매는 중소 마피아들이나 하는 코 묻은 돈 벌기에 지나지 않았다.

하지만 1950년대에 들면서 미국의 마약 처벌이 강화되자 상황이 바뀐다. 엄격한 단속과 처벌 강화는 마약의 가격 상승을 가져왔다. 마약을 파는 일은 훨씬 위험해졌지만, 그만큼 많은 돈을 벌 수 있는 판이 됐다. 드디어 마피아들에게도 해볼 만한 사업이 된 것이다. 착하게 살아보려 했던 대형 마피아들은 양지로 나갔다가 말만 번 지르르한 사람들(사기꾼이나 정치인)에게 말려 큰 재미를 보지 못하고, 중소 갱들이 활약하던 골목 상권으로 돌아온다. 이들은 마약사업에 뛰어들어 파이를 키운다.

미국은 겉으로는 마약에 강경한 입장을 꾸준히 유지했지만 뒤에서는 전혀 다른 그림을 그리고 있었다. 미국은 냉전시대 내내 전 세계의 공산화를 막는다는 명분으로 친미 조직들의 마약판매와 무기 구입을 용인했다. 중요한 건 체제경쟁에서 승리하는 것이고, 그러기 위해서는 제3세계 국가의 공산화를 저지해야 했다. 그래서 친미 성향의 반군 단체들이 제조한 마약을 미국 내에 유통하게 해주고, 그 돈으로 미국 무기를 구입하게 해, 공산정권을 전복시키는 쿠데타를 일으키게 했다.

특히 라틴아메리카에서 이런 일이 자주 있었는데, 당시의 분위기는 영화 〈아메리칸 메이드〉에 잘 그려져 있다. 영화를 보면 진짜 기가 차는데, 영화 속 사건이 실화에서 모티브를 가져온 것이고, 심지어 현실은 더 막장이었다는 걸 알게 되면 한 번 더 기가 찰 것이다.

1950년대 미국 내에는 매카시즘이라는 새로운 마녀사냥이 등장한다. 정보기관은 자유민주주의를 파괴하기 위해 소련과 중국 같은 공산국가가 미국 내에 마약을 유통한다는 낭설을 퍼트렸다. 당시 진보적 지식인과 젊은 층은 타 집단에 비해 마약 사용이 빈번했으니 이는 탄압의 좋은 명분이 되었다.

하지만 사실 미국 내에 마약을 유통한 건 반공이라는 미명하에 반공게릴라와 범죄조직의 마약밀매를 묵인 조장한 CIA였다. 하지만 알게 뭔가. 마약 사용자 한 명 잡아다가 "누가 공산주의자야?" 심문하고 다음 날 신문에 "헐! 대박! XX도 공산주의자!! 집에서 대마초 발견돼… 한편 네티즌들은…" 하고 자극적 기사만 내면 모든 게 해결되는데.

미국은 자국 내에서 계속 강력한 마약금지법을 제정한다. 1956년에 발표한 법에는 마약을 판매하다 적발될 경우 최고 사형에 처한다는 내용도 포함됐다. 이 조치의 결과는 뭘까? 원하는 대로 마약판매가 줄어들었을까?

전혀. 대신 마피아들은 10대를 고용해 마약을 팔기 시작했다. 아무래도 미성년자는 단속반의 의심을 덜 받아 잡힐 확률도 적고, 잡힌다고 하더라도 어느 사회나 아동과 청소년에게는 법을 관대하게 집행하기 때문에, 마약을 판매한 정도로 사형을 당하진 않으니까.[2] 결국 이 법은 도입 의도와는 무관하게 10대에게 마약문화를 퍼트리고, 그들을 범죄에 끌어들이는 나쁜 선례를 남겼다.

CIA는 인질을 취조하고 고문하는 데도 마약을 사용했으며, 나아가 'MK-Ultra 프로젝트'를 수행한다. MK-Ultra는 간단하게 설명하면 수천 명의 민간인에게 그들도 모르게 마약을 복용시켜, 복용자의 정신 상태와 뇌의 변화를 관찰하고 나아가 그들을 세뇌하고 조종할 수 있는지를 실험한 프로젝트다.

음모론 아니냐고? 그랬으면 좋겠지만 안타깝게도 실제로 일어난 일이다. 이 실험은 1974년 《뉴욕타임스》 기자 시모어 허시Seymour Hersh [3]가 폭로할 때까지 20년 넘게 지속됐다.

이 가운데 가장 유명한 사건은 1953년 일어난 미 육군 소속 생화학자 프랭크 올슨Frank Olson 박사의 죽음이다. CIA가 그의 칵테일에 LSD를 섞었고, 이를 모르고 칵테일을 마신 올슨 박사는 호텔 13층에서 뛰어내려 사망한다. 앞서 설명했듯이, LSD를 복용하면 환각이 강해져서 충분히 자기가 날 수 있다고 착각할 수 있다.

한국이나 미국이나 정보기관에서 하는 일이 다 그렇듯 처음에는 우울증에 의한 자살로 처리되었지만, 22년이 지나고 허시가 폭로한

---

2   미국은 UN아동권리협약에 서명하지 않은 전 세계 유일한 국가로, 다른 나라들과는 달리 소년법이 없어 소년범을 따로 보호하진 않는다. 하지만 그렇다고 소년범을 성인 범죄자와 완전히 똑같이 처벌하지도 않는다. 그러니 마약판매상이 그들에게 마약판매를 맡긴 것이다.

3   탐사 보도 전문기자. MK-Ultra 외에도 베트남전에서 미국의 민간인 대량학살(말라이 학살)을 특종 보도해, 베트남에서 미국이 철수하는 데 결정적인 역할을 했다. 또, CIA가 칠레 아옌데 정권 전복에 개입한 정황, 이라크전에서 미군의 포로 학대, 빈 라덴 암살 작전 등을 폭로하는 등 묵직한 특종을 다수 터트렸다.

이후 유가족이 정부를 고소했다. 이에 제럴드 포드Gerald Ford 미국 대통령과 CIA 국장이 실험을 인정하고, 유가족을 백악관으로 초청해 공개 사과 하면서 사건은 일단락됐다.

하지만 이는 사건을 최대한 빨리 덮으려고 한 정부와 CIA의 쇼였다. 이후 올슨의 죽음이 약물에 의한 자살이 아니라, CIA의 조직적인 살해라는 의혹이 제기됐다. 당시 올슨은 CIA 활동에 큰 죄책감을 느끼고 있었고, CIA는 올슨이 조직의 비밀을 밝힐까 두려워 그를 제거했다는 것이다.[4] 빨간 마티즈는 한국에만 있는 게 아니다. 이런 사건들이 음모론과 도시괴담처럼 떠돌다 1970년 이후부터 하나씩 진실로 밝혀지고 있다. 음모가 한 번 진실로 드러났으니, 그 이후부터는 모든 게 의심스러울 수밖에. 결국 MK-Ultra가 존재했기에 미국의 그 수많은 음모론이 나오는 것일지도 모른다. 이 사건의 유일한 소득은 덕분에 우리가 흥미로운 소설이나 영화, 드라마를 많이 볼 수 있게 됐다는 것 정도가 아닐까.

세계의 마약 커넥션

세계의 마약 커넥션과 범죄조직 이야기는 워낙 방대하고 복잡하니, 여기서는 미국 중심으로 이루어진 몇몇 커넥션만 설명하려 한다.

---

4 프랭크 올슨의 죽음과 CIA의 음모, 당시의 분위기, 이후 사건이 궁금하다면, 에롤 모리스Errol Morris의 6부작 다큐멘터리 〈어느 세균학자의 죽음WormWood〉을 찾아보시라.

① 프렌치 커넥션

1930년부터 1960년대까지 튀르키예 조직과 프랑스 조직이 손잡고 마약을 유통한 사건. 당시 튀르키예는 합법적으로 양귀비를 재배할 수 있었는데, 갱들이 튀르키예에서 양귀비를 사들인 다음 프랑스 코르시카섬에서 헤로인을 제조해 프랑스 마르세유를 거쳐 미국에 수출했다. 영화 〈대부〉 시리즈와 〈프렌치 커넥션〉에 등장하는 마약 사업이 바로 이 커넥션을 배경으로 하고 있다.

일개 조직이 이렇게 광범위한 범죄를 할 수 있었던 건, 이 조직들이 당시 유럽에서 세를 키워가던 좌파 성향의 노조를 프랑스 정부나 미국 OSS(CIA의 전신) 대신 강경 진압해줬기 때문이다. 공식적으로 할 수 없지만 권력자들에게 필요한 일을 해주고 일종의 허가를 받음 셈. 우리나라의 서북청년단 비슷하다 보면 된다. 이들이 서북청년단과 다른 점이 있다면 태극기 대신 마약을 팔았다는 것이다.

프렌치 커넥션을 계기로 미국에 헤로인 문화가 완전히 뿌리내리게 된다. OSS는 자신들의 목적을 위해 미국 시민들이 마약에 빠지든 말든 전혀 개의치 않았다. 미국은 강경한 마약금지 조치로 시민들을 탄압함과 동시에 자신들이 원하는 방식으로 세계를 재편하기 위해 마약밀매를 묵인하는 이중성을 꾸준히 유지했다.

② 차이나 커넥션

1940년에는 차이나 커넥션이 생긴다. 아편전쟁 이후 중국은 정신을 차리고 아편을 금지했어야 정상이지만, 그러지 않았다. 중국

내에서 아편 수익이 커지자 처음에는 영국의 현지 판매처 정도로만 운영되던 중국 내 조직들이 독립해서 자국 조직을 만들어 시장 점유율을 높여 나간다. 홍방, 청방, 뭐 이런 이름으로 불리는 조직들이다. 삼성 제품 사던 중국이 화웨이나 샤오미를 만든 것이라 보면 된다.

헤이그아편협약으로 아편 무역이 불법화되자 홍방과 청방은 지하로 숨어들어 조직을 키운다. 이들의 불법자금은 여기저기 흘러들어 가는데, 이후 청을 무너뜨리고 세워진 중화민국의 힘은 이 조직들의 자금력에 있었다. 그러니 새 공화국에서 이들은 형식적으로는 불법이지만 거의 합법적으로 사업을 확장할 수 있었다.

중화인민공화국(현재 중국)은 마약공급자와 사용자를 사형에 처할 정도로 마약에 강경한 입장을 취하고 있다. 많은 이들이 이를 아편전쟁의 상처 때문이라고 생각한다. 물론 그런 면도 있다. 하지만 가장 큰 이유는 공산당과 국민당이 치열하게 다툰 국공내전 당시에 이 마약 조직들이 국민당 편에 서서 공산당을 엄청나게 탄압한 것이 결정적이다. 그 앙금에서 지금의 강경정책이 기인했다고 보는 것이 더 합당할 듯하다.

당시 미국은 일본과 경쟁하는 과정에서 중국 쪽에도 세를 넓히려고 했는데, 미국 입장에서는 아무래도 공산당보다 장제스蔣介石의 국민당이 이기는 것이 좋지 않았겠는가. 당시 장제스의 자금줄은 청방의 마약 판매였는데, 미국은 청방의 돈을 세탁해주고, 청방은 이 돈으로 국민당을 지원하고, 국민당은 이 돈으로 무기를 구입했다.

쿵짝이 딱딱 맞는 커넥션이었다.

하지만 미국의 바람과 달리 공산당이 중국 본토를 장악한다. 국민당의 축출과 함께 차이나 커넥션도 본토에서 쫓겨난다. 그러면 조직들이 해산되고 마약이 없는 평화가 찾아왔을까? 그럴 리가. 국민당에 붙었던 마약밀매 조직들은 공산당 집권 이후 탄압을 피해 근처 동남아 국가로 퍼져 나갔다. 그 결과 1950년대에는 동남아 커넥션이 발생한다.

③ 쿠바 커넥션

금주법이 끝난 후, 마약시장에 뛰어든 미국 마피아들은 유럽에서 만들어진 헤로인을 미국으로 들여올 계획이었다. 하지만 유럽에서 미국으로 바로 마약을 들여 오기에는 여러 가지 문제가 있었다. 그래서 중간 거점으로 미국 아래 위치한 쿠바를 사용하기로 한다. 이는 부패했던 쿠바의 바티스타 독재정권과 중남미에 공산주의가 퍼지는 것을 막으려는 미국 그리고 새로운 사업을 원하는 마피아의 이해가 맞아떨어진 결과였다. 이 세 집단 사이에서 10년 넘게 지속된 쿠바 밀회는 1959년 쿠바혁명이 성공하면서 끝이 난다.

④ 피자 커넥션

피자 커넥션은 1984년 적발됐는데 마약사업이 단순히 한 국가 내에서 일어나는 범죄가 아니라 전 세계적 규모라는 걸 잘 보여준다.

당시 중앙아시아의 황금 초승달 지대에서 자란 아편을 중국 삼합

회가 관리하고 있었다. 그들이 이 아편을 시칠리아 마피아에게 넘기면, 시칠리아 마피아는 아편을 이탈리아에서 헤로인으로 정제한 후, 미국 마피아에게 넘긴다. 미국 마피아는 미국 전역의 소매상에게 헤로인을 넘기고 소매상들은 거리 곳곳에서 헤로인을 판매했다.

피자 커넥션이란 이름이 붙은 이유는, 마약상들이 이렇게 벌어들인 돈을 골목마다 있는 피자 가게를 이용해 피자 판매 수익으로 세탁했기 때문이다. 잘게 쪼개져서 깨끗해진 돈은 의심없이 미국 은행에 입금된 후, 스위스 은행으로 보내졌다. 조직들은 묻지도 따지지도 않는 믿음직한 스위스 은행을 통해 자신들의 수익을 배분 받았다.

⑤ 아프간 커넥션

아프간 커넥션은 지금의 중동 상황을 만드는 데 크게 일조했다. 1979년 소련은 아프가니스탄을 침공해 공산 정권을 세운다. 이에 미국은 아프가니스탄에서 소련을 몰아내기 위해 영국, 사우디아라비아, 이스라엘과 협조해 아프간 반군인 '무자헤딘 mujahedin [5]'에 무기를 지원한다. 이런 공개적인 루트로는 부족했는지 CIA는 무자헤딘이 불법적 헤로인 밀매를 하도록 조장한다. 아프간에서 무자헤딘이 아편을 생산하면 그것을 파키스탄에서 헤로인으로 정제한 뒤 이를 미국과 유럽에서 소비하는 방식이다.

5 　'성전에서 싸우는 전사'라는 뜻. 원래는 아프가니스탄 반군만을 뜻했으나, 현재는 아프간 뿐 아니라 이슬람 국가 전역의 반정부 단체나 무장 게릴라 조직, 외국인 이슬람 무장 단체를 통칭하는 표현으로 사용된다.

미국이 사실상 마약을 사준다고 OK 사인을 준 것이나 다름없었기에, 마약업자들은 신나서 아프간에서 아편을 만들었다. 이때 발달한 마약산업으로 아프간은 현재까지도 아편과 헤로인의 압도적인 세계 1위 생산국이다. 미국과 영국의 헤로인 소비량 역시 급격히 증가했다.

중동 지역 역시 이 시기 헤로인 사용자가 크게 늘어났다. 아프가니스탄과 국경을 맞대고 있는 파키스탄의 경우, 1980년 헤로인 사용자가 5천여 명 수준이었으나 5년 뒤인 1985년에는 130만 명으로 무려 260배가 늘어났다. 파키스탄의 헤로인 사용자는 이후 꾸준히 증가해 현재는 중독자만 400만 명이 넘는, 세계에서 마약 문제가 가장 심각한 국가 중 하나가 됐다.

또한 아프간 커넥션에서 흘러간 자금은 이후 알카에다 같은 무장단체가 조직되는 결정적 역할을 한다. 지금 이런 무장단체들을 가장 강하게 비난하는 국가가 미국이라는 것은 여러가지로 아이러니한 일이다.

새우 싸움에 등 터지는 고래

미국이 벌이는 '마약과의 전쟁'은 뜬금없게도 라틴아메리카의 자연환경을 파괴하기도 한다.

콜롬비아는 독특한 자연환경으로 세계 생물 다양성의 15퍼센트를 책임지고 있으며, 산림도 풍부해 지구의 허파 역할을 하고 있다. 그런데 미국의 마약시장이 거대해지면서 콜롬비아의 마약제조업자와 가난한 농부들이 숲에서 마약을 재배하기 시작한다. 마약 농사를 지어야 그나마 먹고살 수 있었기에 농민들로서는 선택권이 없었다. 그들은 공권력의 눈을 피해 숲속 깊이 들어가 숲을 밀어버리고 코카밭을 만든다. 콜롬비아의 산림 파괴 중 절반 이상이 이런 마약 재배 때문에 일어났다.

코카를 키울 공간을 확보하려고 산림을 파괴하는 것도 문제지만, 마약을 키우기 위해 뿌려대는 농약도 큰 재앙이다. 아무리 요즘 유기농이 대세라지만, 마약은 어차피 불법인데 마약생산자가 소비자의 안전을 생각해주진 않을 것 같다. 유독성이어도 마약을 잘만 키워준다면 그들은 농약을 아낌없이 뿌릴 것이다. 그러다 보니 마약식물을 키우면 주변 산림과 지하수도 심각하게 훼손된다.

엎친 데 덮친 격으로 마약에 강경한 미국의 부시 정부는 콜롬비아 정부와 함께 '플랜 콜롬비아Plan Colombia'를 실행한다. 이 계획을 한 줄로 정리하면 "내가 키우지 말랬지. 다 죽여버린다" 정도 되겠다. 미국 비행기에 독성 제초제를 잔뜩 싣고 가서 콜롬비아 산림에 때려 부은 것이다. 이 제초제는 분명히 많은 마약식물을 죽였을 거다. 하지만 동시에 근처에 있던 일반 작물과 동식물들도 모조리 죽여버렸다. 마약을 키웠든 안 키웠든 제초제는 피해가지 않는다. 이 작전으로 수많은 콜롬비아 농민들의 농지와 산림이 파괴됐다. 마약업자들은 독성 제초제가 묻은 마약식물을 버리지 않고 그냥 재배해

시장에 내놓는다. 사용자가 그 독성 제초제 때문에 죽든 말든, 어차피 불법인데 그들 입장에서야 신경 쓸 이유도 겨를도 없다. 농지가 파괴된 콜롬비아 농민들은 가난에 허덕이다 마약재배에 뛰어드는 악순환이 반복된다.

이렇게 2000년 이후 파괴된 콜롬비아의 산림은 100만 헥타르가 넘는다. 참고로 1헥타르는 1만 제곱미터로, 3,000평이 좀 넘는다. 100만 헥타르면 얼마지? 내 머리로는 계산도 안 된다. 이 산림이 복원되는 데 최소 수천 년이 걸린다고 한다.

이런 큰 희생을 해서라도 코카의 재배와 소비가 줄어들었다면 이 정책을 그나마 이해할 수는 있을 것이다. 하지만 같은 시기 라틴아메리카의 코카 재배량도 미국의 코카인 소비도, 줄기는커녕 오히려 늘어났다.

물론 미국 정부가 해외에서 시행한 마약정책이 모두 쓸모가 없진 않았다. 강제 소탕하는 방식이 성과를 거두지 못하자 현지 농부들에게 자금과 기술을 지원해 코카 대신 커피나 바나나, 파인애플 등의 대체작물 농업으로의 전환을 유도하기도 했다. 이 정책은 파괴정책에 비교해 일단 인도적이고, 피해도 적고, 성공하기만 한다면 장기적으로 마약을 줄일 수 있는 상당히 좋은 방법이다.

하지만 안타깝게 이 방법 역시 크게 성공하진 못했는데, 해당 지역의 기본 인프라가 부족해 대체작물을 수확하더라도 판매 루트가 마땅치 않기 때문이다. 반면 코카는 수확해서 근처에 있는 카르텔에만 갖다 주기만 하면 된다. 우리 생각에는 카르텔들이 농민의 수

플랜콜롬비아 플랜의 주역 알바로 우리베 콜롬비아 대통령과 미국 대통령 조지 부시.(왼쪽) 그리고 이를 비꼰 만평.(오른쪽)

확물을 약탈할 거 같지만, 그러면 농부들이 이듬해 농사를 짓겠는가? 그런 방식은 카르텔에게도 좋을 게 없다. 그들은 코카에 후한 값을 쳐준다. 콜롬비아 농민은 합법적인 작물보다 코카를 키웠을 때, 평균 세 배 정도의 수익을 더 올린다고 한다.

불법 마약산업이 존재하고, 저개발 국가들의 가난이 존재하는 한, 마약 산업에 뛰어드는 이들은 끊임없이 나타날 것이다. 결국 국제적인 빈부격차가 사라지지 않는 한, 마약커넥션도 사라지지 않을 것이다.

결국 불법 마약시장에서 통용되는 규칙은 딱 하나뿐이다.
"선수가 바뀌어도 게임은 계속된다."

이 말은 여러 지점에서 적용된다. 한 종류의 마약을 막으면 다른 마약을 만든다. 마약의 종류는 수도 없이 많고 다 판별하는 건 불가능하다.

이 지역을 털면 다른 지역에서 만든다. 세계는 넓고 갈 곳은 많다.

이 범죄조직을 소탕하면 다른 범죄조직이 가담한다. 상대 조직의 불행은 우리 조직의 행복이다.

밀매되는 루트를 막으면 다른 루트로 들여온다. 국가간 큰 빈부 격차는 돈만 주면 무슨 짓이든 할 전사들을 사방에 공급한다.

11.
콜롬비아의 비극이 만든 괴물, 마약왕 파블로 에스코바르

라틴아메리카의 현대사는 비극으로 점철되어 있다. 이들의 역사를 알면 알수록, 나름 비극적이었다는 한국 현대사는 참으로 평온한 태평성대였음을 깨닫게 된다. 하지만 세상은 더럽게 불평등한 곳이고, 신은 약한 자에게 더욱 가혹하다. 이런 곳일수록 정치와 경제가 불안한 경우가 많고, 범죄도 더 자주 발생한다. 특히 이런 지역에서 마약이 재배되고 근처에 거대한 마약시장까지 존재한다면, 상황은 손쓸 수 없는 수준으로 나빠진다.

마약판매 수익은 선진국에서도 적은 돈이 아니지만, 저개발 국가에는 감당 못 할 수준의 큰돈이다. 마약밀매는 그 나라에서 평범하게 살아서는 결코 가질 수 없는 큰돈을 한 번에 벌 수 있게 해준다. 그래서 하층민뿐 아니라, 기득권, 경찰, 정치인도 마약밀매의 유혹에 빠진다. 국가 전복을 꿈꾸는 이들이라면, 그게 우파든 좌파든 마약상들과 손을 잡을 수밖에 없다. 결국 이런 상황 속에서 라틴아메리카에는 수많은 카르텔[1]이 생겨난다.

이 장에서는 이렇게 생겨난 카르텔의 수장 중 한 명으로, 전 세계에서 가장 유명한 마약왕을 소개하려고 한다.

최초의 마약왕이자 마약 카르텔의 창시자, 세계 최악의 테러리스트, 가난한 자들의 로빈 후드, 메데인의 성자, 미국 포브스가 선정한 세계 7대 부자, 온갖 수식을 가지고 있는 콜롬비아의 마약왕 파블로 에스코바르. 그는 어쩌다 이런 삶을 살게 되었을까.

왜 하필 콜롬비아 메데인인가?

콜롬비아는 남아메리카의 북쪽, 중미와 남미를 잇는 곳에 위치해 있다. 또한 바닷길로 미국과 이어지기 때문에 군사적 산업적으로 중요한 지역이다.

---

1   카르텔Cártel은 원래 경제학 용어로, 과점 상태에서 기업들끼리 담합을 해서 가격과 물량을 통제하는 것을 말한다. 마약 카르텔이라고 하면, 마약의 생산부터 가공 유통까지 일괄하는 대형 조직을 의미한다. 지금은 카르텔이라고만 해도 마약 조직을 의미하게 됐다. 마약 원료가 생산되고, 정치적으로 혼란한 중남미와 서아시아에서 주로 활동한다.

콜롬비아와 메데인의 지리적 위치.

    콜롬비아의 정치는 보수당과 자유당이 오랫동안 양분해왔는데, 이들은 선거로만 싸운 게 아니라 심심하면 전쟁을 벌였다. 큰 내전이 발생하기도 하고, 내전이 없는 기간에도 자잘한 폭동과 테러가 끊임없이 일어났다. 이런 정치적 혼란을 틈타 미국은 황금알을 낳는 파나마를 독립시켜 자기들의 수중에 넣는다.[2]

    나라가 이런 꼴이니 당연히 새 세상을 꿈꾸는 게릴라들이 등장한다. 당시 유행에 따라 대부분 공산주의 성향이었다. 그리고 과거나 지금이나 진보의 취미는 분열이다. 분화된 공산주의 단체들은 선명

---

2   파나마는 아메리카 대륙 가운데를 관통하는 위치에 있다. 이 지역은 이전부터 콜롬비아로부터 수차례 독립을 시도했으나 모두 실패했다. 하지만 1903년, 운하 건설을 노리는 미국과 프랑스의 도움으로 독립에 성공한다. 하지만 독립의 대가로 파나마 운하의 운영권이 미국에 넘어간다. 미국은 무려 85년간 파나마 산업에서 가장 핵심적인 이 운하를 독점해 쏠쏠한 재미를 보다가 1999년에서야 파나마에 반환했다.

성 경쟁을 벌이며, 더 강한 테러로 존재감을 과시하려 든다. 결국 이상은 온데간데없이 사라지고 흘러내리는 피만 더 짙어졌다. 공산주의 세력도 나왔으니 이들을 싫어하는 백색테러 집단, 극우 성향의 민병대도 등장한다. 공산주의의 확산을 가만히 보고 있을 순 없던 미국도 극우 민병대와 정부군에 무기를 제공해 빨갱이 사냥을 시작한다. 정부군, 반군, 공산 게릴라, 극우 민병대, 거기에 미국까지 개입한 콜롬비아는 당장 오늘의 안전도 보장할 수 없는 상태가 된다.

이런 불안한 상황에서 시민들이 안정적인 경제생활을 할 것을 기대하긴 어렵다. 여기에 20세기 중반 석유파동으로 세계 경제가 요동치면서 콜롬비아의 산업 기반이 완전히 무너져 내린다.

메데인은 수도 보고타에 이은 콜롬비아 제2의 도시다. 안티오키아의 주도로 메데인 자체는 내륙도시이지만, 안티오키아주^州가 항구를 끼고 있어 우리나라로 치면 부산과 유사하다. 당시 메데인의 주력 산업은 섬유와 의류 분야였다. 그런데 20세기 중반이 되면 아시아 국가들이 이 분야에 강세를 보이면서 메데인은 큰 위기에 빠진다. 이럴 때는 국가가 전략적으로 빠르게 산업전환을 이끌어야 하는데, 콜롬비아 정부는 그럴 여유가 없었다. 기업이 도산하자 실업자가 늘어났고, 그들 덕분에 먹고사는 상점과 식당들도 문을 닫는다. 메데인은 자동차 산업이 망한 디트로이트처럼 된다.

메데인의 주민들은 지리적 이점을 이용해 밀매사업에 뛰어든다. 유럽과 아메리카 대륙을 잇는 밀수 허브 역할을 자임한 것이다. 특히 금과 보석 같은 사치품 밀수가 많았다. 마약도 이들이 밀수하는 사치품 중 하나였다.

파블로 에스코바르와 메데인 카르텔

이런 상황에서 파블로 에스코바르가 등장한다. 그도 대다수의 메데인 젊은이들처럼 어린 시절부터 밀수와 절도로 생계를 유지했다. 1970년대가 되면 미국에서 히피와 반전운동이 거세지면서 마리화나 수요가 늘어나는데, 이는 메데인 밀수업자들에게 더 없는 호재였다. 법적으로 허가가 되지 않았으니 합법적인 루트는 없는데, 시장은 어마어마했으니까. 처음에는 잡다한 사치품을 취급하던 메데인의 밀수업자들이 이때부터 마약밀매에 전념하게 된다.

한발 늦게 마약 사업에 뛰어든 에스코바르는 경쟁이 치열한 마리화나 대신 신종 산업인 코카인 밀매를 선택한다. 이 선택이 그의 인생을 결정짓는다. 당시 미국과 콜롬비아 정부는 코카인보다 규모가 큰 마리화나를 집중적으로 단속하기 시작했다. 그래서 콜롬비아의 마리화나 재배는 큰 타격을 받게 되지만, 코카인은 상대적으로 안정적이었다. 또한 코카인의 주요 생산지였던 칠레에서 쿠데타가 일어나자, 칠레의 코카인 생산자들이 콜롬비아로 넘어오면서 생산 규모도 크게 늘어난다. 마리화나의 가격 상승과 미국의 경제 악화로 1970년대 후반이 되면 코카인의 수요가 본격적으로 늘어나기 시작했다. 에스코바르가 이 모든 걸 예측하고 코카인을 밀매한 것은 아닐 것이다. 단지 그의 입장에서는 코카인이 마리화나보다 부피도 작고, 가격도 비싸 수익이 컸기 때문에 선택했겠지.

에스코바르가 밀매에서 맡은 역할은 일명 '길 청소'인데, 마약 재료나 마약을 운반하는 과정에서 발생하는 불미스러운 일을 줄이는 역할이다. 쉽게 말해서 경찰 조직과 정치권을 파악해 뇌물을 효과적으로 주는 일이다. 그는 이때 쌓은 인맥을 이용해서 점점 사업의 규모를 키운다. 메데인은 미국으로 가는 길목이었기 때문에, 곧 코카인의 허브가 된다. 당연히 메데인의 마약상들은 엄청난 돈을 벌어들인다. 하지만 이때까지 그들은 하나의 조직이 아니라, 서로 경쟁하는 개인사업자들에 불과했다.

당시 콜롬비아 정부는 마약상보다는 정치적으로 위협적인 공산주의 게릴라를 소탕하는 데 힘을 집중하고 있었다. M19라는 대학생들로 구성된 공산주의 단체가 있었다. 그때나 지금이나 젊은이들은 돈이 별로 없는데, 혁명을 하려면 돈이 필요하다. 그래서 그들은 부자들 가족을 납치해 돈을 뜯어내는 방법으로 이 문제를 해결했다. 그들은 새로운 먹잇감을 물색하다 메데인 마약상 오초아 형제의 여동생을 납치한다. 겁 없던 젊은이들이 제대로 사

파블로 에스코바르. 젊은 시절 객기로 찍은 이 사진이 훗날 그의 발목을 잡게 된다.

고를 친 것이다. [3]

　당시 콜롬비아 경찰은 이 사건에 개입할 생각이 전혀 없었다. 공산주의자와 마약상이 싸운다는데 구경만 하면 되지 않겠는가. 오초아 형제는 마약상들을 한자리에 모아, 마약상과 가족의 안전을 위해 서로 힘을 합쳐야 한다고 주장한다. 이때 메데인 카르텔의 전신이 되는 MAS [4]가 생겨나고, 수완이 좋은 에스코바르가 대장으로 추대된다.

　그는 거친 마약상들이 만족할 만한 파격적인 복수를 감행한다. 공산주의 게릴라로 추정되는 학생들을 40일간 무차별 살육했다. 처음에는 M19도 마약상을 습격하며 저항했지만, 아무리 아마추어의 의지가 확고해도 프로를 이길 수는 없다. 결국 M19는 오초아의 여동생을 풀어주고 아무 조건 없이 투항하게 된다. 이 사건 이후로 에스코바르는 메데인 마약상들의 수장으로 자리를 확고히 하게 된다.

　마약사업에서 생산만큼 중요한 것은 운송이다. 그는 다른 마약상들에게 수수료를 받는 대가로 안전한 운반을 약속했다. 혹시 운반이 실패하면, 보험금을 지급해서 다른 마약상들을 휘어잡았다.

　그는 마약을 미국에 반입하기 위해 기존의 마약상은 상상도 하지 못한 획기적이고 거대한 스케일의 방식을 고안했다. 가장 상징적인 건 개인 비행기다. 그는 값비싼 비행기를 대규모로 사들여 마약 반

3　M19는 그 외에도 발랄한 짓을 많이 했는데, 박물관을 습격해 남미의 독립 영웅 시몬 볼리바르Simon Bolivar의 칼을 훔치기도 했다. 이 칼은 이후 에스코바르에게 넘어갔다는 설이 있다.

4　Muerte a Secuestradores, '납치범에게 죽음을'이라는 뜻으로, M19와 전면전을 벌였다.

입에 이용했다. 콜롬비아와 미국 사이에 위치한 작은 섬 전체를 사들여, 활주로와 항구, 저장 창고, 호텔 등을 만들어 밀수 전진기지로 이용했다. 선박을 이용할 때는 코카인을 생선 반죽처럼 만들어 어묵으로 위장해 들여보냈고, 심지어 잠수함을 건조해 마약을 잔뜩 싣고 미국에 잠입하기도 했다.

이후 메데인의 마약 산업은 안정적으로 발전한다. 에스코바르의 지휘 아래 마약상들은 불필요한 경쟁을 자제하고 가격을 담합해 수익을 기하급수적으로 늘린다. 이름 그대로 카르텔이 형성된다. 에스코바르의 경영철학은 성공한 사업가답게 아주 간단했다.

"은 아니면 납plata o plomo"

뇌물을 주고 통하지 않으면 총알 세례를 날렸다. 그가 매수한 사람은 경찰뿐 아니라, 군부, 정치인, 법조인, 금융인, 언론인 등 사회 전반에 걸쳐 있었다. 심지어 반군과 공산게릴라도 그의 돈을 받았다.

메데인 카르텔의 사업은 날로 번창했고, 전성기 때는 전 세계 코카인 시장의 80퍼센트를 지배하며 매주 4억 2,000만 달러(한화 5,300억 원)를 벌어들였다. 에스코바르의 형 로베르토Roberto Escobar의 증언에 의하면, 그들은 쏟아지는 현금을 정리하기 위해 매달 고무줄만 2,500달러(한화 330만 원)씩 구입했다고 한다. 액수가 너무 많아 돈세탁이 되지 않으면, 돈을 그냥 땅에 파묻었다고. 이렇게 묻은 돈의 10퍼센트가 매년 쥐들의 습격으로 사라졌지만, 신경조차 쓰지 않았다. 돈은 어차피 차고 넘치니까. 한번은 땔감이 떨어져 딸이 추위에 떨자 에스코바르는 200만 달러를 장작으로 불을 피우기도 했다. 평생 하나도 갖기 힘든 전세기, 슈퍼카, 호화 저택이 여러 개 있었고, 개인 동물원까지 만들었다. 미국 경제잡지 《포브스Forbes》는 1987년부터 1993년까지 그를 억만장자 리스트에 올렸고, 89년에는 전 세계 일곱 번째 부자로 뽑았다. 당시 그의 재산은 현재 가치로 300억 달러(한화 40조 원)였다.[5]

에스코바르는 자신의 부하와 다른 마약상들에게도 후한 대접을 했다. 메데인 지역 경제에도 돈을 들이부었다. 주택 1,000채를 지어서 가난한 이들에게 무상으로 공급하기도 했다. 정치적 혼란으로 정부가 아무것도 하지 못할 때, 그는 메데인의 복지를 책임졌다. 무상급식소를 열어 가난한 이들에게 음식을 제공했으며, 70여 개의 학교와 운동장, 병원, 교회를 건설해 가톨릭의 지지를 받았다. 그는 스포츠를 좋아해 축구에도 많은 돈을 투자했는데, 메데인의 프로축구팀 아틀레티코 나오시날의 실질적인 구단주였다.[6] 지역 언론 또한 그의 돈으로 굴러갔다. 언론을 등에 업은 그는 '가난한 자들의 로빈 후드'로 불렸고, '메데인의 성자'로 추앙받았다.

---

5   전설적 마피아 알 카포네Al Capone의 재산은 겨우(?) 13억 달러였으니, 마피아와 카르텔의 규모 차이를 짐작할 수 있다.
6   아틀레티코 나시오날을 포함해 당시 콜롬비아 축구팀 중 네 팀이 마약상의 후원을 받았다. 마약상의 규모도 대단하지만 콜롬비아 사람들의 축구 사랑도 어지간하다.

아무리 돈이 많다고 해도, 마약상이 축구팀을 운영하다니…(왼쪽). 경찰에 적발된 그의 창고 중 하나. 달러가 차곡차곡 쌓여 있다. 그는 절대적 금액으로 따졌을 때 이 세상 누구보다 큰 선의를 베풀었지만, 벌어들인 수익에 비하면 그 돈은 푼돈에 불과했다(오른쪽).

아무리 그렇다고 해도 주민들이 마약상을 지지했다는 건, 우리 입장에서는 다소 이상해 보인다. 하지만 메데인 주민의 관점에서 생각해보라. 마약상은 자신들에게 피해를 주지 않는다. 망해가던 도시가 마약밀매 덕분에 살아났고, 청년들은 일자리를 구했고, 상권도 살아났다. 또 마약을 콜롬비아가 아니라 미국에 팔았다는 사실도 중요한데, 당시 콜롬비아 민중들은(대부분의 라틴아메리카 국가들처럼) 반미 정서가 상당히 강했다. 마약상이 활개를 치니 치안이 좋진 않았겠지만, 메데인은 마약밀매 이전에도 경제위기로 치안이 좋은 상태는 아니었다. 오히려 메데인 카르텔이 담합하면서 치안도 상대적으로 좋아졌을 것이다.

그러니 정부에서 에스코바르에게 아무리 높은 현상금을 걸어도, 메데인 시민들은 그를 신고하지 않았다. 물론 신고한다 하더라도, 신고받은 경찰이 누구 편일지는…. 괜히 신고했다가 자신만 쥐도 새도 모르게 사라질 수 있었다. 에스코바르 이후 마약상들이 지역 주민들과 친밀한 관계를 맺는 건, 일종의 관습처럼 굳어진다. 그들은 주민들에게 호의를 베풂으로써 사업을 안정적으로 유지하고 필요한 경우 피난처를 제공받는다.

좌절, 공권력과의 전쟁

에스코바르는 이런 인기에 취해 정치인의 꿈을 꾼다. 1982년, 그는 덜컥 국회의원이 돼 버린다. 이것이 몰락의 단초가 될지 당시의 그는 알지 못했다. 그가 그냥 어둠 속의 권력자로 만족했다면, 그는 평탄하게 사업을 할 수 있었을 것이다. 하지만 현실 정치인이 되면 실상이 밝혀질 수밖에 없다. 관심을 받게 되면, 그 전에는 뇌물로 무마되던 많은 것이 통하지 않게 된다. 결국 일간지 《엘 에스펙테이더El Espectador》와 법무부 장관 라라 보니아Rodrigo Lara Bonilla가 에스코바르의 마약밀매와 부정선거를 고발하면서 그는 의원직을 상실한다.

꿈이 좌절된 에스코바르는 분노한다. 정치를 포기한 그는 더 이상 가면을 쓸 필요가 없었다. 법무부 장관은 에스코바르가 의원직을 상실한 다음 해에 암살된다. 일간지의 편집국장도 피살당했고, 몇 년 뒤에는 일간지 건물이 통째로 테러당한다. 에스코바르는 개인적인 복수를 달성했지만, 이 사건으로 마약상이 콜롬비아의 사회문제라는 것이 완전히 드러나게 된다.

공권력과 카르텔의 전쟁이 벌어진다. 정부는 마약상들의 목에 현상금을 걸고 에스코바르는 경찰의 목에 상금을 걸었다. 콜롬비아는

선거에 출마해 연설 중인 에스코바르, 이때만 해도 그는 정말 정치인이 돼
콜롬비아를 바꿔보겠다는 야심이 있었던 것처럼 보인다.

내전에 가까운 혼란에 빠져든다. 콜롬비아 정부는 자신들의 힘만으
로는 카르텔과 싸울 수 없음을 깨닫고 미국에 도움을 요청한다.

당시 콜롬비아의 마약상들이 가장 겁낸 것이 미국과 콜롬비아 간
의 '범죄인 인도 조약'이었다. 이 법이 체결되면 미국에 마약을 공
급하는 마약상들이 미국 법에 따라 처벌받고 미국 감옥에 갇힐 수
도 있게 된다. 콜롬비아 안이라면 어떻게든 꼼수를 부릴 수 있지만,
미국 법정에 간다면 빠져나오기 어렵다. 법무부가 미국 정부에 마
약상 리스트를 넘기려고 하자, 에스코바르는 과거 자신에게 항복한
공산주의 게릴라 단체 M19에 지시를 내려 법무부 청사를 공격하게
한다. 이들은 청사를 점거하고 정부군과 대치하며 200여 명의 인질
을 잡고 이중 절반을 살해한다. 당연히 법무부 내의 증거 자료도 모
두 파기한다.

에스코바르는 강하게 나가면 정부가 굴복할 것으로 생각했으나,

아무리 힘이 없는 정부라도 이 정도 수모를 겪고 나면 더 이상 물러설 수 없게 된다. 군사력을 동원한 본격적인 에스코바르 체포 작전에 돌입할 수밖에.

하지만 에스코바르는 굴하지 않았다. 그는 범죄인 인도 조약을 지지한다고 밝힌 카를로스 갈란Luis Carlos Galán을 포함해 대통령 후보 세 명을 암살한다. 또한 갈란의 후계자인 세자르 가비리아César Gaviria 후보를 제거하기 위해 100명이 넘는 승객이 탑승한 비행기를 통째로 폭파시킨다. 비행기 탑승자 전원이 사망하지만, 가비리아는 다행인지 불행인지 비행기에 타고 있지 않았다.

결국 가비리아는 우여곡절 끝에 대통령에 당선된다. 당선 직후 그는 타협 없는 마약과의 전쟁을 천명한다. 시간이 흐를수록 상황은 에스코바르에게 불리하게 변해갔다. 아무리 천하의 에스코바르라 하더라도 정부와 오랜 시간 전쟁을 벌이기에는 힘에 부쳤다. 그의 휘하에 있던 마약상들도 많이 체포됐다.

하지만 에스코바르가 유명인사 열 명을 납치하자 전세가 역전된다. 이 중에는 유명 언론인이자 전 대통령의 딸도 포함돼 있었다.[7] 오랜 혼란으로 국민들은 지쳐 있었고, 여론은 평화를 원했다. 결국 대통령이 먼저 손을 들었고 1991년 에스코바르와 타협을 하게 된다.

가장 문제가 됐던 미국과의 범죄인 인도 조약이 폐기됐다. 헌법을 수정해 콜롬비아 시민의 외국 인도를 금지한다. 대신 에스코바

---

7   1982년 노벨상을 수상한 가브리엘 가르시아 마르케스Gabriel Garcia Márquez의 르포소설 『납치일기』가 이 사건을 바탕으로 하고 있다.

에스코바르의 명령으로 폭파당한 비행기, 승객 전원이 사망한다(왼쪽). 에스코바르의 명령으로 법무부 청사를 점령하고 정부군과 대치중인 M19, 우리가 생각하는 범죄조직의 스케일이 아니다(오른쪽).

르는 인질을 모두 석방하고, 모든 테러와 납치를 중단하기로 약속했다. 그는 불거진 사건 중에 자신의 사진이 증거로 남은 단 한 건의 마약밀매만 인정하고 처벌받기로 한다. 살인죄는 적용되지 않았다. 그는 감옥에 가는 대신, 감옥을 직접 짓고 그곳에서 자가 수감 생활을 하는 것으로 타협했다. 이 감옥에는 그의 부하들이 함께 수감됐고, 간수도 그가 직접 뽑았다. 감옥 안에는 축구장과 당구장, 카지노와 나이트클럽이 포함돼 있었다. 그는 자신이 만든 이 감옥을 '대성당la Catedral'이라 불렀으며, 감옥 안에서도 마약사업을 계속했다. 그의 비즈니스 파트너와 매춘 여성들이 감옥을 제집처럼 들락거렸지만, 협약에 따라 경찰은 감옥 3킬로미터 안으로 들어올 수 없었다. 에스코바르는 국가를 상대로 사실상 완벽한 승리를 거둔 것이다.

마약왕은 체포되었지만 콜롬비아에서 미국으로 유입되는 마약은 줄지 않았다. 이에 미국은 콜롬비아 정부에 에스코바르를 넘길 것을 지속해서 요구했지만, 콜롬비아는 다시 살육전이 벌어지는 걸

대성당의 모습. 외부는 보는 눈을 의식해 허름하게 만들고,
내부는 향락의 장소로 사용했다.

원치 않았다.

하지만 자신이 만든 감옥에 수감된 지 1년이 지날 무렵, 에스코바르가 감옥 안에서 자신의 부하를 살해하는 일이 발생하면서 상황이 급변한다. 콜롬비아 정부는 이를 계기로 그를 다른 감옥으로 옮기려고 했고, 에스코바르는 정부가 협상 조건을 어겼다며 탈옥을 감행한다.

그리고 다시 전쟁이 벌어진다. 에스코바르는 이미 승리의 경험이 있었기에 자신만만했다. 이전처럼 테러와 납치를 벌이면 정부가 결국 굴복할 것이라 여겼다. 하지만 이는 착각이었다. 정부 입장에서 두 번이나 마약상에게 항복할 순 없었다. 미국의 압력도 강했다. 마약왕이 아무리 무서워도 미국만큼 무섭진 않다.

무엇보다 에스코바르의 힘도 예전 같지 않았다. 그의 범죄 행각이 사회의 너무 큰 관심을 끌었기에 다른 마약상들은 하나둘씩 그에게 등을 돌렸다. 범죄자에게 눈에 띄는 것만큼 나쁜 것이 없다.

경쟁자인 칼리 카르텔도 그의 몰락을 원했다. 칼리 카르텔은 극우 민병대를 후원해 에스코바르의 부하들을 무차별적으로 학살한다. 그동안 마약상에 당해온 경찰의 분노도 극에 달해 체포한 마약상은 현장에서 바로 사살해 버렸다. 경찰과 콜롬비아 정부, 라이벌 카르텔, 극우 민병대, DEA, CIA의 협공을 받은 메데인 카르텔은 급속히 와해된다. 에스코바르의 수족들이 하나둘씩 체포되거나 살해당한다.

몰락을 직감한 에스코바르는 격렬하게 저항했다. 이전까지 그가 저질렀던 테러들은 나름대로 목적이 확실했지만 이 시기 테러는 그야말로 무차별적 폭탄 테러였다. 더 이상 그의 공포 전략은 먹히지 않았고, 오히려 상대방의 명분만 강화시켜 줬다. 그는 메데인의 골목을 전전하며 버텼으나, 1993년 12월 2일, '서치블락(콜롬비아 경찰특공대)'에게 세 방의 총을 맞고 파란만장했던 삶을 마감한다.

에스코바르 사냥에 성공하고 즐거워하는 서치블락 요원들(위). 하지만 즐거움도 잠시, 그의 장례식(아래)에는 그를 추모하는 2만 5,000명의 인파가 몰렸고, 경찰은 다시 비상경계 근무에 돌입해야 했다.

마약왕의 몰락, 그 이후

에스코바르의 지시로 죽임을 당한 사람은 대략 5,000명 정도로, 경찰만 600명이 넘는다. 그가 저지른 무지막지한 범죄에도 불구하고, 그의 장례식장에는 2만 5,000명이 넘는 인파가 몰렸다. 많은 메데인의 가난한 사람들이 그의 죽음에 눈물을 흘렸다. 그렇다고 누가 이 사람들을 한심하다고 비웃을 수 있을까.

콜롬비아 정부는 부동산을 포함해 그가 남긴 상당한 양의 재산을 압수했으나, 그중 단 한 푼도 피해자 보상에 사용하지 않았다. 에스코바르는 천하의 나쁜 놈이었지만, 아직도 메데인에는 그를 그리워하며 성자로 추앙하는 사람들이 남아 있다. 부패한 기득권은 악마도 영웅으로 만드는 법이다. 이후 에스코바르를 다룬 문학작품, 드라마, 영화가 쏟아졌다. 콜롬비아에서는 그의 일대기를 그린 113부작 드라마 〈에스코바르: 마약의 왕〉이 방영됐다. 2015년 넷플릭스에서 제작한 드라마 〈나르코스〉도 두 시즌 동안 그의 삶을 추적했다. 영화 〈파라다이스 로스트: 마약 카르텔의 왕〉에서는 그가 정부와 전쟁을 벌이는 시기를 그렸다. 이 영화에서 에스코바르 역은 라틴아메리카의 국민배우라 할 만한 베니치오 델 토로Benicio Del Toro가 맡았다.

그의 삶을 추적한 드라마 〈나르코스〉[8]에서 에스코바르의 심복은

---

8   마약밀매자를 뜻하는 스페인어 'Narcotraficante'의 줄임말로 'Narco'의 복수형이다.

최후를 직감한 그에게 이런 대사를 던진다.

"만약 마약이 합법이었다면, 당신은 범죄자가 아니라 세상의 왕이 되셨을 겁니다.

마약왕의 죽음 그리고 메데인 카르텔의 몰락에도 불구하고 미국으로 들어가는 코카인 양은 줄지 않았다. 에스코바르 말년에 이미 메데인 카르텔의 물량은 줄어들기 시작했고, 라이벌인 칼리 카르텔이 이를 대체하고 있었다. 하지만 콜롬비아 당국과 미국은 '에스코바르'라는 상징적 이름에 속아 그를 잡는 데만 혈안이 되어 있었고, 결과적으로 칼리 카르텔의 사업만 돕게 된 것이다. 칼리 카르텔은 에스코바르와는 달리 아주 조용히, 하지만 실용적으로 움직였다. 에스코바르가 공권력과 싸우는 사이, 칼리 카르텔은 시장을 야금야금 장악했다. 결국 콜롬비아와 미국은 에스코바르와의 전쟁에서 승리했지만, 아무것도 얻지 못했다.

마약과의 전쟁은 계속됐다. 미국은 콜롬비아 내부에서 칼리 카르텔을 체포하는 동시에 콜롬비아의 카르텔들이 주로 사용하던 공중과 해상의 무역 통로를 봉쇄한다. 그럼 이걸로 끝일까?

그럴 리가 없지.

공중과 해상 통로가 막히자 콜롬비아 카르텔은 몰락했지만, 미국과 육로로 이어져있는 멕시코가 새로운 마약 전진기지로 떠오른다. 이때 주도권을 장악한 멕시코의 카르텔들이 현재까지 미국 마약시

장을 주도하고 있다.[9]

카르텔이 사라진 콜롬비아는 어떻게 됐을까? 평화가 찾아왔을까?

과거 메데인 카르텔은 칠레에서 재배된 코카를 콜롬비아로 가져와 정제한 후, 미국에 내다 팔았다. 하지만 멕시코로 루트가 옮겨가자 콜롬비아는 코카인 판매가 아니라 코카 재배에 몰두하게 된다. 가난한 농부들이 정부의 단속을 피해 숲속 깊숙이 들어가 코카를 수확하는데, 콜롬비아의 숲속에는 정부와 오랜 시간 대치 중인 '콜롬비아 무장혁명군(FARC)'이 있다. 이들은 마약을 재배하는 농민들을 보호해주고, 그 대가로 보호비를 받는다. 직접 마약을 만들어 팔기도 한다. 이 돈으로 세력을 확장하며 정부와 맞서고 있다.[10]

이렇게 콜롬비아에서 만들어진 마약은 멕시코 카르텔들을 통해 미국 시장으로 넘어간다. 이 때문에 앞 장에서 설명한 콜롬비아의 숲을 파괴하는 정책이 시행된 것이다. 하지만 숲을 다 파괴한다 해도 마약은 사라지지 않을 것이다. 코카밭이 파괴되서 코카인을 만들 수 없게 된다면 농작물이 필요 없는 메스암페타민이나 펜타닐 같은 합성마약을 만들면 되니까.

아메리카 대륙의 마약거래 규모는 과거보다 훨씬 더 커졌다. 카

---

9 멕시코 카르텔로는 다음과 같은 조직이 있다. 시날로아, 걸프, 로스 세타스, 세후아나, 후 아레스, 나이트 템플러, 라 파밀리아, AA….

10 2016년 FARC와 정부는 40년 넘게 이어온 내전을 끝내는 정전협정을 맺지만, 콜롬비아의 숲에서는 여전히 마약 재배가 이루어지고 있다.

르텔의 불법자금은 합법적인 글로벌 은행들을 통해 안전하게 보호된다. 당연히 범죄자금 세탁을 방지하는 법이 있고 은행 내의 규정도 있지만, 은행 입장에서는 걸리지만 않으면 마약 판매 수익처럼 실적 올리기 좋은 돈도 없다.

HSBC(홍콩상하이은행) 미국 지사는 이 유혹에 넘어가, 10년 넘게 멕시코 카르텔을 도왔다.[11] 그들의 범죄는 내부고발로 외부로 알려지게 됐고, 미국은 큰 충격에 빠진다. 당시 언론에서는 HSBC가 문을 닫아야 할 정도로 중형이 내려질 것이라는 의견이 많았다. 하지만 미국 검찰은 19억 달러(2조 3,000억 원)의 벌금을 부과하는 것으로 사건을 종결했다. 19억 달러, 엄청나게 큰돈이다. 하지만 HSBC 입장에서는 5주치 수익에 불과하다. 카르텔의 자금인지 알면서 도와줬다는 은행 임원의 자백까지 나왔으나, 회사가 벌금을 내는 경징계로 마무리됐다. 단 한 명의 HSBC 직원도 구속되지 않았다. 그들은 단지 보너스가 삭감되는 처분을 받았을 뿐이다. 코카인 한 봉지만 소지해도 감옥에 가는 미국에서 참으로 관대한 판결이다.

마약과의 전쟁이든 뭐든 정말 이길 생각이 있다면, 돈줄을 죄야 한다. 이건 범죄 소탕의 기본 중의 기본이다. 그런데 자금 세탁을 도운 은행을 처벌하지 않는다? 이러면 절대 이길 수 없다. 하지만 은행을 위태롭게 하면 경제에 악영향을 끼칠 수 있으니까. 대마불사! 언제나 그렇듯 법은 평등하지 않다.

---

11 HSBC가 주로 도운 건 시날로아 카르텔이다. 그 외에도 몇몇 카르텔과 중동 테러단체의 자금 이동도 확인됐다.

멕시코 카르텔의 구인광고. "로스 세타스 기동단이 현직 혹은 제대한 군인을 모집합니다. 당신과 당신의 가족에게 좋은 급여와 식사 그리고 안전을 제공합니다. 더 이상 학대 받거나 굶주리지 마세요. 우리 조직은 컵라면으로 끼니를 때우지 않습니다. 안심하시고 연락주세요." 이 광고판 아래를 지나가는 군인들은 무슨 생각을 할까?

멕시코 카르텔들은 전성기의 메데인 카르텔보다 훨씬 더 큰 돈을 벌고, 훨씬 더 큰 군대를 가지고 있다. 거대 카르텔 간의 전쟁, 각국의 반군, 정부군, 경찰, CIA, 미군, 자경단… 현재 멕시코는 1980년대 콜롬비아보다 훨씬 상황이 나쁘다. 2002년 이후 지금까지 멕시코에서만 10만 명 이상이 카르텔에 의해 사망했다.

결국 가장 큰 피해를 보는 건 그 지역에서 살아가는 주민들이다. 지역 주민들과 협력했던 에스코바르 같은 낭만은 이제 찾아볼 수 없다. 착취와 협박, 납치, 처형, 강간만이 있을 뿐이다.

카르텔 파트에서 현재가 아니라 과거 이야기를 한 건, 에스코바르나 콜롬비아 카르텔이 특별히 스펙터클해서가 아니다. 현재의 멕시코를 한 장에서 다루기엔 너무 복잡하고 거대하기 때문이다.

결국 플레이어가 바뀌어도 게임은 계속된다. 심지어 업그레이드 돼서. 에스코바르가 그의 아들에게 해줬다는 조언으로 이 장을 마무리한다.

진정으로 용감한 사람은 그것을 시도하지 않는 사람이다.

Valiente es el que no la prueba.

12.
갑.툭.튀 네덜란드

1970년대 전 세계의 마약정책이 강경 일변도로 흘러갈 때, 유럽의 작은 나라 네덜란드가 갑자기 툭 튀어나온다. 네덜란드의 합리적인(혹은 파격적인) 마약정책에 대해서는 얼핏 들어봤을 것이다. 물론 대다수 사람은 "네덜란드의 마약정책이 합리적이래"가 아니라 "야, 네덜란드에서는 마약 할 수 있대. 우리도 가자", 이런 식이었겠지만.[1]

그럼 네덜란드가 시행한 정책을 알아보기 전에, 어떻게 그들이

---

1   후술하겠지만 이건 사실이 아니다.

그런 진보적인 정책을 시행할 수 있었는지 배경을 먼저 살펴보자.

하나, 네덜란드에는 '헤도헨gedogen'이라는 전통이 있다. 헤도헨은 우리말로 번역하긴 애매한데, 내가 이해하기로는 프랑스식 관용 '똘레랑스tolerance'에 우리나라의 '유도리'란 개념이 합쳐진 것과 비슷하지 않나 싶다. 유도리 있다 없다 할 때 그 유도리. 네덜란드는 예전부터 전 세계를 누빈 상인들의 국가다. 그러다 보니 이 문화 저 문화 다 이해하려는 태도가 있었다. 그래서 다른 이에게 딱히 피해만 주지 않는다면, 입장이 달라도 받아들일 수 있다는 생각을 기본적으로 가지고 있다. 여기에 물건을 팔아먹으려는 상인의 적극적인 태도가 합쳐져서 철저한 법질서보다는 관용적이고 유도리 있는 헤도헨 문화가 정착했다는 것이다.

이를 정치철학으로 정리하면 이렇게 된다.

> 불법행위가 전혀 없는 유토피아 사회란 존재할 수 없다. 그럼 우리는 불법행위를 부인하는 것이 아니라 어떻게 공존할 수 있을지를 모색해야 한다. 어차피 벌어질 일이라면 금지하는 것보다 통제가 효과적이다.

네덜란드에서는 마약정책 이전부터, 범법자들에게 강력한 처벌보다는 최소한의 처벌을 내리고 함께 살아갈 방법을 모색해 왔다. 그 결과 네덜란드는 지난 150년간 인구가 네 배 가까이 늘어났음에도 감옥에 수감된 인원은 150년 전과 비슷한 수준을 유지하고 있다. 감옥이 부족해 2인 매트에서 3인이 생활하는 우리나라에 많은 시사점을 주는 지점이다.

비슷한 맥락에서 네덜란드는 동성애를 무려 1811년에 세계에서 최초로 허용했고, 낙태와 안락사도 세계에서 처음으로 합법화했다. 이런 열린 태도가 마약정책에도 그대로 적용된 것이다.

둘, 당시의 학생운동과 세계의 진보적 움직임이 네덜란드의 정책이 개혁적으로 수립되는 데 일정 부분 영향을 끼쳤다. 유럽의 68 혁명, 미국의 히피 정신이 당시 네덜란드 청년들에게도 강하게 뿌리내려 있었고, 이는 사회가 진보적인 정책을 내는 것을 두려워하지 않게 했다. 물론 이 세대는 다른 세대에 비해 약물을 더 즐기기도 했다.

마지막으로, 개인적으로 이게 가장 결정적이라고 생각하는데, 네덜란드는 마약 정책을 시행하기 이전에 마약으로 큰 피해를 본 적이 없었다.

7장에서 언급했듯이, 공업을 기반으로 발전한 서구 제국주의 국가들은 과도한 노동으로 공장 노동자들의 마약중독이 심각한 상태였다. 하지만 네덜란드는 상대적으로 공업이 약한 국가였기 때문에 문제가 심각하지 않았다.

1차 세계대전 후에 생겨난 전 세계적인 마약금지 조치에 네덜란드도 동참했지만, 그건 어디까지나 주변 국가와 미국이 압박을 하니까 따라간 것이지, 특별히 마약에 반감이 있었기 때문은 아니었다. "음… 난 괜찮은데, 너희가 그렇게까지 말하면 금지시키지 뭐" 이런 태도였던 거지.

2차 세계대전 이후 미국을 포함한 다른 서구 국가들은 이민자가 쏟아지고 빈부격차가 커지면서 가난한 사람들과 이민자들이 끼리 끼리 뭉쳐 슬럼을 형성했다. 이런 계층화는 범죄율을 증가시켰는데, 이 범죄에는 당연히 마약이 포함됐다. 마약에 이민자, 하층민, 그리고 범죄의 이미지가 결합되면서 시민들은 마약에 부정적인 인식을 갖게 된다.

그러나 네덜란드에서는 강력한 복지가 인종 집단과 슬럼이 형성되는 것 자체를 봉쇄했기 때문에, 마약이 특별히 문제라는 인식이 없었다. 당시 네덜란드에서 마약이란, 그냥 '지식인이나 예술가, 학생들이 차이나타운에서 철학적 이야기를 나누면서 몰래 하는 어떤 것' 정도였다.

만약 내 주변에 마약으로 폐인이 된 사람이 있다거나 마약중독자에게 피해를 당한 사람이 있었다면, 내가 마약에 갖는 태도는 훨씬 강경했을 수 있다. 하지만 직접 경험해본 적도 없고, 피해 입은 사람을 본 적도 없으니 농담도 섞어가면서 학문적으로 접근할 수 있는 것이다. 전 세계가 마약에 대해서 대대적인 금지 조치를 취할 때, 네덜란드는 "흠… 이게 문제라고? 그럼 우리도 한번 법을 만들어볼까?"하고 그제서야 조사를 시작한다. 그래서 누구 눈에는 철없는, 하지만 편견 없는 접근이 가능했다.

1968년, 네덜란드는 법을 제정하기에 앞서 두 개의 마약위원회를 만든다. '홀스만 위원회'와 '반 위원회'다. 이 위원회에는 법집행 공무원, 알코올 중독 치료 전문가, 정신과 의사, 경찰관, 사회학자 등 마약 문제와 관련된 다양한 분야의 전문가들이 참여했다. 그런데 왜 네덜란드는 하나가 아니라 두 개의 위원회를 만들었을까?

홀스만 위원회를 이끈 루크 홀스만Louk Hulsman 교수는 형법에 매우 비판적이었던 사람이다. 그는 시민단체 소속으로 "다수의 법이 불필요하게 만들어져, 시민의 권리를 제한하고 있다"라고 생각했고, "처벌이 범죄를 줄이는 데 큰 도움이 되지 않는다"라고 주장하며 형벌 폐지 운동을 벌일 정도로 진보적인 인물이었다.

반면 반 위원회를 기획한 당시 보건부 차관은 마리화나를 포함한 모든 마약 사용에 대해 큰 우려를 가지고 있었다. 반 위원회의 공식적 임무는 '급증하는 마약 사용의 원인을 조사하고, 무책임한 마약 사용에 대한 대처 방안을 마련하는 것'이었다. 임무부터가 이미 보수적인 느낌이 물씬 느껴진다.

이 상반된 성격의 두 위원회는 3년간의 조사와 연구를 거쳐 각자 보고서를 발표한다. 그럼 먼저, 홀스만 위원회가 발표한 보고서의 논지를 살펴보자.

> 마약을 사용하는 원인에는 신체적·심리적·사회적 요인이 복합적으로 작용한다. 만약 정부가 마약중독자에게 강제로 마약을 끊게 한다면, 그것은 그 중독자를 정상적인 사람으로 만드는 것이 아니

라 마약을 끊은 불행한 사람으로 만들 것이다.

소프트드러그이 하드드러그으로 이어진다는 디딤돌 효과는 의학적으로 증거가 없다. 그러나 만약에 마약 사용자를 다 똑같이 취급해서 하나의 하위문화로 묶는다면, 소프트드러그 사용자들이 하드드러그 사용자들을 보고 옮겨 갈 수 있다. 그러므로 마약은 하나하나 따로 법을 만들어 관리해야 한다.

마약을 범죄화하면 마약 사용을 결코 줄일 수 없다. 장기적으로 모든 마약을 비범죄화하는 것이 옳은 방향이지만, 점진적으로 시행할 필요가 있다.

파격적인 접근이다.

그럼 상대적으로 보수적인 반 위원회의 보고서는 어땠을까?

보고서 앞부분에는, 각각의 약물을 복용했을 때 일어나는 신체적 피해, 심리적 피해, 사회적 피해 등을 세분화해서 살핀다. 여기서 알코올과 담배도 마약과 같은 범주에서 다룬다. 하지만 보수적인 반 위원회도 결국 홀스만 위원회와 비슷한 결론에 도달한다.

사회가 일탈행위를 처벌해 낙인을 찍는다면, 일탈행위의 증폭 현상은 심각한 위험을 초래할 수 있다. 이는 일탈을 저지른 사람이 사회로 복귀하는 것을 어렵게 만들어, 그가 다시 일탈행위를 반복하는 악순환으로 이어진다.

반 위원회의 보고서는 국가가 각 마약 물질마다 그 위험도를 체크해 따로 관리해야 한다는 점을 강조한다. 특히 대마초를 국가가 통제하면서 합법적으로 공급해야 대마초를 사용하는 이들이 하드드럭으로 넘어가는 것을 막을 수 있다고 덧붙인다. 다른 하드드럭에 대해서는 "사회적으로 수용하기에는 위험 요소가 있다"라고 하면서도, "하드드럭 사용자를 형법으로 처벌하는 것은 적절한 방법이 아니다"라는 말을 덧붙였다.

이 두 보고서를 종합해 네덜란드의 관대한 마약정책이 만들어진다. 일부 마약에 대한 비범죄화가 본격적으로 시행된다. '커피숍' 문화의 시작이다. 네덜란드에서 그냥 커피를 마시려면 카페에 가야한다. 간판에 커피숍이라고 돼 있는 곳은 대마초를 구입해서 피우는 공간이다. 이곳에서는 1인당 5그램의 대마초를 구매할 수 있다. 담배로 치면 한 갑 정도의 양이다.

재밌는 점은 현재 네덜란드 커피숍에서는 대마초는 피울 수 있지만, 담배는 피울 수 없다는 것이다. 왜냐면 우리나라와 마찬가지로 건물 내에서의 흡연이 금지되었기 때문이다. "아니, 대마를 피우는데 담배를 못 피운다고?"라고 생각할 수 있지만, 그만큼 담배로 인한 간접흡연의 피해가 심각하다는 뜻이다.

대다수 한국 사람은 네덜란드의 마약판매에 관해서 커피숍 정도밖에 모르는데, 직접 가서 보면 훨씬 다양한 매장들이 있다. 가장 기본인 커피숍은 마리화나, 하시시 같은 대마류를 판매 흡입하는 곳이고, 환각 버섯과 일부 소프트드럭을 판매하는 '스마트숍', 집에서 개인이 대마를 기를 수 있게 대마 씨앗을 파는 '재배숍', 대마 재배를 위한 설비와 도구를 파는 '헤드숍' 등이 있다. 도구를 대놓고 판다는 것은 당연히 대마를 키워도 괜찮다는 뜻이다. 네덜란드에는 가정마다 여섯 그루 이하의 대마 재배가 가능하다.

초기에 네덜란드는 마약 비범죄화를 넘어서 합법화할 생각도 있었다. 마약을 줄이기 위해서는 유통망을 점령하는 것이 중요하다고 생각했기 때문이다. '비범죄화'라는 건 마약 자체는 여전히 불법이라는 의미다. 그러나 마약 사용자를 범죄자로 간주해서 처벌하면 그들이 더 깊은 수렁으로 빠질 수 있기 때문에 인도적 차원에서 그들에게 관용을 베푸는 것이다. 여전히 마약 자체는 불법이기 때문에 마약을 판매하는 행위는 처벌받게 된다. 즉, 정부가 나서서 물건의 상태를 검사한다든지, 직접 유통을 통제하는 건 불가능하다. 마약의 제작과 유통이 음지에서 이뤄지기 때문에 이 과정에서 문제가 발생할 수 있다. 앞에서 살펴봤듯이 카르텔이 개입할 가능성도 높고. 그래서 하드드럭까지 합법화해서 마약의 수량과 질을 통제하는 것이 좋다고 판단했다.

하지만 이건 국제적으로 쉽지 않았다. 미국이 주도하는 UN은 기본적으로 마약에 강경한 입장을 취하고 있다. 만약 네덜란드가 국제 협약을 무시하고 마약을 직접 제조 해서 유통한다면 고립될 가능성이 크다. 결국 비범죄화 정도로 타협할 수밖에 없었다. 그래서 네덜란드에서는 개인이 소량의 대마를 키워서 흡연하는 건 큰 문제가 아니지만, 커피숍에서 대마를 상업적으로 판매하는 것은 법 위반이다. 그런데 다들 대놓고 영업을 한다. 더 웃긴 건 국가와 지자체는 영업 허가를 내준다. 비합법이면서 합법이다. 법도 애매한데, 커피숍은 불법인데 커피숍 규정(보관 한도, 1회 판매량, 허용 마약 등)은 존재한다. 법이 이래도 되나 싶지만, 이게 바로 지금의 네덜란드를 있게 해준 헤도헨 정신이다.

처음 네덜란드에서 커피숍이 생겼을 때는 대부분의 대마를 외국에서 수입했다. 기본적으로 네덜란드의 기후는 대마가 자라기 어려운 환경이다. 하지만 커피숍 문화가 정착되고 시장이 안정되자, 대마의 품종 개량과 하우스 재배를 통해 현재는 네덜란드 내에서 직접 길러 관리하는 시스템이 완전히 자리 잡았다. 이제는 다른 나라에서는 구하기도 힘든 수백 종의 다양한 마리화나가 네덜란드에서 생산되고 있고, 오히려 수출을 하고 있다.

네덜란드의 마약정책에 대해, '효율을 위해 도덕성을 무시한 정책'이라고 평가하는 이들도 많지만, 내가 볼 때 이는 네덜란드에 대한 악의적 비방에 가깝다. 네덜란드의 마약정책은 효율이 아니라 오히려 인권을 중시했기 때문에 나올 수 있는 것이다. 마약에 대한 네덜란드의 기본 태도는 '전쟁'이 아니라 '해악 감소'다.

그에 따른 여러 가지 정책이 있는데, 대표적인 게 마약 사용자들의 주사기를 무상 교체해주는 서비스다. 하드드럭 중독자들의 건강을 가장 위협하는 건 마약 자체가 아니라 주사기다. 병원 가보면 알겠지만, 원래 주사기는 한 번 쓰고 버려야 한다. 그런데 중독자들은 이 주사기를 계속 쓴다. 마약 살 돈도 부족한데 새 주사기를 무슨 돈으로 사겠는가. 그래서 네덜란드 정부는 누구든 사용하던 주사기를 가져오면 묻지도 따지지도 않고 교체해주는 정책을 시행한다. 처음에는 '마약쟁이를 정부 예산으로 양산하는 정책'이라며 비난하는 사람도 많았지만, 이 정책이 지속되자 주사기 재사용으로 생기는 문제가 획기적으로 줄어 들었다.

1990년대 이후 에이즈가 확산되면서 현재는 UN에서도 마약보다 주사기 돌려쓰기를 더 경계한다. 현재 주사기 교환 정책은 마약을 금지한 유럽 국가들도 대부분 시행하고 있다. 이는 에이즈 확산을 저지하는 것에 큰 역할을 하고 있다.[2]

또 하나 독특한 정책이 있다. 마약은 개인적으로도 많이 하지만, 파티에서 단체로 사용하는 경우가 많다. 파티에서 가장 사랑받는 마약은 엑스터시다. 파티에는 젊은 세대가 많은데, 어느 나라나 젊은이들은 가난하다. 그래서 가격이 싼, 불순물이 많이 섞인 저질 엑스터시가 시중에 많이 나돈다. 직접 생산을 통제할 수 없는 네덜란드 정부는 해악 감소 시민단체를 후원한다.

---

2 주사기 무상 교체 프로그램을 세계에서 최초로 실행한 이는 놀랍게도 영국의 총리 마거릿 대처Margaret Thatcher다. 그녀의 냉혹한 정치 스타일과 마약에 적대적인 영국의 정책 기조를 생각해볼 때 신기한 일이다. 신자유주의자인 그녀가 보기에도 주사기 교체는 사회 전체의 보건에 도움이 되는 정책이었던 것이다.

그럼 이 시민단체들은 무엇을 하느냐? 어디에서 파티가 열린다, 그러면 파티장 앞에 엑스터시 판별단을 보낸다. 시민이 판별단에게 자신이 가지고 있는 엑스터시를 보여주면, 판별단은 그 시민이 누구인지 묻지도 따지지도 않고 약의 상태를 검사해 먹어도 되는 약인지 위험한 약인지를 확인해준다.

신기하지 않은가? 뭔가 불법을 돕는 것 같지만 합리적인, 이런 것이 바로 헤도헨 정신이다. 마약쟁이를 세금으로 양산한다는 비난에도 불구하고, 네덜란드는 지속적으로 해악 감소에 초점을 맞추고 일관되게 정책을 추진해 왔다. 인권을 중심에 놓고 생각하지 않으면 쉽게 도입할 수 없는 정책이다.

그리고 합법화에는 경제적 효과도 있다. 네덜란드는 역시 상인의 국가 아니던가. 미국이 1년당 마약금지 정책에 쏟아붓는 돈이 마약 사용자 한 명당 80달러 정도라면 네덜란드는 대략 20달러로 4분의 1 수준이다. 이 돈도 미국은 시민들의 세금에서 충당하는 반면, 네덜란드는 대마초 판매 등으로 거둬들이는 세금으로 웬만큼 충당할 수 있다. 우리나라도 2015년 "흡연자들의 복지를 위해" 담배세를 인상했던 걸로 기억하는데, 과연 어떤 정책을 시행하고 있는지 모르겠다.

옆 나라 영국과 비교해도 네덜란드의 마약중독자 비율은 절반이 되지 않는다. 마약을 하더라도 중독에 잘 빠지지 않고, 삶이 구렁텅이로 처박힐 확률도 낮다. 무엇보다 네덜란드에서 가장 고무적인 건

10대의 대마초 흡연율이 주변 국가들에 비해 낮다는 것이다. 성을 터부시해서 말하지 않는 국가보다 어릴 때부터 건강한 성교육을 받은 국가에서 성범죄 발생 비율이 낮은 것과 비슷하다.

걱정했던 디딤돌 효과는 네덜란드에서 일어나지 않았다. 마약을 허용하자 마약 관련 범죄도 줄어들었다. 사실 대부분의 마약 관련 범죄는 마약을 금지했기 때문에 발생하는 경우가 많아, 단순히 허용하는 것만으로도 범죄를 크게 줄일 수 있다. 마약이 불법일 때 전체 감옥의 절반 정도를 채웠던 마약사범이 사라지자 감옥 환경이 개선되는 효과가 생겼고, 이는 다른 범죄자에게도 좋은 영향을 끼쳤다.

2014년, EU 통계기관에서 각 국가에 다음 해부터 성매매, 마약 같은 지하경제도 GDP에 포함해달라고 요청한 적이 있다. 이에 관해 어떤 국가는 "성을 판매하는 걸 GDP에 잡다니 수치스럽다"며 거부하기도 하고, 어떤 국가는 "덕분에 경제 수치가 좋아질 것"이라며 반기기도 했다. 시민단체들은 "그런 식이라면 인신매매랑 장기 매매도 다 GDP에 넣으라"라며 비아냥거렸다. 가끔 우리나라 정부도 기준을 바꿔서 경제가 성장한 것처럼 장난질을 하는 경우가 있는데, 전 세계가 다 이런 비슷한 짓을 하나 보다.

아무튼 바뀐 정책을 적용할 경우, 유럽 GDP는 수치상 평균 2.5퍼센트 상승할 것으로 예측됐다. 내가 주목한 건 당연히 네덜란드였다. 네덜란드는 마약과 성매매를 포함할 경우 늘어나는 GDP가 0.4

퍼센트로 유럽 국가 중 가장 낮을 것으로 예측됐다. 평균 2.5퍼센트 상승, 영국은 무려 5퍼센트가 상승할 것으로 추정했는데, 네덜란드는 0.4퍼센트. 그만큼 지하경제에 유입되는 자금이 적다는 뜻이고, 이는 결국 다른 나라보다 어둠의 유혹에 빠지는 사람이 적다는 걸 의미한다. 이후 EU의 권고안이 유야무야되면서 과연 예측처럼 됐는지는 확인할 수 없었지만, 아마 크게 빗나가지는 않았을 것이다.

오해를 바로잡기 위해 중간 정리를 하자면, 마약을 합법화하자거나 비범죄화하자는 주장이 '마약이 안전하다'든지 '마약은 개인의 자유'라든지, '마약 사용자를 그대로 방치하자'는 건 아니다. 다만 강력한 금지 정책과 통제된 허용 정책 중에 어떤 방법이 장기적으로 마약 의존자를 줄이고, 사회를 건강하게 만들 수 있는지 현실적으로 따져보자는 거다.

물론 네덜란드의 개혁적인 마약정책이 늘 좋은 평가를 받았던 건 아니다.

네덜란드는 마약과 관련한 국제 분쟁에 자주 휘말렸다. 다른 나라와 협상할 일이 있을 때마다 마약정책으로 비난 받았고, 그로 인해 손해도 많이 봤다. 프랑스와 독일은 국경 지대의 시민들이 네덜란드로 마약여행을 간다며 불평을 터트렸고, 미국은 네덜란드가 마약을 보호하고 있다며 공개적으로 질타했다.

그럼에도 초기에 네덜란드 정부가 정책을 밀어붙일 수 있었던 건 정책의 가시적 성과와 시민들의 지지가 있었기 때문이다. 그런데

2000년대 들어서면서 상황이 꼬이기 시작한다.

신자유주의 열풍과 전 세계적인 경제위기로 빈부격차가 커지자, 네덜란드도 이 태풍을 피해갈 수 없었다. 허용 정책 이후 감소세에 있던 마약 사용자가 다시 늘어나기 시작했고, 마약 허가 지역을 중심으로 슬럼화 현상이 나타났다. 경제가 어려워지면서 치안도 나빠졌고, 결국 이민자들과 마약이 세트로 엮이면서 혐오의 대상이 됐다. 시민들은 마약정책을 포함한 복지정책 자체에 회의적인 시선을 드러냈다. 결국 보수정권이 집권하면서 네덜란드의 마약정책은 조금씩 후퇴했다.[3] 국제적 압박도 있었으니 이해되는 측면도 있다. 외국인들이 자신들을 마약쟁이처럼 보는 시선이 달갑지 않았겠지.

법이 크게 후퇴하지는 않았지만, 과거에는 헤도헨으로 허용되던 많은 부분이 엄격하게 처리되고 있다. 허가받은 커피숍의 숫자는 조금씩 줄어들고 있고, 2015년부터는 외국인에게 대마초 판매를 중단했다. 그러니 이제 한국인은 네덜란드 커피숍에서 대마를 못 한다.[4]

네덜란드의 마약정책이 시행된 지 40년이 넘었다. 최근 실망스러운 모습을 보이긴 했지만, 네덜란드는 마약에 관한 진보적 정책이

---

3   2010년대 이후 대부분의 유럽 국가처럼 네덜란드에도 '반EU, 반이민'을 주장하는 극우정당이 득세하고 있다.

4   물론 네덜란드에서 합법이었을 때도, 대한민국은 속인주의를 채택한 국가이므로 해외에서도 마약을 하면 안 됐다. 많은 여행객이 법을 신경 쓰진 않는 것 같긴 하지만.

성공할 수 있음을 전 세계에 보여줬다.

이제 네덜란드는 마약에 관해 가장 진보적인 나라가 아니다. 네덜란드의 정책이 제자리걸음을 하는 동안, 유럽과 아메리카 대륙의 많은 국가가 네덜란드의 선례를 따라 소프트드럭을 합법화하거나 비범죄화했다. 좀 더 진보적인 정책도 많이 나왔다. 그중 가장 드라마틱한 변화를 보인 건 포르투갈이다.

포르투갈은 유럽에서 라틴아메리카와 가장 가깝다. 또한 일부 지역이 과거 식민지였기에 언어도 인종도 비슷하고, 남미 출신 이민자도 많다. 그리고 대부분의 남유럽 국가들이 그렇듯이 다른 유럽 국가들보다 상대적으로 가난하다. 이런 다양한 이유로 포르투갈은 마약 사용 비율이 높았다. 2000년 조사 결과, 포르투갈 국민의 1퍼센트가 헤로인 중독자였다. 헤로인이 사실상 마약의 끝판왕이라는 걸 생각하면 심각한 수치다.

포르투갈은 심각한 마약 문제를 해결하기 위해 네덜란드처럼 위원회를 소집한다. 주앙 굴라오Joāo Goulão 박사가 이끈 위원회는 파격적인 해결책을 제시한다. 바로 대마초부터 헤로인까지 모든 마약을 비범죄화할 것. 정부는 이 정책을 그대로 받아들인다. 2001년 7월 1일, 포르투갈은 마약 사용을 전면 비범죄화했다.

즉, 당신이 지금 당장 포르투갈 경찰 앞에서 헤로인이든 히로뽕이든, 아니면 둘을 섞어서 투약해도 체포되지 않는다. 그 상태로 다른 사고를 친다면 잡아가겠지만, 마약을 한 혐의만으로는 체포하지 않는다. 못 믿으시겠다면 한번 실험해보라(하지만 한국에 돌아오면 잡혀간다).

포르투갈은 그동안 마약중독자들을 감시하고 처벌하고 격리하는데 든 모든 비용을, 마약중독자들이 사회에 적응할 수 있게 도와주는 정책에 투입했다. 중독자의 자가 치료를 돕고, 심리치료도 무상으로 제공하며 중독자들에게 일자리를 알선해주고, 소규모 창업 대출과 직업 교육을 실시한다. 기업이 마약중독자였던 사람을 고용하면, 국가가 그들 임금의 50퍼센트까지 지원하기도 했다.

결과는 어땠을까? 정책이 시행되고 15년 뒤인 2015년 조사에 따르면, 포르투갈의 주사기 마약 사용은 절반 이하로 줄어들었다. 주사기를 사용하는 마약이 대부분 하드드럭임을 감안하면 이는 상당한 성과다. 주사기 사용이 줄면서 덩달아 에이즈 확산도 줄었다. 포르투갈의 정책 성공으로 마약 문제가 심각한 남미의 국가들도 전면 비범죄화 정책을 추진하고 있다.

마약 문제에 강경했던 미국의 분위기도 많이 바뀌었다. 특히 대마초에 대해서는 180도 바뀌었다고 할만하다. 미국인들의 인식이 변화되는 과정은 대통령과 대통령 후보들의 발언을 보면 알 수 있다.

1990년대 미국 대통령에 재임했던 빌 클린턴Bill Clinton은 마리화나를 해봤냐는 기자의 질문에 "음… 제가 해보긴 했는데요, 흡입한 수준은 아니었어요"라고, '술은 마셨으나 음주운전은 하지 않았다'라는 식으로 답변을 흐렸다. 히피 세대였던 본인이 대마초를 해본 적이 없다고 말하는 건 거짓말 같으니, 어영부영 고백한 것이다.

2000년 대선에서 조지 부시George Walker Bush와 맞붙었던 민주당 앨 고어Albert Arnold Gore 후보는 "몇 번 해봤다"라고 고백했으나, 분위기가 싸늘해지자 "진짜 몇 번 안 했다"라고 사족을 달았다. 이를 두고 선 거 당시 부시는 고어가 마약을 복용했다며 비난을 퍼부었는데, 후 에 자신도 대마초를 피운 사실이 들통나 크게 망신을 당했다. 2009 년 대통령이 된 버락 오바마Barack Obama는 젊은 시절 많이 피웠다고 쿨하게 고백하면서, "나는 대마초가 술보다 위험하지 않다고 생각 한다"라고 소신을 밝혔다.

2016년 대선에서 돌풍을 일으킨 버니 샌더스Bernard Sanders는 1960 년대에 장발을 하고 수없이 피웠다고 고백하면서, 자신이 대통령이 되면 대마초 합법화를 하겠다고 공개적으로 선언했지만, 안타깝게 도 선거에서 승리하지 못했다.

하지만 실망할 필요는 없다. 대통령 개인의 인식은 이제 중요하 지 않은 시대니까. 2018년 미국 여론 조사에서 오락용을 포함한 대 마초 완전 합법화에 찬성한다는 의견이 60퍼센트를 넘어섰다. 2021 년 갤럽 조사에 따르면 미국의 담배 흡연율은 11퍼센트, 대마초 흡 연율은 16퍼센트다.

정책 역시 여론을 따라가고 있다. 2020년 UN 산하 마약위원회는 60년 만에 대마를 마약류에서 제외했다. 2021년 기준으로 미국의 17개 주가 대마초 사용을 완전히 허용하고 있으며, 35개 주는 의학 적 사용을 허용한다. 건국의 아버지들이 천국(혹은 지옥)에서 기뻐하 시겠다.

＊

　일부 학자들은 마약정책이 마약 사용자나 중독자를 줄이는 것은 아니라고 주장한다. 가령 스웨덴은 미국처럼 강력한 마약금지 조치를 시행하고 있지만, 미국과 달리 마약 사용률이 낮은 편이다. 그래서 일부 학자들은 마약 사용량을 낮추는 건 국가의 마약정책이 아니라 경제와 복지 수준이라고 판단하고 있다. 즉, 미국보다 네덜란드가 마약 사용률이 낮은 건 정책의 차이가 아니라 미국보다 네덜란드가 빈부 격차가 작고 복지가 잘되어 있기 때문이라는 것이다.

　그럴듯한 주장이다. 어떤 사회문제든지 기본적으로 경제 여건이 중요하다. 빈부격차는 모든 사회문제의 원인일 수 있다. 이 주장에 따르면 2000년대 이후에 네덜란드의 마약 사용이 증가세로 돌아선 것도 어느 정도 설명이 가능하다.

　그렇다면 네덜란드의 실험적인 마약정책은 전혀 의미가 없었을까?

　마약 사용자가 수치적으로 줄어든 것과는 별개로 네덜란드의 마약정책은 마약 사용자들의 삶의 질을 크게 향상시켰다. 마약이 양지로 나오자 가벼운 마약 사용자들이 범죄자 취급을 받지 않고 함께 평범한 사회생활을 할 수 있게 됐다. 마약중독이 심각했던 포르투갈에서 이 정책은 더 빛을 발한다. 그들은 더 이상 차별받지 않는다. 정책이 그들에게 새 인생을 선물한 것이다. 이런 효과는 단순히 수치로 표현할 수 없는 부분이다.

전 세계의 경제가 앞으로 나아질까? 너무 거대한 질문이다.

우리나라만 놓고 생각해보자. 앞으로 경제가 나아질까? 빈 부격차가 줄어들까?

모르겠다. 우리 모두 그렇게 되도록 노력을 해야겠지. 하지만 우리가 노력했는데도 경제가 나빠지고 빈부격차가 해소되지 않는다면, 우리는 무엇을 해야할까. 결국 이 모든 문제는 경제적으로 먹고 살기 힘들어 생긴 문제니, 어쩔 수 없다고 손을 놓아버려야 할까. 경제가 나쁘니 모든 약자가 XX충으로 불리는 건 어쩔 수 없는 일인가?

쉽지 않은 문제다. 나는 20세기 네덜란드 모델이 우리 사회가 앞으로 약자를 어떤 식으로 껴안고 나아갈 수 있는지를 보여주는 한 가지 좋은 사례가 될 수도 있지 않을까 생각한다.

홀스만 위원회를 이끈 루크 홀스만 박사와 국내에 번역된 그의 저서. 제목만 봐도 그가 어떤 주장을 하는지 감이 온다. 국제 마약정책 학계와 시민단체들은 그가 마약 비범죄화 정책의 지주로 수십 만 명의 생명을 구했다며, 노벨 평화상 후보 추천 운동을 벌이기도 했다.(수상은 못 했다)

13.
한국은 마약청정국?
위험한 징후들

그렇다면 국내는 어떨까? 1960년대 메타돈 파동, 1970년대 대마
초 파동[1] 등 한국에서는 마약과 관련된 국가의 어처구니없는 실수,

---

1 대마초를 사용한 혐의로 다수의 대중가수를 구속한 사건. 당시 대마초는 주변에서 쉽게 구할
   수 있었고, 사회적으로 마약이라는 인식도 없었다. 1970년 제정된 습관성의약품관리법에 대
   마초가 포함되긴 했지만 실제 단속은 거의 이루어지지 않았고, 그리 중한 범죄도 아니었다. 그
   런데 군사정권은 느닷없이 대마초를 핑계로 일부 가수들을 구속하고 대마초를 함께 피운 동
   료의 이름을 대라며 물고문을 자행해 문화인들을 모조리 잡아들인다. 이들을 처벌한 대마관
   리법은 구속 이후 만들어졌다. 법치를 완벽히 훼손한 사건으로, 더 큰 문제는 이후 이들의 방
   송 출연을 금지해 밥줄을 끊어버렸다. 대중문화를 말살한 것이다. 결국 대마초 파동은 록과 포
   크 음악이 자신의 정권에 도움이 되지 않는다고 생각한 군사정권이 저지른 일종의 블랙리스
   트 사건이었다. 이후 음악계는 다시 트로트가 장악하게 됐고, 한국 음악은 1990년대가 되어서
   야 다시 꽃피게 된다.

혹은 조작이 종종 있었다. 하지만 그 과정이야 어찌됐든, 높은 치안 수준과 독재정권의 무차별적 탄압은 한국을 상대적으로 마약에 안전한 국가로 만들었다. 소위 말하는 마약청정국이다.

그런데 우리나라는 정말 마약청정국일까?

보통 이런 질문은 '아니다'라는 답변을 유도하기 위한 형식적인 질문인 경우가 많다. 하지만 이 경우에는 그렇게 간단히 답하기가 어렵다. 일단 마약청정국의 기준이 명확하지 않다. 어디까지가 청정국이고 어디부터가 오염국인가?

흔히 언론에서 떠드는 UN의 마약청정국 기준은 '인구 10만 명당 마약사범[2]이 20명 미만일 경우'다. 언론에서는 한국이 이 기준을 2015년에 넘어섰다며 호들갑이다. 이제까지 마약사범이 가장 많이 적발된 2020년 기준으로 국내 마약사범은 18,050명이다. 이를 당시 인구 5,184만 명에 대입하면, 10만 명당 마약사범은 34명 수준이다. 이 기준에 따른다면, 한국은 더 이상 마약청정국이 아닌 정도가 아니라 이미 한참 넘어섰다.

하지만 이 기준은 UN이 공표한 것이 아니다. 사실 UN은 마약청정국에 대한 명확한 기준을 제시한 적이 없다. 현재 UN이 정했다고 알려진 이 기준은 UN이 다른 범죄에 적용하는 방식을 임의적으로 마약에도 적용한 것일 뿐이다. 참고로 인구 10만명당 마약사범

---

2   마약사범은 마약 제조, 밀수, 판매, 구매, 사용 등 마약에 관련된 모든 위법 행위자를 포함한다.

은 미국이 500, 영국 250, 호주 400, 태국 350, 일본 15 정도로 한국
은 양호한 축에 속한다. 솔직히 한국이 마약청정국이 아니라면, 전
세계에 마약청정국으로 분류될 국가는 거의 없다.

물론 이 기준의 타당성과는 별개로 한국의 마약 문제가 과거에
비해 심각해진 건 사실이다. 특히 지난 10년간의 가파른 상승세는
위험의 신호탄일 수 있다. 하지만 평범한 개인이 피부로 체감하는
한국은 적어도 아직까지는 마약청정국이다.

최근 10년간 국내 마약사범 검거 인원

(단위: 명)

연도별	2012	2013	2014	2015	2016	2017	2018	2019	2020	2021
대마	1042	1177	1187	1139	1435	1727	1533	2629	3212	3777
향정	7631	7902	8121	9624	11396	10921	9613	11611	12640	10631
마약	582	685	434	1153	1383	1475	1467	1804	2198	1745
합계	9255	9764	9742	11916	14214	14123	11313	16044	18050	16153

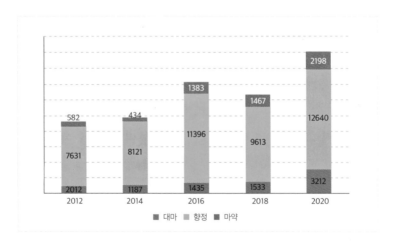

당신은 마약 하면 어떤 이미지가 떠오르는가? 사람마다 다르겠지만, 한국인에게 마약이란 '재벌이나 유력 정치인의 자녀들, 혹은 연예인들이 이런저런 유흥을 즐기다 즐기다 지루해져서 손대는 새로운 유흥거리' 정도로 여겨진다.[3] 여전히 마약은 평범한 사람들에게는 아주 먼 특별한 무언가다. 힘든 하루 일과를 마치고 하시시를 한 대 피우거나, 진상 손님이 짜증나게 해서 화장실 가서 코카인을 마시거나, 공부하는 학생이 애더럴을 먹고, 친구 생일파티에 갔더니 엑스터시를 나눠주는 건 전혀 한국적이지 않다.

가끔 국제 마약 조직들이 한국을 제조 기지나 중간 거점으로 이용한다는 뉴스를 볼 수 있는데, 이건 한국 경찰이 허술하다는 뜻이기도 하지만 동시에 한국이 마약청정국이라는 의미기도 하다. 마약이 피부에 와 닿는 문제가 아니다보니 관리 당국도 이를 심각하게 여기지 않고, 그러니 감시도 철저하지 않고, 그러니 빈틈이 생기고, 성실한 불법 조직들이 그 틈을 놓치지 않는 거지.

그럼 우리는 이대로 안심해도 될까?

---

3   대검찰청이 발표한 마약사범 통계를 보면, 마약이 꼭 상류층의 문화라고 할 수는 없다. 특히 국내에서 가장 많이 사용되는 메스암페타민은 계층과 무관하게 퍼져있다. 다만 언론에서 다루는 이들은 대부분 유명인들이 많아 그렇게 인지하는 경우가 많다.

한국의 위험 징후들

① 대마초보다 히로뽕이 더 익숙한 사회

앞의 연도별 국내 마약사범 수를 보면, 무언가 이상하지 않은가? 다른 마약사범과 비교해서 향정(향정신성의약품) 사범이 압도적으로 많다. 그런데 더 이상한 건 그 향정사범의 90퍼센트 이상이 메스암페타민 사범이라는 것이다.

전 세계 마약시장의 절대 강자는 대마다. 약 70퍼센트의 마약 사용자가 대마를 사용한다. 세계 평균을 따르자면 대마 사범이 가장 많아야 하는데, 한국은 특이하게도 메스암페타민 사범이 가장 많다. 메스암페타민 사용자가 다른 마약 사용자보다 특별히 멍청해서 경찰에 더 많이 잡힌 게 아니라면, 국내에서는 대마보다 메스암페타민이 훨씬 인기가 많고 광범위하게 퍼져 있다고 볼 수 있다.

메스암페타민의 종주국은 일본이다. 히로뽕이 메스암페타민이다. 일본 군부는 2차 세계대전 당시 병사들에게 히로뽕을 맛스타[4]처럼 제공했다. 1945년 태평양 전쟁에서 밀려 본토 대결전을 앞두고 있던 일본 군부는 결사항전을 다짐하며 히로뽕을 마구마구 만들어 창고에 쌓아뒀다. 하지만 미국은 이를 비웃기라도 하듯 그냥 핵폭탄을 터

---

4 2010년까지 대한민국 군인에게 제공한 과일맛 음료. 대체 왜 음료수까지 군인용이 따로 있어야 하는지는 미스터리. 군이 늘 그렇듯 맛스타 역시 방산비리에 연루된 적이 있다. 이런 것까지 떼먹냐?

트려버렸고, 결국 일본은 제대로 싸워보지도 못하고 항복한다.

전쟁이 끝나자, 군부에 쌓여 있던 막대한 양의 히로뽕이 시중에 풀린다. 허탈감에 젖어 있던 일본 국민들은 금세 히로뽕에 취한다. 히로뽕의 수요가 늘어나자 군대 내에서 히로뽕을 제조했던 기술자들은 밖으로 나가 큰돈을 벌었다.

하지만 봄날도 잠시, 히로뽕의 부작용이 알려지면서 일본은 1951년 히로뽕을 금지한다. 불법시장이 되었으니 정석대로 갱들이 뛰어든다. 일본에서는 야쿠자라고 한다. 마약 관련 범죄가 증가하자 일본 정부는 처벌을 강화하고 대대적인 체포 작전을 벌였다. 이때 마약업자와 사용자가 5만 명 넘게 체포되고 마약 유통량도 눈에 띄게 줄어든다. 일본 정부의 정책은 성공적인 것처럼 보였다.

하지만 마약이 이렇게 쉽게 사라질 리가 없지. 일본은 1960년대 후반이 되면 마약을 제조한 사람에게는 최대 사형까지 내릴 수 있게 법을 개정한다. 그런데 이 법이 오히려 화근이 된다. 일본 야쿠자들은 마약에 대한 제재가 미비했던 옆 나라 한국을 제조기지로 사용하기 시작한다. 미국에 라틴아메리카가 있었다면 일본에는 한국이 있었다. 선진 자본주의의 OEM 방식이 채택된 것이다. 한국이 마약 제조 기지가 된 역사는 일제 강점기의 아편 제조까지 거슬러 올라가지만, 1960년대 후반부터를 본 게임으로 보면 된다.

일본과 거리가 가깝고 해상교통이 편한 부산이 거점이 되었다. 마약제조자들은 대만에서 히로뽕의 원료를 수입해, 부산에서 제조하고, 해상 길로 일본에 판매했다. 이를 '코리안 커넥션'이라 부른다. 제조업 강국답게 한국은 히로뽕도 꼼꼼히 잘 만들었다. 한국 히로뽕은 동남아 히로뽕보다 질이 좋았고, 금세 일본 시장을 점령한다. 한때 일본 히로뽕 시장의 80퍼센트가 한국산이었다.

당시 신문 기사에 따르면, 대만에서 원료를 약 4억 원어치 사서 한국에서 히로뽕으로 제조하면 200억으로 불고, 완성된 제품을 일본에 가져다 팔면 1조 6,000억 원으로 뻥튀기됐다고 한다. 무려 2,000배가 뛴다. 참고로 당시 설렁탕 가격이 한 그릇에 1,000원도 안 할 때였다. 일확천금을 꿈꾸는 수많은 젊은이가 불나방처럼 이 시장에 뛰어든다. 이들은 처음에는 야쿠자의 하수인이었지만, 곧 독립적인 마약제조업자나 밀수업자가 된다. 미니 카르텔, 작은 마약왕들이 부산에도 등장한다. 최완수, 이황순, 정재창, 천달남 등이 한국을 들썩이게 만든 마약상들이다.

당시 분위기는 영화 〈마약왕〉에서 엿볼 수 있는데, 마약상들은 일본에 뽕을 파는 것이 마치 대단한 애국인 것처럼 행동한다. 영화 마지막에 주인공 '이두삼'은 자신의 저택에서 경찰과 총격전을 벌이다 체포되는데, 이는 1980년 실제로 있었던 사건을 모티브로 한 것이다. 경찰이 마약상 이황순의 저택을 덮쳤고, 그는 필사적으로 저항하며 세 시간 동안 경찰과 총격전을 벌였다. 한국에서 총격전이라니 어마어마하지 않은가.

한국이 히로뽕 제조 기지가 되었지만, 1970년대까지는 국내 히로뽕 사용자는 많지 않았다. 히로뽕은 값비싼 물건이었고, 일본에 파는 게 훨씬 이득이었다. 하지만 1980년대가 되면, 히로뽕 제조 기술이 발달하고 기술자가 늘어나면서 부산에서 제조하는 물량이 폭발적으로 늘어난다. 그런데 한국에서 마약이 넘어오는 걸 눈치챈 일본 단속반이 통제를 강화한다. 물량은 쌓이는데 수출은 예전만 못하니 남은 히로뽕이 국내에 본격적으로 돌기 시작한다. 이때부터 국내 히로뽕 사용자가 급격히 늘어난다.

다행히 한국은 빠른 경제성장을 이뤘고 치안도 꾸준히 나아졌다. 허술한 마약정책도 점점 체계가 잡혀 나간다. 인건비와 물류비가 비싸지고 경찰 수사도 강화되니, 한국은 마약 제조 공장으로서의 매력을 잃게 된다. 결국 마약업자들은 한국을 떠나 중국과 동남아 일대로 퍼진다. 하지만 1980년대 국내에 퍼진 히로뽕 사용은 줄어들지 않았고, 지금까지도 압도적인 지위를 유지하고 있다.

한국에서 메스암페타민이 높은 인기를 구가하는 또 다른 이유는 메스가 다른 마약보다 유통 관리가 쉽기 때문이다. 대마초나 코카인, 헤로인 같은 경우는 원재료가 되는 작물을 재배해야 하지만, 메스는 그럴 필요가 없다. 제조 방법도 크게 어렵지 않다. 고등학생이 감기약을 조작해 만들어 사용하다 적발된 적이 있을 정도다. 또한 부피가 작기 때문에 밀수하기도 쉽다. 금주법 시대 미국에서 독주가 유행한 것과 마찬가지다.

국내 마약 사용률은 높은 편이 아니지만, 메스의 사용률이 높다는 건 주의를 기울여야 한다. 마약을 한다고 다 같은 마약 사용자가 아니다. 메스암페타민은 신체적인 데미지가 크고 중독성도 크다. 적은 수가 사용한다고 해도 가볍게 여길 수 있는 문제가 아니다. 단순히 마약사범의 숫자가 몇인지를 따지는 것보다 사범들이 어떤 마약을 하고 있는지가 더 중요한 질문이다.

② 다크넷을 아시나요?

다크넷이나 다크웹, 토르^{Tor} 이런 이름을 들어봤는가? 다크넷이란 일종의 숨겨진 인터넷이다. 우리가 흔히 사용하는 크롬, 사파리, 인터넷 익스플로어 같은 웹 프로그램으로는 접속할 수 없고, 토르 같은 전용 프로그램으로 접속해야 한다. 다크넷에는 신분증 거래, 위조지폐, 아동음란물, 살인청부같이 공개된 장소에서 말하면 바로 쇠고랑 차는 것들이 주를 이룬다. 여기서 가장 큰 비중을 차지하는 것이 바로 마약거래다(2020년 기준 다크넷 거래의 74퍼센트가 마약 관련이다).

다크넷이 처음 생겼을 때만 해도 다들 다크넷에서 마약거래가 불가능하다고 생각했다. 왜 그런지는 머리속으로 한 번만 시뮬레이션 해보면 바로 알게 된다. 넷 상에서 판매자와 구매자가 접촉해서 거래가 성사됐다고 해보자. 보통의 인터넷 거래처럼 구매자가 먼저 돈을 입금할 것이다. 그럼 판매자가 마약을 보내줄까? 그럴 필요가 없다. 어차피 불법인데 설마 구매자가 자신이 사기 당했다고 신고하겠는가? 오히려 정직하게 우편물을 보내면 경찰에 발각될 위험이 생긴다. 그러니 판매자는 순진한 호구를 낚아서 돈만 먹고 튀는 것이다. 그래서 초기 다크넷에는 마약거래가 드물었고, 있다 해도 거의 사기였다.

하지만 다크넷에 마약 전문 마켓이 등장하면서 상황이 달라진다. 인터넷 마약시장에 아마존과 옥션이 등장한 거다. 이들은 개인 간의 거래를 중개하면서 10퍼센트 정도의 수수료를 받는 식으로 마켓을 운영한다. 일반 온라인 마켓처럼 구매자로 하여금 판매자의 서비스에 별점을 매기게 해 믿을만한 판매자를 골라낸다.

그렇게 신용이 쌓인 판매자는 마약을 지속적으로 팔 수 있다. 이런 식으로 꾸준히 장사가 되면, 돈 냄새를 맡고 새로운 장사꾼들이 등장한다. 그런데 새로운 장사꾼이 마약을 판매하려고 하면, 출혈을 감소하고서라도 저가에 팔 수밖에 없다. 왜냐? 자신에게는 별점이 없으니 아무도 자신에게서 마약을 사려고 하지 않을 테니 말이다. 결국 어느 정도 신용이 쌓일 때까지는 가격을 낮춰야 한다. 그러면 기존의 판매자도 매출이 줄어드니 가격 경쟁에 뛰어들 수밖에 없다. 이런 식으로 평균적인 가격 하락과 서비스 향상, 안정화 단계를 거치면서 판매자와 소비자 모두가 만족할 만한 마켓이 생겨난다.

신뢰(?)만 있다면 다크넷은 마약판매자와 구매자에게 최상의 공간이다. 골목에서 마약을 사고판다고 생각해보라. 누가 총을 들이댈지, 오늘 죽을지 내일 죽을지 아무도 모른다. 목숨 걸고 해야 한다. 하지만 다크넷은 적어도 그런 위험은 없다. 구매자와 판매자 모두 익명성이 보장되고, 거래는 추적이 어려운 암호화폐로 이루어진다.

다크넷을 통한 마약거래 규모는 매년 기하급수적으로 늘어나고 있다. 미국의 경우 2012년 다크넷을 통한 거래 규모는 1,600만 달러 수준이었으나, 2015년에는 1억 6,500만 달러로 10배 이상 늘었으며 지금은 규모와 비중이 더 커졌을 것이다.

당연히 각국의 경찰들도 다크넷 속 마켓을 없애려고 노력하고 있다. 실제로 2017년과 2019년, 다크넷의 빅 마켓이었던 알파베이와 월스트리트마켓을 운영하는 이들을 체포하고 사이트를 폐쇄했다. 하지만 이미 루트가 만들어졌으니 기존 마켓을 없애도 새로운 마켓이 더 빨리 더 많이 생겨난다. 하긴 공개된 인터넷에 있는 불법 성인 사이트도 제대로 없애지 못하는데, 훨씬 더 은밀한 곳에 숨겨진 사이트를 어떻게 완전히 소탕할 수 있겠는가.

혹시 오해할 분들을 위해 덧붙이자면, 다크넷에서 불법적인 일이 일어난다고 해서 다크넷 자체가 사라져야 하는 것인가에 대해서는 깊은 고민이 필요하다. 어느 정도 자유로운 환경에 살고 있는 한국인들은 다크넷의 필요성을 크게 못 느낄 수도 있지만, 세계에는 여전히 국가의 부당한 통제를 피해 자유로운 공간을 필요로 하는 이들이 많이 있다. 대표적인 해커 조직 '어나니머스'도 다크넷을 통해 정보를 공유한다. 그들이 하는 행동이 다 옳다고 할 순 없지만, 의미 있는 저항도 많이 있었다.

그리고 혹시 이 글을 보고 "다크넷? 그런 게 있어?" 하면서 접속을 시도하는 분들! 제발 그러지 마라. 이제껏 다크넷의 존재를 몰랐다면, 당신은 마켓은 찾지도 못하고 컴퓨터에 바이러스만 잔뜩 깐 채 포기하게 될 것이다.

③ 신규 마약 사용자 대부분 30대 이하

다크넷을 포함한 SNS와 인터넷이 마약 거래의 메인 루트가 되면서 마약 사용자도 기술 접근이 용이한 세대로 전환되고 있다. 한 마디로 젊어졌다.

특히 인터넷 전환이 어느 나라보다 잽싼 한국의 경우 이 속도는 더욱 빠르다. 인터넷을 통한 거래가 2020년 이미 40퍼센트를 넘어섰고, 현재는 과반에 가까울 것으로 보인다. 이제 마약은 SNS로 주문하고 우편으로 받는다. 2020년 적발된 국내 최대 마약 공급책 '바티칸킹덤' 역시 SNS인 텔레그램으로 주문을 받고 던지기[5] 수법으로 거래를 진행했다.

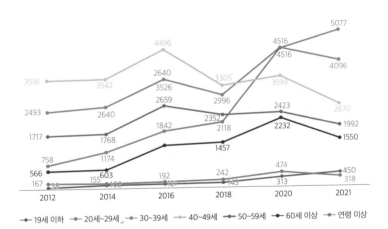

5　마약을 구매자에게 직접 전달하지 않고, 들킬 위험이 낮은 특정 장소에 숨겨두고 장소를 알려주는 거래 방식. 거래자와 구매자가 직접 만나지 않기 때문에 적발 가능성이 낮아진다.

앞의 그래프는 마약사범 연령대별 추이를 나타낸 그래프다. 2012년에서 2021년에 이르는 지난 10년 동안 전체 마약사범은 2배(9,255명→18,050명) 늘어났다. 그런데 같은 기간에 10대 마약사범은 11배(38명→450명), 20대 마약사범은 7배(758명→5,077명) 늘었다. 사실상 늘어난 마약사범 전체가 젊은 세대라고 봐도 무방할 듯하다. 젊은 세대가 늘어나는 게 당연하다고 생각할 수도 있는데, 미국의 경우 지난 몇 년간 펜타닐 문제로 사망자가 폭증하긴 했어도, 10대 마약 사용자 수 자체는 줄어들었다.

젊은 세대는 한국에 사는 게 아니라 인터넷에 산다. 인터넷은 물리적 거리를 지운다. 이제 유행은 해외와 동시간대에 이루어진다. K-pop을 봐서 알겠지만 오히려 선도할 때도 있다. 더 이상 '한국은 안전하다' 같은 구역적인 사고는 먹히지 않는다. 젊은 세대는 한국에 사는 게 아니라 인터넷에 산다.

④ 북한에서 왔수다

북한은 좋은 의미든 나쁜 의미든(보통은 나쁜 의미로) 참 특이한 국가다. 전 세계에는 가난한 국가도 많고 독재자가 통치하는 국가도 있지만, 북한 같은 국가는 북한뿐이다.

그럼 북한은 어쩌다 지금과 같은 모습이 되었을까?

김 씨네의 3대 세습? 1당 독재 체제? 빈부격차? 인민들에 대한 세뇌 교육? 국토의 황폐화? 전염병? 하나하나 문제가 아닌 것이 없지만, 가장 결정적 요인은 북한이 국제사회에서 완전히 고립됐다는 것이다. 현대 국가는 국가 간의 무역 없이는 존재할 수 없다. 예전처럼 농사지어 자급자족해서는 국가가 유지되기 어렵다. 고려나 조선도 주변 국가와의 무역이 없었으면 체제가 유지되기 힘들었을 것이다. 심지어 북한은 척박한 환경 탓에 자급자족도 제대로 못하고 있다. 기본적인 무역 거래가 가능했다면 북한은 적어도 지금보다는 평범한 국가였을 것이다. 실제로 공산주의 블록이 존재할 당시에는 북한은 그럭저럭 평범하게 살았다. 동구권이 몰락하고 경제가 고립되자, 북한은 점점 이상한 괴물이 되고 있다. 이쯤 되면 보통 GG를 치거나 내부에서 사회가 붕괴하기 마련인데, 북한의 기득권은 어찌됐든 이를 잘 진압해 왔다. 그리고 위기를 넘긴 그들은 이 상황을 타개할 방법을 모색한다.

공식적인 무역은 불가능해졌다. 미국은 압박을 가한다. 어떻게, 무엇을 하면 될까?

답은 의외로 간단하다. 무역을 몰래 하면 된다. 북한은 국가의 주도하에 불법 시장에 뛰어든다. 그런데 공식적인 무역이 있는데, 왜 굳이 누가 불법 시장을 이용할까? 누군가 비합법적으로, 몰래 사고 싶은 물건이 있는 거지.

이런 암시장에서 가장 규모가 큰 건 역시 마약…이 아니라 무기 시장이다. 아시아와 아프리카, 남미에는 여전히 정세가 불안한 국가들이 많다. 테러 단체도 있고, 반군도 있고, 이들을 제압하려는 독재정권도 있다. 이들은 모두 무기가 필요하지만 합법적으로 구입할 루트가 많지 않다. 그래서 북한은 그들에게 무기를 판매해서 꽤 많은 수익을 올린다.

　북한이 핵무기나 장거리미사일을 개발해서 실험했다는 뉴스가 연례행사처럼 나오는데, 이는 당연히 미국과의 협상에서 유리한 고지를 점령하기 위한 전략 중 하나다. 하지만 그에 못지않게 자신들의 잠재적 고객에게 기술력을 과시하려는 목적도 있다.

　"우리 이 정도야. 무기 잘 만들어. 한번 써봐." 이렇게 메시지를 전달하는 것이다.

　하지만 불법 무기 수출만으로는 국가경제의 위기가 해결되지 않는다. 그래서 북한은 국가적으로 위조지폐(미국 달러)를 찍어내기도 하고[6], 최근에는 해킹으로 돈을 뜯어내는[7] 등, 다양한 불법을 성실히 지르고 있다. 하지만 이런 방식은 일회성일 뿐, 지속적인 수익이 될 수 없다. 결국 북한은 마약시장에도 뛰어든다.

　초기에 북한은 아편을 많이 생산했다. 하지만 아편의 경우 일단 양귀비를 재배해야 하는데, 식량도 부족한 북한 입장에서 양귀비밭을 무한정 늘릴 수가 없었다. 확실히 팔리기만 한다면 무리해서 늘릴 수도 있지만, 북한의 주 거래처인 중국이나 러시아는 마약에 그리 관대한 국가가 아니다.

6　큰 재미를 보지는 못했지만, 생각 하나만은 참 패기 넘친다.
7　미국의 발표에 따르면, 2017년 전 세계를 떨게 한 랜섬웨어의 배후가 북한이라고 한다. 당시 컴퓨터가 멈춘 뒤에 이런 문구가 나왔다. "컴퓨터를 날리고 싶지 않으면, 1비트코인을 보내라."

그래서 북한은 아편 대신 메스암페타민으로 눈을 돌린다. 메스 암페타민의 경우 아편과 달리 특정한 농작물 없이도 간단히 제조할 수 있기 때문에 북한의 상황에 적합하다고 하겠다.[8]

불법 마약을 제조하고 해외에 파는 것 자체도 큰 문제지만, 더 큰 문제가 있다. 바로 생산된 마약이 모두 다 팔리는 게 아니라는 거다. 이렇게 되면 다 팔지 못하고 남은 마약이 북한 안에서 돌게 된다. 당연히 북한도 자국 내에서의 마약 사용을 엄격히 금지하고 있다.

하지만 제대로 통제가 안 된다. 북한은 가뜩이나 의료시설이 부족한데 동구권까지 몰락해 의약품 보급에 큰 어려움을 겪고 있다. 그래서 인민들은 차선책으로 아편을 만병통치약으로 사용하기 시작했다. 아편에 진통제 효과가 있으니 완전히 틀린 처방도 아니다. 흉년이 이어지니 배고픔을 잊기 위해 메스암페타민을 복용하는 인민들도 있고. 상황이 이렇다 보니 북한 당국에서도 마약 사용을 제대로 처벌하지 못하고 눈감아주는 경우가 많다. 마약까지 사용 못하게 하면 자칫 인민의 분노가 폭발할 수 있다.

북한 이야기를 하는 건, 북한과 한국이 한 민족이고 유일한 분단 국가고, 이런 거창한 이유 때문이 아니라[9], 남한에 이미 꽤 많은 북

---

8   북한에서는 메스암페타민을 '빙두' 혹은 '얼음과자'라고 부른다.
9   한국은 한 민족도 아니고, 세계 유일의 분단국가도 아니다.

한 주민(탈북자)들이 존재하기 때문이다. 그리고 북한의 상황을 고려
해봤을 때, 그 숫자는 점점 더 늘어날 것이다.

탈북자 대부분은 중국 국경선 근처에서 중국 브로커들의 도움
을 받아 탈북한다. 그런데 북한의 국경선 지역은 북한에서 만들어
진 마약이 해외로 거래되는 통로다. 그래서 북한의 다른 지역보다
이 지역 주민들이 마약에 훨씬 더 많이 노출된다. 또한 탈북자들은
탈출 과정에서 극도의 스트레스를 겪게 되는데, 이는 마약의 유혹
에 쉽게 넘어가는 원인이 된다. 더 큰 문제는 이들이 남한 사회에서
제대로 적응해서 살아가기가 힘들다는 것이다. 한국에서 나고 자란
사람도 삶이 팍팍한데, 사회가 탈북자들에게 호의적일 리가 없다.
정부가 탈북자들에게 정착지원금을 지급하지만 브로커들이 이 지

영화 〈강철비〉에서 정우성이 연기한 북한군 장교도 아편 중독자로 묘사된다. 물론 관객 정서상 주
인공을 무작정 중독자로 만들 수는 없기 때문에 말기 암이라는 그럴듯한 설정을 넣었다. 영화 초반
장마당에서 상품화된 아편을 거래하는 장면이 나오는데, 북한의 마약 실태를 살짝 엿볼 수 있다.

원금 제도를 알고 그들을 탈북시켜줄 때, 미리 이 돈까지 다 받아내는 계약을 한다. 당연히 이 계약 자체가 불법이지만, 그걸 누가 지키겠는가.

사회가 손을 놓고 있는 사이, 탈북자들은 사기꾼들에게 등 털리고, 가난에 허덕인다. 이들 중 일부는 브로커, 혹은 탈북 전에 알고 있던 지인을 통해 북한에서 접했던 마약을 다시 접하게 되고 빠르게 중독된다. 그리고 생계를 위해 직접 판매상이 될 수도 있다.

이런 우려는 실제 수치로 드러난다. 탈북자 중 범죄를 저질러 수감된 인원은 2012년 총 68명이었으나, 2021년에는 175명으로 세 배 가까이 증가했고, 이 중 마약사범이 가장 높은 비중을 차지했다.[10]

2016년 국내에서도 다크넷을 통해 마약을 판매한 일당이 체포됐다. 한국은 고립된 사회가 아니다. 한 해 수천만의 사람들이 한국과 외국을 오간다.

몇 년 전 오랜만에 만난 학교 선배는 심심한데 클럽이나 가자며, 요즘은 1만 5,000원이면 '떨(대마초)'을 구한다며 너스레를 떨었다.

---

10 마약 문제를 탈북자에게 덮어씌울 분들이 있을까 봐 덧붙이자면, 탈북자 마약사범은 국내 총 마약사범의 0.5퍼센트도 안 된다. 전체 마약시장에서 그들의 역할은 아주 미미하다. 그들 때문에 한국에 마약이 넘친다든지 그런 식으로 몰고 가면 안 된다. 그들이 어떻게 한국 사회에 잘 적응할 수 있게 도와줄까 방안을 찾아야 한다는 이야기 정도로 받아들였으면 좋겠다.

그 선배 말이 사실일 수도 있고, 주워들은 말로 허세를 부린 걸 수도 있다. 하지만 중요한 건 이제 그런 허세를 부릴 만큼 마약이 우리 가까이 와 있다. 그럼 우리 사회는 본격적인 마약 확산에 대처할 준비가 돼 있을까?

네덜란드 사례에서 봤듯이, 개인의 마약 문제가 사회문제가 되지 않게 하려면 하층민과 이민자 집단이 슬럼화되는 것을 방지해야 한다. 하지만 한국은 탈북자들을 포함한 외국인 노동자들, 가난한 젊은이와 노인들이 이미 사회 밑바닥으로 밀려나 있다. 그리고 이 격차는 줄어들긴커녕, 점점 넘을 수 없는 계급이 되어가고 있다.

물론 한국은 치안이 좋은 국가이고 슬럼이 형성된다 하더라도 미국의 뒷골목처럼 무법천지가 되진 않을 것이다. 하지만 한국 사회에서 개인이 느끼는 불안과 불만은 위험 수위에 다다르고 있다. 이 넘치는 장작에 불이 붙으면 삽시간에 퍼져버릴 수도 있다. 결국 우리에게 중요한 건 마약정책이 아닐지도 모른다. 우리가 우리사회의 문제들을 어떻게 해결하느냐에 따라 마약이 심각한 문제가 아닐 수도 있고, 돌이킬 수 없는 심각한 문제가 될 수도 있다.

물론 이런 큰 사회문제야 개인이 어쩔 수 없는 경우가 많다. 정책적인 건 높으신 분들이 알아서 한다치고 개인적 차원에서 생각해보자. 만약 마약 정책이 실패하고 우리 사회에 마약이 만연한다면, 내 주변에 마약중독자가 생긴다면, 당신은 어떻게 할 것인가? 그들을 사회의 암 덩어리로 치부할 것인가, 아니면 우리와 함께 살아가는 시민으로 받아들일 것인가? 혹은 당신이 마약에 중독된다면 어떻게 하겠는가.

마약은 얼마일까?
한국의 마약 시세

한국계 미국인 래퍼 오케이션의 앨범 1집에 〈goodbye MJ〉라는 곡이 있다. 이쯤 읽었으면 다 알겠지만 MJ는 당연히 마리화나다. 미국에서 편하게 하던 마리화나를 한국에 와서 자주 못 하게 되었다며 마리화나에게 잠깐의 이별을 고하는 곡이다. 그는 이렇게 노래한다.

서울엔 위험하기도 하고 비싼 것 같아

돈 벌어 LA 집 사면 그때 편히 만나

오늘 밤이 메리와 나의 마지막 날

캬~ 절절하다.[11]

하지만 남의 연애에 관심이 없는 내 입장에서는 이 노래를 들을 때 의문은 이런 것이었다. 대체 마약은 얼마일까? 그리고 오케이션의 가사처럼 한국은 정말 다른 나라보다 마약이 비쌀까?

불법으로 팔리는 물건, 그것도 한국에서는 구경하기 힘든 물건의 평균 가격을 알아보는 건 어려운 일이다. 경험자에게 대략의 액수를 들었지만, 그 사람이 구매한 가격이 평균 가격이라 확신할 순 없으니까.

그런데 이미 공식적인 자료가 있었다. UN 산하 마약범죄사무소 (UNODC)에서는 매년 마약에 관한 각종 통계를 조사해 발표한다. 이 조사에는 각국의 마약판매 가격도 포함돼 있다. 이것도 모르고 뻘짓을 했으니, 등잔 밑이 어둡다는 속담이 딱 어울리는 상황이다.

사이트에 들어가서 해당 마약을 선택하고 국가를 지정하면 최저 가격과 최고 가격 그리고 평균 가격을 확인할 수 있다.[12] 마리화나, 하시시, 암페타민, 메스암페타민, 엑스터시, 아편, 헤로인, 코카인의 가격을 확인할 수 있는데, 그중 오케이션의 음악에 등장한 메리제인만 비교해보자.

기준은 1그램이다. 1그램은 두세 개비 정도의 양이다.

표에서도 알 수 있듯이 한국의 마리화나 가격은 비싸다. 우리나

---

11 오케이션은 가사와 달리 국내에서 MJ와 제대로 이별하지 못했고, 2011년 대마관리법 위반으로 잠시 미국으로 추방당한 적이 있다. 역시 쿨한 이별이란 쉽지 않은가 보다.

12 https://dataunodc.un.org/dp-drug-prices

지역	국가	약물	가격(단위: 미국 달러)			단위	연도
			평균 가격	편차			
				최저 가격	최고 가격		
아시아	대한민국	마리화나	46.20	1.81	90.58	그램	2015
	일본		41.51				
	중국		26.83				
	홍콩		15.10	13.16	17.16		
	인도		0.06	0.04	0.10		
유럽	네덜란드		12.91	11.90	14.44		2014
	프랑스		9.30	8.21	10.94		2015
	러시아		6.90				
아메리카 대륙	캐나다		12.90	8.60	17.20		2014
	니카라과		1.00	0.80	1.05		
	우루과이		1.68	1.01	2.35		2015
아프리카	남아프리카 공화국		0.10	0.07	0.20		
	케냐		0.03	0.02	0.05		

국가별 마리화나 가격. 비교를 위해 몇 개국만 추렸다. 미국의 경우 주별로 자료가 따로 발표되어 제외했다.

라와 경제력 차이가 큰 동남아시아, 아프리카, 남미 국가들을 제외하더라도, 10~15달러에 구매가 가능한데 한국과 일본은 40달러가 넘는다. 한 개비당 1만 7,000원은 생각해야 한다.

하지만 이 표를 보고 "역시 한국은 호갱이었어!" 하고 좌절할 필요는 없다. 이건 꼭 나쁘기만 한 건 아니니까. 최저 가격과 최고 가격을 보자. 마리화나를 누구는 2달러 이하에 사고, 누구는 90달러

넘게 주고 산다. 물론 마약은 공산품이 아니기 때문에 질에 따라 가격이 다를 수 있다. 하지만 그걸 감안하더라도 가격 차이가 너무 크다. 다른 국가들과 비교해보면 가격 자체도 비싸지만, 가격 편차도 크다.

어떤 물건이나 시장이 커지면 가격은 안정되고 가격 편차도 줄어든다. 즉, 마약의 비싼 가격과 큰 가격 편차는 국내 시장이 아직 작고 불안정하다는 뜻이다. 다른 마약 가격도 찾아보면 마리화나와 비슷한 경향을 보이는 걸 확인할 수 있다. 하지만 더 천차만별이다. 한국에서 다른 마약은 마리화나 수준의 시장도 갖추지 못했다(히로뽕 제외). 한국의 마약 가격이 세계 시장과 동떨어져 있는 건 국내에 마약이 퍼지지 않았다는 방증이다. 사실 한국의 마약 가격이 세계 시장과 비슷해진다면, 그때야 말로 우리가 진지하게 걱정해야 할 순간일 것이다.

당연히 불법 마약을 구매하면 안 된다. 하지만 혹시 어떤 일이 생겨서 꼭 구매해야 하는 상황이라면, 사전에 대략적인 가격은 알고 가시길⋯ 최소 가격은 힘들더라도 평균 가격에는 구입하길 바란다. 뭘 사든지 바가지는 안 쓰는 게 좋지. 그게 설혹 마약일지라도.

14.
잠들지 않는 각성제의 나라

전쟁과 마약

    인간은 언제나 전쟁 중이다. 문명학자인 듀런트^{Durant} 부부는 『역사의 교훈』에서 역사시대 이후 3,421년 동안 전쟁이 없었던 해가 268년(7.8퍼센트)이라고, 토플러는 1945년부터 1990년까지 총 2,340주 동안 전쟁이 없었던 때는 단 3주(0.1퍼센트)라고 추산했다. 우리가 평화롭게 야근을 하는 지금 이 시각에도 이 세상 어느 곳에서는 전쟁이 야근하듯 벌어진다. 이런 현상 때문에 전쟁을 인간을 본성이라고 주장하는 사람도 많다. 나는 전문가가 아니라서 편을 나누고 싸우는 게 인간의 본성인지 아닌지 그 답을 알진 못한다. 하지만 확실히 말할 수 있는 건, 사람은 사람을 죽이는 데 그리 특화된 동물은 아니라는 것이다.

오래전부터 국가는 전쟁에 나가는 병사들에게 마약을 지급했다. 선사시대 부족 간의 전쟁에서도 그랬고, 현대 전쟁에서도 그렇다. 전쟁이 정말 인간의 본성이었다면, 병사들에게 굳이 약물을 지급할 필요는 없었을 것이다. 사람을 죽이는 게 쉬울 리가 없지.

고대 바이킹을 다룬 드라마 〈바이킹스Vikings〉를 보면 잘생긴 주인 공들이 전투 전후로 이상하게 생긴 버섯을 찢어 먹는 장면이 나온 다. 이 버섯은 광대버섯의 한 종류로, 각성제인 암페타민이 포함되어 있다. 암페타민은 전형적인 각성제로 복용하면 집중력이 올라가고, 공격성이 강화되며 오랜 시간 잠을 자지 않고도 버틸 수 있게 도와준다. 고통에도 둔감해진다. 바이킹들은 각성한 상태에서 전투에 나갔고 약탈과 방화, 학살을 거리낌 없이 저질렀다.

적들은 이들을 '버서커'라 부르며 두려워했다. 드라마에서뿐 아니라 실제로도 바이킹은 광대버섯을 섭취한 것으로 추정된다. 하지만 광대버섯은 독성이 강하기 때문에 드라마처럼 생으로 먹었는지는 확실하지 않다. 독성을 제거하기 위해 순록에게 광대버섯을 먹이고, 그 순록의 오줌을 받아 마셨다는 설도 있다. 아무튼 중요한 것은 그 시절에도 전쟁에 약물을 사용했다는 것이다.

전쟁에 나가는 이들에게 각성제가 지급된다면 돌아온 이에게는 진정제가 필요하다. 그리스 로마 신화나 호메로스가 쓴 서사시를 보면 아편을 탄 술이 자주 등장한다. 술과 아편 모두 진정제다. 전쟁이 끝난 병사들은 전쟁의 공포, 신체의 고통, 죄책감, 슬픔 모두 하룻밤 꿈처럼 잊길 바라며 아편과 술을 마셨다.

전쟁에서의 마약 사용은 현재진행형이다.

2003년 이라크전에 참여한 미군 전투기 조종사의 증언에 따르면 전쟁에 참여한 조종사 절반 이상이 각성제를 투약했다고 한다. 미군은 고도의 집중력이 필요한 임무를 할 때는 암페타민이 포함된 각성제를 지급한다. 조종사의 고백에 따르면, 약을 먹고 나면 사람이 벌레처럼 보여 죄책감을 느끼지 않았다고 한다. 한때 악명을 떨쳤던 소말리아 해적들도 각성제인 카트잎을 씹는다.

당연히 고양된 이들을 풀어줄 진정제도 주어진다. 미국은 베트남전 당시, 초기에는 대마초를 후반에는 헤로인을 공급했다. 처음에는 가볍게 대마초였지만, 전쟁이 혼돈에 빠져들면서 강한 안정제가 필요했던 것이다. 미국은 걸프전에서도 헤로인을 공급했고, 2003년 이라크전에서는 신경안정제를 병사들에게 처방했다. IS도 IS에 대항한 군대도 마약을 사용하고, 그들이 점령한 지역 주민들도 극도의 스트레스를 해소하기 위해 헤로인을 사용한다.

아무리 전쟁이라 하더라도 국가가 마약을 지급했다는 사실에 충격을 받을지도 모르겠다. 하지만 전쟁에 마약이 쓰이는 것을 비판할 생각은 없다. 극단적인 일을 위해서는 극단적인 조치가 필요하다. 진정으로 비판받아야 할 건 전쟁 그 자체다.

그런데 우리는 전쟁같이 특수한 상황에서만 약물을 사용했을까?

각성제는 내 친구

1954년 월드컵 결승에서 헝가리와 독일(서독)이 맞붙었다. 당시 헝가리는 세계 축구의 절대강자로, 예선에서 이미 독일을 8 대 3으로 이긴 적이 있었다. 자신감에 차 있던 헝가리 선수들은 경기가 시작하자마자 밀어붙였고, 곧 2 대 0으로 앞서나갔다. 하지만 이후 독일은 세 골을 연달아 넣고 3 대 2라는 기적적인 역전승으로 우승 트로피를 들어올린다. '베른의 기적'이다. 그런데 후에 밝혀진 바에 따르면 당시 독일 선수들 중 일부가 하프타임에 메스암페타민을 복용했다고 한다.

20세기 초중반, 부작용이 알려지기 전까지 암페타민은 지금의 박카스나 비타500처럼 일상에서 아무 거리낌 없이 사용됐다. 1939년 나온 영화 〈오즈의 마법사〉를 아는가? 순수한 꿈과 모험, 아이에 대한 사랑이 가득 담긴 동화 같은 영화다. 주인공 도로시 역은 배우 주디 갈란드Judy Garland가 맡았는데, 빡빡한 일정에 그녀가 지쳐 쓰러지면 제작진은 그녀에게 암페타민을 먹이고 촬영을 강행했다.[1] 그녀는 암페타민 과다복용으로 중독 증상과 불면증에 시달리게 됐고, 그러

---

1   그녀의 증언에 따르면 4시간을 자고 72시간을 연속으로 촬영하는 식이었다고 한다.

자 제작진은 이번에는 수면제인 바르비투르산을 권했다. 바르비투르산도 현재 마약으로 분류된다.

물론 당시 이런 약물들은 불법이 아니었기 때문에, 이를 먹인 것만으로 그들을 비난할 순 없다. 더 심각한 문제는 당시 함께 출연한 배우들이 어린 나이에 주인공이 된 주디를 왕따시키고, 제작사의 감독과 피디들이 그녀를 성추행했다는 것이다. 그때 그녀의 나이는 고작 열여섯이었다. 주디는 이 영화로 일약 스타덤에 오르지만, 그녀에게 쏟아진 부와 인기는 그녀를 더 불행하게 만들었다. 결국 그녀는 47세에 약물중독으로 세상을 떠난다. 〈오즈의 마법사〉에 걸맞은 아주 동화 같은 스토리다.

그렇다면 현재는 어떨까?

2014년 4월 18일 자 CNN 뉴스 화면 캡쳐.

2010년대 이후 미국에서는 애더럴 같은 암페타민이 포함된 각성제가 큰 인기를 끌고 있다. 이 약들은 보통 ADHD 환자에게 처방되는데, 일반인들이 일상적으로 오남용하고 있다.

앞의 자료 사진은 애더럴이 사회문제가 되고, 이슈로 떠오르기 시작한 시점에 나온 뉴스 화면이다. 제목을 직역하면 '공부 보조제로 쓰이는 A.D.D.(ADHD) 약'이고, 부제는 '애더럴은 밀레니엄의 마리화나인가?' 정도 된다.

ADHD의 흔한 증상은 주의산만, 과잉행동, 충동성이다. 쉽게 말해 집중을 잘 못 한다. 암페타민 계열 각성제는 이런 증상에 효과가 있다. 그런데 ADHD가 아닌 사람이 복용해도 동일한 효과가 발생한다. 집중력이 올라가고 졸리지도 않고 배도 고프지 않다. 당연히 공부하는 학생들이 욕심내지 않겠는가?

의사 처방을 받아야 사용할 수 있는 전문의약품이지만, 미국은 의료가 영리화되어 있고 특성상 한번 처방전을 받고 나면 제약이 적어 광범위하게 오용되고 있다. 대학입시를 준비하는 고등학생, 다이어트를 하는 사람, 시세에 늘 신경을 써야 하는 애널리스트, 마감에 시달리는 온갖 직업의 사람들이 애더럴을 일상적으로 복용한다. 의사들마저 수술 전 집중력을 끌어올리기 위해 애더럴을 먹기도 한다.

금지약물만이 각성제는 아니다

한국에서는 암페타민이 포함된 약물이 금지되어 있지만, 강남 일대에서는 '잠 쫓는 약', '성적 올리는 약', '살 빠지는 약'으로 불리며 암암리에 유통되고 있다고 한다. 단순히 도시 괴담일까? 그럴 수도 있다. 내가 직접 본건 아니니까.

그런데 이런 금지약물을 투약하지 않는다고 해서 우리 삶이 별반 다른 것 같지는 않다. 우리는 커피를 입에 달고 산다. 줄담배를 피우지 않으면 일을 제대로 하지 못하는 직장인도 많다. 카페인과 니코틴도 엄연한 각성제다. 그로도 부족한지 몇 년 전부터는 고카페인 음료가 인기다. 수험생이나 고시생, 야근하는 직장인 중 일부는 고카페인 음료를 입에 달고 산다. 20년 전 내가 고등학교를 다닐 때, 어른들은 학생들이 커피를 마시지 못하게 했다. 물론 커피를 사는 데 신분증이 필요한 것도 아니고 마시려면 얼마든지 마실 수 있었지만, 그건 어디까지나 맛을 위해서였지 효율을 위한 것은 아니었다. 하지만 지금 고등학생들은 커피는 당연하고 에너지 드링크를 달고 산다. 그들이 특별히 그 '맛'을 좋아하는 것 같진 않다.

아무리 허용된 것이라 해도 에너지 드링크는 신체에 타격을 준다. 2011년 미국의 한 14세 소녀는 시중에서 쉽게 구할 수 있는 고카페인 음료수 0.7리터짜리 2병을 마시고 심장이 멎어 사망했다.

각성제를 사용해 일의 능률을 끌어올리는 건 이제는 너무 당연한 일이 되어 버렸다. 이렇게 하루종일 경쟁에 시달리고 나면 밤에는 술 한잔으로 이 긴장을 잊는다. 해외에서는 대마초를 피우기도 한다.

이로도 부족하면 수면제나 신경안정제를 복용한다. 가까운 지인 6명 중 3명이 정신과에서 수면제와 신경안정제를 처방받는다. 3명 중 한 명은 커피를 입에 달고 살고 한 명은 담배를 피운다. 그들은 낮에는 각성제를 밤에는 진정제를 소비한다. 표본이 적기 때문에 일반적이진 않을 수도 있지만, 다른 사람들이라고 특별히 다를 것 같진 않다.

마약 바닥의 고인 물들은 코카인(각성제)과 헤로인(진정제)을 함께 사용한다. 그러면 기분이 업다운을 반복하면서 진정제와 각성제가 가진 단점을 상쇄시켜, 극도의 쾌감을 얻을 수 있다고 한다. 이를 공이 양 벽에 끊임없이 부딪히며 빠르게 왔다 갔다 한다는 뜻에서 '스피드볼'이라고 부른다. 정신이 공처럼 양극단을 오가는 것이다. 커피와 술을 달고 사는 우리의 삶도 스피드볼이나 다를 바가 없다.

나는 우리가 필요할 때 얼마든지 각성제를 사용할 수 있다고 생각한다. 약물이 일의 효율을 끌어올리는 데 효과가 있으니, 고도의 집중력을 필요로 하는 일이나 그런 시기에 일시적으로 복용하는 것은 크게 문제 될 건 없다고 본다. 커피나 에너지 드링크를 마시고, 애더럴을 잠깐 복용한다고 해서 신체에 그렇게 큰 타격을 주는 것도 아니니까.

문제는 각성제가 너무 일상적으로 사용된다는 것이다. 약물이 효과가 있는지 없는지 부작용이 있는지 없는지를 떠나서, 기본값으로 각성제를 사용한다. 우리가 전쟁 중인 병사도 아닌데 약까지 복용하며 살아야 하는 걸까? 좀 쉽게 살 순 없나. 약물을 오락 삼아 하는 건 그렇다고 치자. 그것도 분명 심각한 문제지만, 성적 조금 올리려고 학생이 각성제를 투약하는 것보다는 덜 심각해 보인다.

20세기 히피들은 퍼져서 놀기 위해 마리화나를 피웠다. 그런데 21세기 사람들은 일을 하기 위해 애더럴을 사용한다. 우리는 애초에 그렇게 열심히 살게 만들어지지 않았다. 그렇다면 약물 없이도 우리는 삶을 살 수 있었을 것이다.

물론 이런 글을 쓰고 있는 내 앞에도 벤티 사이즈 아메리카노가 놓여 있다. 이 정도는 마셔줘야 글이 나온다. 잠을 못 잘까 걱정할 필요는 없다. 그럴 때는 냉장고에 있는 맥주 한 캔을 꺼내 마시면 그만이다. 그래도 부족하면 한 캔 더 마시면 되고. 어차피 사람들은 네 캔을 한 번에 사기 때문에 냉장고에는 우리를 진정시켜줄 알콜이 늘 대기하고 있다.

15.
게임 체인저의 등장

2021년 미국 사망 원인 1위는 뭘까? 글의 흐름상 당연히 마약…
이라고 말해야 할 거 같지만, 심장병이다. 2위는 암, 3위는 코로나다.
하지만 책의 주제에 맞게 이런 사소한(?) 것들은 빼고 사고사만 비
교해보도록 하자.

사고사라고 하면 흔히 떠올리는 건 교통사고다. 한국을 제외한
대부분 국가에서 교통사고는 사고사 원인 중 1위를 차지하고 있다.
미국 역시 2021년 기준 한해 교통사고 사망자 수는 4만 3,000여 명
으로, 적지 않다. 하지만 1위는 아니다.

그럼 총기사고 아닐까? 미국은 총기의 나라 아닌가. 정치뉴스를

빼고나면 우리가 접한 미국은 하루가 멀다하고 총기사고가 벌어지니까. 총기사고로 인한 미국의 사망자 수는 4만 5,000여 명으로, 교통사고보다 약간 많다. 하지만 안타깝게도 총기사고 역시 1위가 아니다.

1위는 마약이다. 단순히 마약을 한다고 죽는 것은 아니기 때문에 공식적인 사망 원인으로는 '약물과다복용'이라 표현한다. 2021년 미국의 약물과다복용 사망자는 10만 7,000여 명으로 교통사고 사망자와 총기사고 사망자를 합친 수보다도 많다.

물론 이제까지 마약에 관한 미국의 괴소문을 많이 들었기에 '미국에서 마약이 문제인 게 하루이틀이냐?'라고 반론할지도 모르겠다. 1960~1970년대에 히피들이 날뛰고 우리가 사랑한 록 스타들이 퍽 하면 약물남용으로 사망하던 것을 돌이켜보면, 꽤 오래 전부터 마약이 사망 원인 1위가 아니었냐고 생각할 것이다. 하지만 놀랍게도 전혀 아니다. 약물과다복용 사망자가 치솟은 건 지난 몇 년 사이의 일이다. 교통사고 사망자는 조금씩 줄고 총기 사망자는 조금씩 늘어났지만, 약물과다복용 사망자는 몇 배로 폭증했다.

게임체인저, 펜타닐

과거 해외 스타가 약물과다복용으로 사망했다는 기사를 찾아보면, 원인이 된 약물은 대부분 헤로인이었다. 헤로인 외에도 대마초,

코카인 등 여러 마약이 큰 인기를 끌었지만, 이런 약물은 사망까지 이르게 하는 경우는 드물었다. 앞서 하드드럭으로 분류한 것이 헤로인과 코카인, 메스암페타민이다. 당연히 이런 약물은 강한 중독성을 가지고 있고, 장기간 복용하면 신체에 치명적인 데미지를 입힌다. 하지만 현재 문제가 되고 있는 약물, 펜타닐로 대표되는 합성 오피오이드들은 기존 하드드럭과도 비교가 안 될 정도로 인체에 막대한 피해를 끼친다.

오피오이드란 원래 아편계 약물을 뜻하는 말이었으나, 지금은 마약성 진통제를 통칭하는 단어로 사용된다. 19세기 화학의 발달로 마약은 자연 상태의 식물성 마약에서 정제된 형태의 마약으로 한 단계 진화했다. 대표적인 것이 아편에서 추출한 모르핀과 헤로인, 코카잎에서 추출한 코카인 등이다. 이런 약물들은 자연 상태의 마약보다 최대 100배 가까이 강력한 효과를 발휘한다.

아편계 약물은 모든 마약 중에 진통에 가장 효과적이다. 특히 외과수술이 일반화된 후에는 없어서는 안 될 필수품이 되었다. 하지만 언제나 중독의 위험이 뒤따랐다. 당연히 제약사들은 진통 효과는 크면서 중독성은 적은, 그리고 저렴한 물질을 만들어내려고 노력해왔다. 그 결과 20세기 후반, 합성 오피오이드가 쏟아지기 시작한다. 제약회사들은 그들의 바람대로 큰 돈을 벌었지만, 안타깝게도 통증을 줄이면서 동시에 중독성을 줄이는 약은 만들지 못했다. 진통 효과가 커질수록 중독성 역시 커졌다. 상대적으로 중독성이 약한 약물들도 있긴 했지만 어디까지나 상대적이었다. 그리고 아무리

약물과다복용으로 인한 미국 내 사망자 추이

(출처 CDC)

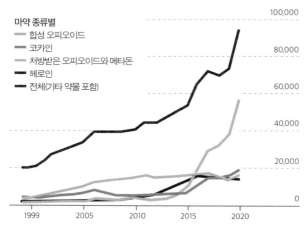

마약 종류별
— 합성 오피오이드
— 코카인
— 처방받은 오피오이드와 메타돈
— 헤로인
— 전체(기타 약물 포함)

* 여러 약물을 복용한 경우도 포함.

중독성이 있어도 일단 병원에서 중요한 건 진통 효과다. 당장 살려면 살을 째고 장기를 뒤집고 다시 꿰매는 수술을 해야 하는데, 중독은 차후의 문제다. 그렇게 진통제는 점점 더 강력해졌고, 중독성 역시 점점 더 커졌다.

위의 그래프는 200년 이후 약물로 인한 사망자를 나타낸 그래프다. 사망자 수가 지난 20년 사이 5배 가까이 폭증한 것을 확인할 수 있다. 오피오이드 사태에 현재에 이르기까지는 총 세 번의 큰 파도가 있었다.

첫 번째 파도는 제약회사 퍼듀파마Purdue Pharma의 진통제 옥시콘틴^{OxyContin}이다. 옥시콘틴은 헤로인과 유사한 합성 오피오이드다. 1996년 퍼듀파마는 옥시콘틴을 발표하면서 대대적인 홍보활동을 벌였다. 그들은 마케팅 인원을 두 배로 늘리고 의사와 의료기관에 리베이트를 지급해 옥시콘틴 처방이 늘도록 조장했다. 홍보 과정에서 다른 아편계 약물보다 중독성이 적다는 허위 정보도 퍼트렸다. 이로 인해 과거에는 중환자에게만 지급되던 오피오이드가 가벼운 진통이나 정신적 문제를 안고 있는 이들에게까지 처방되기 이른다.

하지만 퍼듀파마의 공언과는 달리 옥시콘틴 역시 중독성이 심각했다. 모르핀과 코카인이 개발됐을 때와 똑같은 일이 21세기에 벌어진 것이다. 환자들은 곧 과처방된 옥시콘틴에 중독되기 시작했고, 옥시콘틴은 더 많이 팔려나갔다. 퍼듀파마의 성공을 보고 다른 제약회사들 역시 비슷한 방식을 따랐다. 그렇게 수년이 지나자 당연히 처방받은 약물에 의한 오남용 사고가 크게 늘어난다(회색 선, 2010년경). 의사들은 그제서야 잘못을 깨닫고 옥시콘틴 처방을 줄이기 시작한다. 그런데 이러자 두 번째 파도가 몰려든다.

이미 사람들은 의사가 처방한 약물에 중독된 상태다. 그런데 의사가 처방을 해주지 않는다. 일반적인 국가라면 환자들은 힘들어도 어떻게든 의사의 지시를 따르려고 노력했을 것이다. 어떻게든 약을 구하려고 하는 불굴의 정신을 가진 이들도 있겠지만 쉽지 않았을 것이다. 어디서 약을 불법적으로 구하겠는가. 하지만 미국이라면 이야기가 다르다. 옥시콘틴과 거의 같은 효과를 내는 헤로인을 길거리에서 너무도 쉽게 구할 수 있다. 결과적으로 합성 오피오이드에 중독된 이들이 길거리 마약에 손을 대게 됐고, 이번에는 헤로인과 코카인 등 불법 마약으로 인한 사망자가 늘어난다.

세 번째 파도는 지금까지도 이어지고 있는 펜타닐fentanyl 파동이다. 이 세 번째 파도가 너무 커서 그래프에서는 앞의 두 파도가 잔물결로 보일 정도다. 펜타닐은 1959년 얀센Janssen사가 개발한 약물로 효과가 강하고 복용방법도 간편하다. 특허가 풀리고 복제약이 등장하면서 암 환자 등 통증이 극심한 환자에게는 축복과 같은 진통제가 되었다. 특히 2000년대 이후 중국에서 원료를 대량으로 생산해 저렴하게 팔아치우면서 판매량이 급격히 늘어난다. 원료뿐 아니라 완제품 역시 대부분 중국에서 만들어져 멕시코 등을 거쳐 미국으로 유입된다. 이 때문에 미국에서는 펜타닐을 '차이나 화이트'라고 부르기도 한다. 의사들은 다른 오피오이드 대신 값싸고 강력한 이 펜타닐을 처방하기 시작했다.

각 약물의 치사량을 비교해 놓은 사진.

펜타닐의 진통 효과는 모르핀의 100배, 헤로인의 50배 정도다. 펜타닐의 효과를 극대화한 제품도 시중에 몇 나와 있는데, 카펜타닐의 경우 진통효과가 펜타닐의 100배라고 한다. 퍽 하면 100배라고 해서 계산도 안 되지만 하여튼 무지막지하게 강력하다. 이러니 펜타닐은 단 1회 투약만으로도 치명적인 결과를 동반할 수 있다.

헤로인의 치사량은 30밀리리터, 펜타닐은 2밀리리터다. 카펜타닐은…. 물론 정맥 주사 기준이므로 실제로는 조금 더 여유가 있겠지만, 카펜타닐을 투약하면서도 죽지 않기 위해서는 거의 맨손으로 반도체를 조립하는 수준의 정교한 솜씨가 필요하다.

펜타닐 패치는 몸에 붙이면 약물이 천천히 흡수되는 식으로 작용한다. 아래 오른쪽의 사진을 보면 1시간에 100마이크로그램(0.0001그램)이 나눠서 들어간다고 되어 있다. 이 정도로 적은 양도 한 번에 들어가면 위험할 수 있기에 패치 형태로 만들어 천천히 흡수시킨다. 주사 형태로 주입하더라도 수액과 함께 천천히 들어가게 하는 것이 일반적이다.

그런데 이렇게 강력한 펜타닐이 길거리에서는 코카인이나 헤로인과 섞여 마구잡이로 팔린다. 사용자들은 주사나 직접 흡입 등의

시중에 유통되고 있는 펜타닐 패치의 모습.

방식을 통해 펜타닐을 단숨에 복용한다. 또한 합성 마약인 펜타닐은 100배 약한 헤로인보다 가격은 훨씬 저렴하기 때문에 판매상들이 펜타닐을 헤로인으로 속여 팔기도 한다. 물론 마약 판매상도 고객들을 꾸준히 유지하려 할 테고 마약 사용자도 죽고 싶진 않을 테니 치사량을 넘기지 않으려고 노력하겠지만, 치사량이란 건 어디까지나 대략적인 평균치일 뿐이다. 이러다보니 현재 미국에서 일어나는 약물과다복용 사망 사고의 80퍼센트가 펜타닐을 포함한 합성 오피오이드로 인해 발생한다.

12장과 13장에서 말한 '사회문제의 본질적 해결'은 여전히 중요한 이슈지만, 펜타닐쯤 오면 일단 무분별한 복용을 막는 것부터 선행돼야 한다. 만약 경제와 복지 같은 사회문제가 가장 큰 원인이라면 빈곤층이나 특정 인종에서 희생자가 집중적으로 발생해야 한다. 하지만 오피오이드로 인한 사망 사고는 공산주의보다도 공평하다. 취약계층이 상대적으로 더 큰 타격을 받고 있긴 하지만, 인종, 세대, 지역을 가리지 않고 사망률이 치솟았다. 미국 10대의 가 이를 잘 보여주는데, 최근 몇년간 마약 사용자 수가 줄었음에도 사망자 수는 오히려 폭증했다. 이제 미국 50대 이하 사망 원인 1위는 질병을 다 포함해도 약물과다복용이다. 심장병이나 암, 코로나보다도 마약으로 인한 사망자가 더 많다.

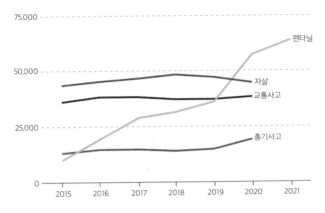

미국 내 청년층(18~45세) 사망 원인 추이

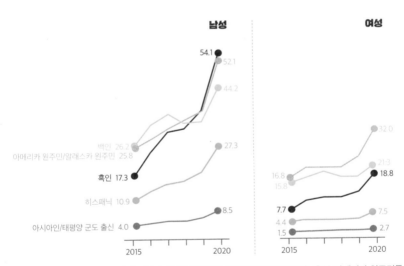

미국인 10만 명당 약물과다복용으로 인한 사망자 비율(연령 보정). 흑인, 아메리카 원주민들이 상대적으로 사망률이 더 치솟긴 했지만, 인종을 가리지 않고 모두 사망자가 폭증한 것을 확인할 수 있다.

마약과의 전쟁 혹은 동거

마약 문제가 수그러들지 않자 각국은 자신들의 상황에 맞게 다양한 대책을 내놓고 있다.

2017년 '오피오이드와의 전쟁'을 선포한 미국의 상황부터 보자. 일단 주 정부와 카운티 등 4,000여 개의 지자체가 현 오피오이드 확산에 직접적인 연관이 있는 제약회사와 의약품 유통업체들을 상대로 소송을 진행 중이다. 오피오이드 사태의 문을 연 제약회사 퍼듀파마는 45억 달러(5조 5,000억원)의 합의금을 약속하고 파산했다. 존슨앤드존슨Johnson & Johnson [1] 역시 펜타닐 중독의 위험성을 축소한 혐의로 50억 달러의 벌금을 내기로 합의했다.(9년간 분할 납부하기로 해 파산은 면했다) 매케슨 등 유통회사들 역시 불법유통되는 것을 묵인했다는 명목으로 벌금을 맞았다. 규모가 큰 만큼 벌금 역시 더 많았는데 그 금액이 210억 달러(한화 27조 원)에 달한다. 소송이 진행 중인 지자체가 남아 있어 벌금 규모는 앞으로 더 커질 수도 있다. 회수된 벌금은 오피오이드 중독 치료와 예방에 쓰일 예정이다. 정부는 문제가 된 처방전 남발에 대해서 앞으로 더 철저하게 관리한다는 방침이다.

물론 이미 중독된 이들은 아무리 처방을 막아도 어떻게든 약을 구해 투약할 것이므로, 쇼크 발생 시 대처할 수 있는 방안도 필요하

---

[1] 펜타닐을 개발한 얀센은 존슨앤드존슨의 제약 부문 계열사다.

다. 대표적인 것이 날록손Naloxone이다. 날록손은 오피오이드가 몸에 흡수되는 걸 즉각적으로 방해하는 약물로 과복용한 이들의 생명을 구할 수 있다. 현재 미국 대부분 관공서와

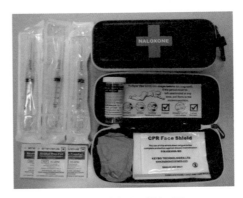

오피오이드 급성 중독을 막아주는 날록손 키트.

사람들이 많이 모이는 장소에는 대부분 날록손 키트가 비치되어 있다. 물론 그 날록손을 제작하는 곳 역시 거대 제약회사지만…… 뭐, 세상은 원래 그런 곳이니까.

또 다른 흐름도 있다. 마약을 일부 합법화하거나 비범죄화 하는 것이다. 대마초 합법화는 이제 익숙해져서 특별한 뉴스도 아니다. 우루과이, 캐나다, 멕시코, 태국, 미국 일부 주가 전면 합법화를 선언했으며, 그 외에도 유럽과 라틴아메리카, 오세아니아의 상당수 국가들이 대마초를 비범죄화(합법은 아니지만 소유하거나 사용해도 처벌하지 않음) 했다.

대마초 합법화에는 여러 가지 맥락이 존재한다. 일단 20세기 후반부터 대마초에 대한 연구가 활발해지면서 오명을 벗었다. 유해함이 적고, 오히려 특정 질병 치료에 도움을 주거나 가벼운 진통 효과로 중환자들의 긴장을 풀어주는 등의 장점이 알려진 것이다.

경제적인 이점 역시 무시하지 못한다. 우리가 기호식품인 술과 담배를 구입하기 위해 지불하는 금액의 절반 이상이 세금이다. 마찬가지로 대마초를 합법화한다면 꽤 짭짤한 세원이 될 수 있다. 국가 경제의 수도권 집중화로 인해 언제나 돈에 쪼들리고 있는 지방 정부 입장에서는 충분히 탐낼만한 금액이다. 한국에서도 대마 합법화에 가장 적극적인 곳이 경북 안동시다. 안동에는 국내 최대 규모의 대마밭이 있다.

마지막이 하드드럭과의 차별화다. 금주법 시대에 봤듯이, 하드드럭이건 소프트드럭이건 모두 불법이면 시간이 지남에 따라 마약 사용자들이 점점 더 가성비(?)가 좋은 하드드럭으로 쏠리는 경향이 나타난다. 이를 방지하기 위해 신체에 해가 적고 사고의 소지가 적은 대마초 같은 소프트드럭을 허용해주는 것이다.

일부 국가에서는 한발 더 나아가 하드드럭까지 합법화하기도 한다. 라틴아메리카는 미국 아래 위치한 덕분에 사실상 미국의 마약 공급기지 역할을 하고 있다. 당연히 막대한 수익이 발생한다. 그래서 공권력이 아무리 마약식물 재배와 생산을 막고 마약판매를 근절하려고 해도 할 수가 없다. 왜냐면 마약을 만들면 너무도 큰돈을 벌 수 있으니까. 그리고 큰돈을 번 카르텔은 국가에 버금가는 군대를 만들어 국가에 대항한다. 합법화 논리는 여기서 나온다. 마약을 합법화하면(지금 논의하는 것은 코카인이다) 공식적인 산업이 되므로 국가가 생산 라인을 통제해 카르텔들의 힘을 약화시킬 수 있다. 또한 중독자를 파악하고 이를 관리하는 시스템을 만들 수 있다. 장기적으로는 중독자를 줄일 수 있고, 또한 마약사범으로 분류되는 젊은 사람들을 구제함으로써 사법시스템이나 교도소 등에 들어가는 재원을 줄여 다른 분야에 활용할 수 있다. 포르투갈의 사례에서 봤듯이 어느 정도 현실성 있는 정책이다. 물론 모든 것이 계획대로 진행된다면 말이다.

이 법안이 정말로 의회를 통과해 정식 정책이 될 수 있을지는 조금 더 지켜봐야 한다. 라틴아메리카에는 미국이라는 거대 변수가 너무 가까이 있어 함부로 정책을 시행하기도 어렵고, 시행한다 해도 유럽과는 전혀 다른 결과가 날 수도 있다. 현재 라틴아메리카에는 진보 정권이 차례로 들어서고 있다. 제2의 핑크타이드라 불리는 이 좌파 연대가 새로운 정책으로 라틴아메리카의 고질적인 마약 문제를 해결하고 미국과의 관계를 재정립할 수 있을지 궁금하다.

공공장소에서 당당히 마약을 복용한다

조금 특별한 정책도 있다. 선진국 일부 도시에는 '슈퍼바이즈드 인젝션 사이트 Supervised injection site'가 존재한다. 한국어로 굳이 번역하자면 '주사를 지도하는 곳(이하 주사사이트)' 정도 되겠다. 시나 정부 차원에서 공식적으로 만든 마약 사용 장소다.

하드드럭의 가장 큰 문제는 과다복용으로 인한 사망사고 혹은 부작용의 발생이다. 해당 시설은 보통 유동인구가 많은 번화가에 위

캐나다 주사사이트의 모습. 마치 독서실 같다.(왼쪽) 마약 사용자가 필요한 물품을 챙겨 조용히 마약을 즐긴다.(오른쪽)

치해 있고, 누구든 편하게 마약을 가져와서 복용할 수 있다. 신원을 밝힐 필요도 없다. 이곳에는 일회용 주사기와 날록손을 비롯한 각종 장비들이 구비되어 있고, 의료진도 상시 대기중이다. 사용자가 원한다면 의료진이 마약을 줄여나가는 방법에 대해 조언해주기도 한다. 네덜란드의 해악감소 정책과 일맥상통한다.

주사사이트는 현재 독일(25곳), 네덜란드(25곳), 스위스(14곳), 스페인(13곳), 프랑스(2곳), 포르투갈(2곳), 호주(2곳) 등지에서 운영 중이다. 여러분은 어떻게 불법적인 약을 하는 공공장소가 존재할 수 있냐고 의아할지도 모르겠다. 당연히 해당 시설이 있는 국가들 역시 마약이 불법이다. 하지만 이런 시설이 존재하면 약물남용으로 인한 사망률을 크게 줄일 수 있다.

물론 반대 의견도 만만치 않다. 유동인구가 많은 곳에 이런 장소가 있으면 마약에 대한 시민들의 경각심이 흐트러질 수 있다. 당장 마약 사용자 몇 명의 목숨은 구할 수 있을지 모르겠지만, 장기적으로 보면 오히려 마약 문화를 확산해 사회 전반적으로는 나쁜 영향을 끼친다는 것이다(증명하긴 어려운 주장이지만 무슨 말인지 이해는 된다).

더 큰 문제는 시설 주변이 미관상 아름답진 않다는 것이다. 그게 뭐가 그리 큰 문제인가 싶겠지만 어쩌면 가장 큰 문제일 수 있다. 시민들의 눈에 일단 그 장소가 들어오니까. 머리로는 정책의 효용을 이해한다 해도 보는 순간 꺼려질 수 있다. 남용 문제가 심각한 미국에서도 시민단체 주도로 수차례 주사사이트를 개설하려고 했으나 번번이 실패한 이유도 결국 대중 정서와 맞지 않았기 때문이다.

2022년 캘리포니아 주의회는 진보적 의원들의 주도로 주사사이트 설치 법안을 통과시켰지만, 주지사의 반대로 실패했다. 캘리포니아 주지사 게빈 뉴섬Gavin Christopher Newsom은 민주당 소속이고 그중에서도 진보적인 이미지의 정치인이기에, 정책을 추진한 이들의 실망은 매우 컸다. 사람들은 뉴섬이 대통령 선거 출마를 염두에 두고 시민들의 눈 밖에 나지 않기 위해 해당 법안을 거부했다고 평가하고 있다.

이해가 안 되는 것은 아니다. 상상해보라. 마약 사용자의 목숨을 구한다는 명목으로 강남이나 홍대 한복판에 합법적으로 마약을 하는 곳이 생기는 것을 당신은 받아들일 수 있겠는가? 실제 설문을 안 돌려봐서 결과는 알 수 없지만, 찬성이 과반을 넘기는 어려울 것 같다. 설혹 과반을 넘는다고 해도 퀴어 퍼레이드에서 보듯이 반대하는 이들이 죽자고 달려들 것이 뻔하다. 미래가 있는 정치인이 짊어지기에는 쉽지 않은 짐이지.

　주사사이트 반대자들을 보면서 우리의 목적이 무엇인지에 대해 다시금 생각해보게 된다. 과연 우리가 원하는 것은 마약 사용자들을 구하고 사회를 더 건강하게 만드는 것인가? 혹은 보기 싫은 것을 단순히 눈앞에서 치우는 것인가? 전자라고 믿고 싶은데, 어쩐지 후자가 목적인 이들이 더 많은 것 같아 씁쓸하다.

　합성 오피오이드(펜타닐)로 인한 사망 급증, 애더럴의 일상화, 소프트드럭(대마초) 합법화…. 이런 흐름은 동시다발적으로 벌어지고 있다. 이제 우리는 마약이라는 단순한 범주에서 벗어날 때가 됐다. 대마초나 애더럴을 하는 것과 하드드럭을 하는 것은 완전히 다른 문제다. 펜타닐의 확산으로 인류는 약물남용에 대한 새로운 단계로 진입했다. 우리가 방치하는 사이 피해는 어느새 눈앞으로 다가왔다.

16.
실전,
영화 속 마약을 찾아서

이제까지 이론을 충분히 익힌 독자들을 위해 마지막으로 실전을 준비했다. 실전이라고 마약을 직접 하는 건 아니고, 마약을 다룬 영화를 보면서 복습을 하는 시간이다.

마약은 영화의 단골 소재다. 이제는 고전이라 할만한 〈트레인스포팅〉부터, 2015년 1,000만 관객을 동원한 영화 〈베테랑〉까지! 〈도어즈〉, 〈라스트 데이즈〉, 〈에이미〉[1] 같이 요절한 천재 아티스트들을 다룬 영화에서는 마약이 주인공이나 다름없다. 〈시계태엽 오렌지〉,

---

1   순서대로 짐 모리슨Jim Morrison, 커트 코베인Kurt Cobain, 에이미 와인하우스Amy Winehouse를 다룬 영화.

내용은 단순하다. 한국계 미국인 해롤드와 인도계 미국인 쿠마가 스트레스로 가득 찬 하루를 보낸다. 그리고 퇴근해서 함께 대마초를 피운다. 대마초에 취해 기분이 너무 좋아진 그때, TV에서 햄버거 체인 '화이트캐슬'의 광고가 나온다. 갑자기 햄버거가 너무 먹고 싶어진 그들은 한밤중에 24시간 영업하는 화이트캐슬을 찾아 나선다.

이게 영화 내용 전부다. 물론 코미디 영화니까 화이트캐슬을 쉽게 찾아가진 못하고 중간에 온갖 소동에 휩쓸린다. 이런 해프닝이 전형적인 약빤 코미디 장르의 스토리.

이 영화는 저예산 B급 영화답게 작품성이 좋거나 완성도가 훌륭하진 않다. 저예산 B급 영화가 완성도가 높다면, 그건 더는 B급이 아니겠지.

대신 이 책의 복습 교재답게 마리화나의 특징을 명확하게 보여준다. 진정제의 성격과 환각제의 성격이 스토리에 맞게 적절하게 들어가 있다. 갑자기 햄버거를 미친 듯이 먹고 싶어진다는 기본 설정도 식욕을 돋우는 마리화나의 특징을 이용한 것이다.

포스터부터 병맛.

이 영화는 미국에서 의외의 흥행 대박을 기록해, 3편까지 시리즈로 제작됐다. 하지만 2편부터는 이야기가 너무 막장으로 치달아서 1편 같은 현실 감각은 없다.

이 영화를 즐겁게 보기 위해서는 관객도 약빤 상태면 좋다. 물론 한국에서는 불법이니까 대신 술에 취한 상태로 관람하는 걸 추천드린다.

〈드럭스토어 카우보이〉 안전한 인생을 찾아서

원제: 〈Drugstore Cowboy〉

개봉: 1989년

등장 마약: 옥시콘틴, 모르핀, 하이드로몰폰[3], 데메롤[4], 코카인, 메스암페타민

영화의 배경은 1970년대. 마약을 구하기 위해 약국을 터는 네 명의 젊은 중독자들이 있다. 영화의 주인공은 리더 '밥'. 이들의 수법은 단순하다. 나머지 멤버들이 약국을 시끄럽게 만들어 약사의 시선을 끄는 사이 리더인 밥이 약을 챙기는 거다.

'약국을 터는 마약쟁이'라는 설정은 의미심장하다. 실제로 약물중독자

---

3   영화 속에서 중독자들이 최고의 마약이라고 꼽는 약. 모르핀보다 여섯배 강한 효과가 난다.

4   진정제, 모르핀 대용으로 쓰임

중 절반 이상이 불법 마약이 아닌 합법적인 약물에 중독되어 있다. 불법 마약이 약물중독에서 차지하는 비율은 3분의 1 정도밖에 안 된다. 일상에서 쉽게 처방되는 약도 남용하면 마약이 되고, 우리가 꺼리는 마약도 정량만 지킨다면 치료약이 된다.

이들이 약국에서 노리는 약은 대부분 진통제와 마취제. 각성제도 영화에 살짝 등장하지만, 양귀비를 베이스로 하는 진정제가 메인 마약이다. 이들은 이를 '블루(옥시콘틴의 은어)'라고 부른다.

진정제의 효과로 주인공 그룹은 항상 느릿느릿하다. 눈도 멍하게 풀려 있다. 약을 훔칠 때를 제외하면 그들은 온종일 집 안에서 약만 하고 있다. 많은 이들이 마약중독자에 대해 오해하는 것 가운데 하나가 그들이 무언가를 하기 위해 마약을 한다고 생각하는 것이다. 하지만 대부분 중독자는 아무것도 하지 않는다. 아무것도 하지 않기 위해 아무 생각도 하지 않기 위해 마약을 한다. 그들은 평범한 사람의 시선에서는 하등 쓸모없는 존재들이다.

하지만 주인공 밥은 다르다. '내가 마약중독자가 된다면 이 정도는 돼야지' 싶은 캐릭터다. 그는 일단 마약에 대한 충분한 지식을 가지고 있다. 그러니 약국의 수많은 약 중에 효과를 내는 약만 골라서 털 수 있다. 그리고 약의 효능도 제대로 알고 있고, 멤버들의 상태에 따라 안전한 복용량도 알고 있다. 주인공이 이렇게 철저할 수 있는 이유도 이들이 약국 약을 사용하기 때문이다. 길거리 마약은 성분이 제각각이라 정확한 양을 조절하기가 어렵지만, 약국 약은 약효가 일정하다. 사용 설명도 친절히 적혀 있다.

또한 밥은 마약을 복용하는 것보다 마약을 훔치는 일, 그 자체에 중독되어 있다. 그래서 다른 멤버들이 무기력하게 퍼져 있는 동안, 늘 다음 계획을 세운다. 그래서 그는 멤버 중 유일하게 각성마약(메스 암페타민, 영화 속에서는 '스피드'라고 부름)을 투여하기도 한다.

〈드럭스토어 카우보이〉는 실제 마약중독자였던 제임스 포글James Fogle의 자전적 소설을 영화화한 작품이다. 그래서 마약을 다룬 어느 영화보다 마약중독자들의 버릇, 생활 방식에 대한 디테일이 살아 있다.

가령 주인공의 여자친구가 주인공을 대놓고 성적으로 유혹하는 장면이 있는데, 주인공은 이를 완전히 무시하고 마약을 훔칠 궁리만 한다. 개그 요소가 살짝 포함된 장면이지만, 실제 마약중독자 중 일부는 섹스에 완전히 무관심해진다. 마약의 쾌감이 다른 쾌감들을 모두 삼켜버린 것이다.

영화의 분위기는 등장인물들의 상태와 비슷하게 느릿하고 우울하다. 최근 마약을 다룬 영화들은 빠른 편집을 통해 쾌감을 형상화하는 경우가 많은데, 실제 마약중독자들의 삶은 이 영화에 훨씬 가깝다. 겉에서 보면 아무 일도 없이 지루하고 느리다.

영화에서는 마약의 폐부를 찌르는 멋진 대사들이 무심하게 툭툭 지나가는데, 이를 옮기는 것으로 소개를 마친다.

(밥에게 다른 마약중독자들을 위해서 상담사를 해볼 생각이 없냐고 묻자 이를 거절하며) 일단은 어느 누구도 중독자를 말로 도울 수는 없어요. 몇 년 공들여도 언젠간 다시 빠져버리죠. 마약이 아니더라도 알코올, 본드, 휘발유, 그것도 아니면 머리를 총으로 쏜다든가… 아무튼 무언가를 해요. 하루하루 사는 데 압박감을 덜기 위해서요. 신발 끈 묶는 것조차 힘들어지거든요.

우리의 빌어먹을 인생은 앞길을 알 수가 없어요. 그래서 네이딘은 쉬운 길을 택했나 봐요. 다이앤도 그 길을 가고요. 대부분 사람은 한 순간 한 순간 삶이 어떤 느낌일지 모릅니다. 하지만 마약중독자는 알아요. 병의 라벨만 보면 되니까요. 내용을 읽을 줄만 알면 자신이 어떤 기분이 될지 알 수 있죠.

〈더 울프 오브 월 스트리트〉 찬양하라, 태초에 돈이 있나니!

원제: 〈The Wolf of Wall Street〉

개봉: 2013년

등장 약물: 코카인, 대마초, 모르핀, 애더럴, 자낙스[5], 쿠알루드[6]

1990년대 주식투자자로 월 스트리트를 호령했던 조던 벨포트

5   수면제, 신경안정제 등으로 처방되지만, 향정신성 물질로 남용의 문제가 있는 약물
6   수면제, 진통제, 근이완제로 만들어졌지만, 마약성이 짙어 현재 금지된 약물

Jordan Belfort의 자서전을 바탕으로 한 영화다.

주인공 벨포트는 주식 중개로 돈을 미친 듯이 번 사람이다. 모든 주식시장이 그렇듯이 누군가는 그에게 호구 잡혀 돈을 잃었겠지만, 그가 신경 쓸 일은 아니다. 그는 자신의 삶을 이렇게 정리한다.

> 페라리, 수영장과 테니스장이 딸린 주택,
> 슈퍼모델 와이프, 수많은 애인 그리고… 마약

성공한 백인이니 당연히 주 마약은 코카인, 시도 때도 없이 빨아들인다. 코카인의 다양한 흡입 방법을 볼 수 있는데, 드물게 2인 1조로 항문으로 흡입하는 장면도 나온다. 하지만 주식시장은 코카인만으로 살아갈 수 있는 만만한 곳이 아니다. 뭐가 더 필요할까? 정보? 안목? 인맥?

아니, 더 많은 마약이 필요하다. 영화는 마약 이름을 줄줄이 나열하며 시작한다.

> 자낙스는 바쁜 나를 여유롭게 해주고, 코카인은 활기를 불어넣고,
> 모르핀은 뭐… 그냥 끝내주지.

각 계열의 단점을 다른 계열 마약으로 보완하며, 마치 모든 영양소를 알약으로 챙겨 먹는 현대인처럼, 각 상황에 따라 마약을 처방한다. 이런 블랙코미디적인 요소가 폭발하는 장면이 있다. 쿠알루드

를 먹고 정신이 늘어지고 몸에 마비가 온 주인공이 음식이 목에 걸린 친구를 구하기 위해 서랍장으로 기어가 코카인을 코에 털어 넣고 갑자기 슈퍼맨이 돼서 동료에게 심폐소생술을 시도하는 장면. 보고 있으면 끔찍함의 비명과 어이없는 웃음이 동시에 터진다.[7]

영화는 끊임없이 약을 하고, 술을 마시고, 성매매 여성들과 섹스를 하고, 모든 것이 중독이다. 자위, 섹스, 알코올, 마약, 주식, 주인공의 삶은 그 모든 일탈로 점철되지만, 영화에는 그 모든 걸 우습게 만들어 버리는 중독의 끝판왕이 등장한다. 바로 '돈' Money!

다른 건 아무것도 아니다.

> 스물여섯 살, 종합증권회사의 수장, 재산 4,900만 달러(600억 원). 이 숫자는 날 부끄럽게 하지. 왜냐면 일주일에 100만 달러(13억 원)밖에 못 벌었다는 소리니까.

돈은 돈을 벌고, 영화는 폭주 기관차처럼 질주한다. 관객은 처음에는 그들을 비웃고, 미국의 금융 시스템을 비웃는다. 그러다 전혀 예상 못 한 순간 벼락같은 반전이 찾아온다. 영화 후반부, 주인공이 은퇴 선언을 하려다 번복하는 연설 장면이 있다. 그런데 이 어이없는 장면에서 관객은 감동을 받는다. 나는 눈물이 났다.

---

7   물론 현실에서 이런 상황은 전혀 웃긴게 아니다. 헤로인이나 펜타닐 등 진정제가 유독 사망사고가 많은 이유 중 하나가 토사물이 기도를 막아서다. 자기가 토한 줄도 모르고 헬렐레 하다가는 거지.

그 순간, 이제까지 엉망진창으로 달려온 주인공의 삶이 놀랍게도 숭고해 보인다.

그때 관객은 알게 된다. 사실은 자신도 부자들을 엿 먹이면서 주인공처럼 거리낌 없이 살아보고 싶다고, 모든 것이 중독이고 모든 것이 무너져 내리겠지만, 한번쯤은 저렇게 되고 싶다고, 자신도 돈에 중독된 늑대임을, 우리 모두가 미쳐있다는 진실을 직면한다.

이 영화는 한물간 마틴 스코세이지Martin Scorsese가 왜 여전히 거장인지를 입증하는 작품이며, 또한 레오나르도 디카프리오Leonardo DiCaprio의 인생연기를 볼 수 있는 작품이기도 하다. 디카프리오는 이 영화를 통해 꽃미남 배우에서 명배우가 되었다. 하지만 고명한 아카데미는 이 위대한 연기에는 시큰둥했다가, 고작 곰이랑 싸우는 영화를 찍자 그에게 오스카상을 줘버렸다.[8] 심사위원들이 약을 빨지 않고서야 어떻게 그런 판단을 내릴 수 있었는지 아직도 이해할 수 없다.

8 여기서 말하는 영화는 2015년 개봉한 〈레버넌트: 죽음에서 돌아온 자〉

〈마이너리티 리포트〉 같은 미래 사회를 다룬 영화에도 등장한다. 영화에는 극적인 전개를 위해 일상에서 체감하는 것보다 마약이 훨씬 자주 등장한다. 해보지도 않았는데 친숙하게 느껴진다. 그래서인지 이제는 〈브레이킹 배드〉, 〈나르코스〉, 〈수리남〉 같은 마약을 메인으로 내건 드라마까지 나온다.

이런 수많은 마약 관련 작품 가운데, 재미있으면서도 생각할 거리가 많은, 하지만 국내에선 크게 흥행하지 못한 영화 여덟 편을 선정했다. 드라마는 일단 제외했다. 시간은 금이니까.

〈해롤드와 쿠마〉 피곤한 일과 후 대마초 한 모금

원제: <Harold & Kumar Go To White Castle>

개봉: 2004년

등장 약물: 마리화나

미국에서 마약은 영화에서나 등장하는 범죄용 소품이 아니다. 주변에서 실제로 볼 수 있다. 특히 마리화나는 너무 흔하다. 자신은 안 피운다고 하더라도 주변에 마리화나 피우는 사람이 한 명씩은 있게 마련이다. 우리가 담배에 익숙한 정도로 익숙하다. 그러다 보니 미국에는 '약빤 코미디stoner comedy 2'가 하나의 영화 장르로 자리 잡았다. 〈해롤드와 쿠마〉는 이런 약빤 코미디의 대표작이다.

---

2   마리화나를 한 몽롱한 상태에서 일어나는 해프닝을 다룬 B급 코미디 영화

〈레퀴엠〉 마약 영화의 종결자

원제: 〈Requiem For A Dream〉

개봉: 2000년

등장 약물: 엑스터시, 코카인, 헤로인, 메스암페타민, 대마초

※ 경고 : 이 영화는 충격적인 장면과 보는 이의 기분을 바닥 끝까지 떨어뜨리는 내용을 다수 포함하고 있다. 안 봐도 괜찮다. 정말이다. 물론 이렇게 썼기 때문에 당신은 이 영화만은 굳이 찾아보겠지.

레퀴엠은 마약의 정석이라 할 만한 영화다. 역사를 제외하고, 내가 다룬 거의 모든 내용이 영화 안에 부분적으로 녹아 있다. 이 책을 이 영화를 제대로 이해하기 위한 안내서라고 해도 과언이 아니다.

일단 각성제, 진정제, 환각제가 모두 등장한다. 그리고 마약을 복용하기 전, 복용하는 과정, 복용한 뒤의 효과까지 자세히 보여준다. 그러면서도 지금 복용하는 마약이 어떤 마약인지는 정확히 알려주지 않는다.

누군가는 불친절하게 느낄 수도 있지만, 이름을 알려주지 않기 때문에 이 영화는 훌륭한 연습문제가 된다. 상황과 이미지만 보고 어떤 마약인지 맞혀보는 놀이를 할 수 있다. 원고를 준비하면서 여러 차례 돌려

봤는데, 맞혔을 때 쾌감이 장난이 아니다. 일단 영화 전체를 쭉 보고, 다시 볼 때는 어떤 마약인가 맞히면서 봐라. 영화를 처음 보는데 주인공들이 영화 속에서 복용하는 마약이 무엇인지 바로 알겠다면, 여러분은 이제 약쟁이…가 아니라 하산해도 좋다.

영화는 마약중독뿐 아니라 TV중독, 설탕중독, 다이어트중독을 다루면서 중독의 경계를 묻는다. 왜 인물들이 중독에 빠지는지, 왜 그들이 벗어날 수 없는지, 마약금지 정책이 그들을 어떻게 나락으로 떨어뜨리는지, 이 책의 내용을 복습할 수 있다. 무엇보다 점점 수렁으로 빠져드는 주인공들을 보면서 이 책에선 얻을 수 없는 마약에 대한 확고한 경각심도 얻을 수 있다.

그리고 그냥 영화 자체가 재밌다. 재밌다는 표현은 전혀 어울리지 않는 영화지만, 그래도 재밌는 건 재밌는 거지. 음악도 편집도 연출도 모두 마약에 맞춰져 있다. 이런 박자감이라니! 완급 조절이 완벽하게 마약한 느낌이다. 영화 내용이 고통스러워 중간에 끄고 싶은데, 끝까지 보게 되는 중독성 있는 영화다. 영화의 장면마다 할 말은 많지만, 당신의 퀴즈 푸는 즐거움을 위해 스포일러는 하지 않겠다.

〈아메리칸 메이드〉 현실의 포레스트 검프

원제: 〈American Made〉

개봉: 2017년

등장 약물: 코카인

〈아메리칸 메이드〉는 마약을 하는 영화는 아니다. 마약을 하는 인물들이 등장하긴 하지만 중요하진 않다. 이 영화는 마약을 라틴아메리카에서 미국으로 가져오는 운반책이 주인공인 영화다. 주인공 배리 씰Barry Seal은 민간 항공사의 기장이다. 어느 날 CIA가 찾아와 국가가 공식적으로 할 순 없지만 해야만 하는 불법적인 일을 대신해달라고 요청한다. 삶이 무료하던 주인공은 CIA의 제안을 받아들이고 임무를 수행한다. 그리고 그 대가로 큰돈을 벌게 되고, 점점 더 많은 불법적인 일을 하고, 점점 더 많은 돈을 벌게 된다.

영화는 이 과정에서 미국이 라틴아메리카의 공산정권을 엎기 위해 각 국의 반군을 조직하고, 쿠데타를 기획하고, 반군의 마약밀매를 묵인한다. 그 결과 라틴아메리카에 거대 카르텔이 생겨 사회문제가 되었고, 그러자 이번엔 미국이 그들을 다시 제압하는 아사리

매력이 많은 영화지만, 백미는 엘렌 버스틴Ellen Burstyn의 연기가 아닐까.

판이 벌어진다. 주인공이 이 막장에서 주로 하는 일은, 라틴아메리카에서 만들어진 코카인을 경비행기에 싣고 와 한적한 시골에 떨어뜨리는 것이다.

영화에는 마약을 운반하던 주인공이 실수로 사람이 사는 마을에 코카인 무더기를 떨어뜨리는 장면이 있다. 사람들 머리 위로 코카인이 쏟아져 내린다. 영화적 상상이 섞인 블랙코미디로 보이지만, 실제 현실에서 벌어진 일이다.

영화는 실존 인물을 주인공으로 설정하지만, 영화 속 씰과 현실의 씰은 전혀 다른 사람이다. 현실의 씰은 CIA 비밀 요원이 아니라 단순한 마약 운반책이었다. 그는 CIA에 체포된 뒤 형을 줄여준다는 회유에 넘어가 메데인 카르텔을 체포하는 데 협조한 것뿐이다. 그리고 그 결과 메데인 카르텔에 암살당했다.

개인 비행장과 개인 비행기를 가지고 무기와 마약과 현금을 실어 나르는 주인공.

이 영화는 어두운 〈포레스트 검프〉다. 〈포레스트 검프〉의 주인공이 미국 현대사의 위대한 순간을 모두 스쳐 지나간다면, 〈아메리칸 메이드〉의 주인공은 미국 현대사의 어두운 순간을 모두 지나간다. 미국이 라틴아메리카에서 실제로 벌인 수많은 일이 영화에 쑤셔 넣어져 있다. 영화 속 모든 사건을 현실의 씰이 모두 겪은 건 아니지만, 사건 하나하나는 다른 시간과 장소에서 모두 일어났다.

실제로 미국은 라틴아메리카의 반군을 조직했고, 무기를 공급했고, 그 와중에 마약밀매를 묵인했다. 그리고 그때 생겨난 카르텔을 마약과의 전쟁이란 이름으로 제압하고 있다. 영화는 미국이 저지른 수많은 잘못을 가져와 비비꼰다. 미국이 벌인 마약과의 전쟁이 얼마나 이중적인지를 비웃는다. 그리고 그런 와중에 정신없이 돈을 쌓아가는 주인공은 앞서 소개한 〈더 울프 오브 월 스트리트〉를 떠올리게 한다.

날이 제대로 선 영화다.

〈시카리오: 암살자의 도시〉 나는 누구? 여긴 어디?

원제: 〈Sicario〉

개봉: 2015년

마약 운반책을 다룬 영화를 한 편 봤으니, 그들을 검거하는 공권력을 다룬 영화도 한 편 보자. 배경은 미국과 멕시코의 국경지대, 공권력은 FBI, CIA, 미국과 멕시코의 지역 경찰이다. 영화는 이 각각

의 조직과 마약 카르텔, 각국 정부와 개인의 이해관계에 따라 복잡하게 꼬인 실타래를 따라간다.

주인공은 FBI 요원이다. 그녀는 탁월한 능력으로 멕시코 마약 카르텔을 섬멸하기 위한 팀에 차출된다. 그 팀에는 CIA도 있고, DEA도 있고, 경찰도 있고, 정체불명의 인물도 있다. 하지만 주인공이 포함된 팀의 진짜 목적은 마약 카르텔의 섬멸이 아니다. 현재 미국에 적대적이고 강력 범죄를 일으키는 소노라 카르텔의 우두머리를 제거하고, 적당히 마약을 팔며 미국의 말도 잘 들었던 메데인 카르텔에게 마약밀매 시장을 다시 넘기는 것이다.[9] 팀 안의 정체불명의 인물은 메데인 카르텔 쪽 사람이다. 미국으로서는 마약을 완전히 없애는 것은 불가능하니 차악을 선택하는 것인데, 당연히 미국법과 멕시코법 모두 위배된다. 공권력의 묵인하에 '어쩔 수 없다'라고 주장하는 수많은 범죄 행위가 벌어진다.

영화 시나리오를 공부해본 이들은 알 텐데, 영화는 기본적으로 주인공의 선택에 따라 스토리가 전개된다. 영화 스토리 작법에서

---

9   물론 실제 마약시장은 이렇게 단순하게 조절할 수 있는 게 아니다. 대장 한 명 없앤다고 카르텔이 쉽게 와해되지도 않는다. 그리고 멕시코의 소노라 카르텔과 콜롬비아의 메데인 카르텔은 작동 방식도 시대도 구역도 다르다. 영화적 설정으로 이해하면 될 듯 하다.

주인공은 수동적일 수 없다. 관객이 영화를 볼 때는 주인공이 어쩔 수 없는 선택을 하는 것처럼 보이지만, 돌이켜보면 그 수동적 선택조차 주인공이 한 것이고, 그에 따라 영화가 굴러간다. 주인공은 도망을 칠 수도 있었지만, 도망치지 않고 스토리를 진행한다. 물론 도망치는 것도 주인공의 선택이다.

이 영화의 놀라운 점은 주인공이 완전히 수동적이라는 것이다. 주인공은 능력 있는 FBI 요원이고 정의감도 있지만, 그가 할 수 있는 일은 아무것도 없다. 그때그때 어떤 선택을 내리지만, 이는 영화 전체의 결과에 아무런 영향을 주지 못한다. 국제적 마약조직과 각 국가의 이해 사이에서 한 개인이란 그냥 소모품일 뿐, 어떤 존재감도 드러낼 수 없다. 이런 스토리 전개를 통해 영화는 주인공뿐 아니라 지켜보는 관객에게도 무력감을 선사한다.

선악이 모호한 영화다. 경계가 흐린 정도가 아니라, 아예 기준이 없다. 마약을 공급하는 카르텔이 꼭 나쁜 것도 아니고, 뇌물을 받은 경찰이 좋은 사람이기도 하다. 정의로운 공권력이 꼭 선하지도 않다. 그들은 다만 꼬여 있는 실타래 속에서 자신들이 할 수 있는 일을 하고, 나름의 합리성을 찾아 살아갈 뿐이다. 공권력은 입으로는 마약범죄를 근절하겠다고 말하지만, 자신들조차 그게 불가능하다는 사실을 인정한다. 그리고 적당히 타협한다. 그것이 대의인지는 사람마다 생각이 다르겠지만, 모순이라는 사실에는 변함이 없다.

〈카르텔 랜드〉 마약범죄 아래에서의 삶

원제: 〈Cartel Land〉

개봉: 2015년

등장 약물: 메스암페타민, 코카인, 대마초

마약 사용자도 다뤘고, 마약상도 다뤘고, 운반책도 다뤘고, 그들을 체포하려는 공권력도 다뤘다. 그럼 이제 누가 차례지?

힌트. 가장 중요한 사람.

정답은 마약범죄 아래서 살아가고 있는 평범한 사람들이다. 현재 카르텔 문제가 가장 심각한 멕시코 지역의 주민들은 어떤 삶을 살고 있을까? 현실감을 극대화하기 위해서, 극영화 말고 다큐멘터리를 한 편 보자. 다큐라고 지루할까 걱정할 필요는 없다. 현실은 영화보다 더 다이나믹하니까.

〈카르텔 랜드〉의 주 배경은 멕시코의 미초아칸 지역이다. 미국에서 소비하는 아보카도의 80퍼센트가 이 지역 농장에서 길러지니, 어느 정도 안정적인 경제 기반을 갖춘 곳이라 할 수 있다. 그런데 카르텔의 주도권이 콜롬비아에서 멕시코로 넘어가면서 이 지역에 비극이 찾아온다.

카르텔이 멕시코에 처음 들어왔을 때는 큰 문제가 없었다. 카르텔이 마약을 미국으로 운반하면서 마을 주변에 출몰하긴 했지만, 주민들과 직접 마주칠 일은 별로 없었으니까. 하지만 멕시코 내에서 카르텔 간의 경쟁이 치열해지면서, 카르텔은 지역 주민들을 착취하기 시작한다. 미초아칸처럼 안정적인 농장이 있는 지역을 카르텔이 가만히 놔둘 리가 없지. 그들은 농장주에게 관리비 명목으로 돈을 뜯어 간다. 자신들이 원하는 만큼 돈이 걷히지 않으면 농장에서 일하는 노동자를 살해하거나 가족을 납치한다. 강간도 일상적이다. 이런 일이 있으면 당연히 경찰이 출동해야 하지만 이곳은 시골 오지에 있는 마을이다. 공권력은 한 시간 반 거리에 있지만, 카르텔은 눈앞에 있다.

마뉴엘 미렐레스José Manuel Mireles Valverde는 이 마을에서 작은 병원을 운영하는 의사 선생님이다. 그는 인자하고 쾌활한 50대 후반의 존경받는 노신사다. 그는 가족과 자신의 고향을 지키기 위해 카르텔을 몰아내기로 결심한다. 그는 마을 주민들을 설득해 오토디펜사Autodefensa라는 자경단을 만든다. 카르텔에 가족을 잃거나 피해를 받은 마을 주민들이 그의 계획에 열성적으로 동참한다. 그들은 훈

주민들에게 카르텔과 맞서 싸우자고 연설하는 마뉴엘 미렐레스

련을 하고 총으로 무장한다. 미렐레스는 놀라운 리더십으로 빠르게 밀어붙인다. 지역 주민을 우습게 보고 있던 카르텔은 무방비 상태에서 오토디펜사의 공격을 받고 체포된다. 미렐레스는 마을의 영웅이 되고, 언론을 그를 전국적인 스타로 만든다. 클린트 이스트우드Clint Eastwood 영화에나 나올 법한 영웅의 탄생이다. 머리까지 백발이니 더 비슷해 보인다. 여기까진 아주 훌륭한 스토리다.

자신의 마을을 지키는 정의로운 아버지들.

하지만 현실은 그렇게 녹록지 않다. 자경단은 체포한 카르텔 조직원을 경찰에 넘겼지만, 경찰은 그 중 일부를 처벌하지 않고 그냥 풀어준다. 카르텔이라는 명확한 증거가 없어서인지, 법 절차 때문인지, 카르텔의 뇌물 때문인지는 모르겠지만, 어쨌든 그냥 풀어준다.

풀려난 카르텔은 당연히 동네 사람들에게 복수를 감행한다. 자경단원의 가족을 납치하고 강간하고 죽여버린다. 이러니 자경단원도 힘으로 대항할 수밖에. 이들은 더 이상 카르텔 조직원을 경찰에 넘기지 않고, 자신들이 직접 처형하기로 한다. 폭력에 맞선 폭력. 마을 주민들은 자경단에 열광한다. 카르텔에 신음하던 옆 마을 주민들까지 오토디펜사에 합류하면서 이들의 규모는 점점 커지고, 보호하는 마을도 늘어난다. 카르텔과의 전쟁은 점점 더 치열해진다.

그런데 정부 입장에서는 아무리 카르텔과 싸운다 하더라도 자경단을 인정할 수는 없다. 자신들이 카르텔을 제대로 제압 못한 결과이긴 하지만, 그렇다고 국가 외의 무력 집단을 허용할 순 없지. 심지어 이제 자경단은 살인까지 저지르고 있다. 정부는 오토디펜사에 즉각 무장해제를 요청한다.

자경단 측은 답답해 미칠 노릇이다. 카르텔에 당할 때는 아무 도움도 안 되던 국가가, 목숨 걸고 싸우고 있는 자신들 보고 무장을 해제하라니, 무장을 해제하면 카르텔이 어떻게 나올지는 뻔하다.

결국 카르텔, 자경단, 국가가 서로 다투는 이상한 전쟁이 시작된다. 처음에는 카르텔의 횡포가 심했기 때문에 자경단을 저지하려는 정부는 주민들의 큰 반발을 산다. 주민들의 지지를 등에 업은 오토디펜사는 1년 만에 미초아칸 지역 절반을 카르텔에게서 탈환한다.

그런데 조직이 커지면서 문제가 생기기 시작한다. 이들은 자의로 모인 사람들이고, 강력한 행동 규율이 없다. 그들에겐 오직 분노만 있다. 그들은 카르텔 조직원을 찾아내기 위해 마을을 검문하고, 집을 습격하고, 고문을 자행한다. 그리고 그 중에는 카르텔로 오해를 받은 일반 주민도 섞여 있다. 당연히 불만이 나오기 시작한다.

자경단의 힘이 세지니까, 카르텔 조직원들도 신분을 속이고 자경단으로 들어오기도 한다. 이들은 오토디펜사의 이름으로 잔혹하게 라이벌 카르텔을 숙청하고, 주민을 약탈한다. 그리고 자신들이 기존 카르텔 대신 마약을 판매한다. 낮에는 자경단원이, 밤에는 카르텔이 번갈아 습격하니 주민들은 점점 지쳐간다. 거기에 정부가 카르텔이나 자경단이나 모두 다 범죄자라고 외치니, 민심은 점점 오토디펜사에서 멀어진다.

정부는 해체를 거부하는 오토디펜사에게 지방군에 편입하라는 중재안을 내놓는다. 미렐레스는 "부패한 정부는 믿을 수 없다"며 이를 거부한다. 그러자 정부는 미렐레스를 제치고 자경단 단원에게 직접 지방군에 들어올 것을 회유한다. 아무 대가 없는 자경단 활동에 지친 단원들이 오토디펜사를 떠나 지방군으로 들어간다. 그 중에는 미렐레스의 가장 가까운 친구들도 있다.

이 영화의 결말은 충격적이다. 무엇을 상상하든 현실은 영화보다 더 가혹하다. 오토디펜사는 분열한다. 미렐레스는 조직은 고사하고 자신의 가족조차 제대로 지키지 못하고, 불법무기소지죄로 교도소에 간힌다.[10] 자경단으로 위장한 카르텔은 지방군에 편입된다. 그들은 완장질을 하며 뒤에선 마약을 만든다. 그들은 카메라에 대고 한탄하듯 말한다.

> 어쩌겠어요? 미국으로 가는 마약이 얼마나 해를 끼치는지 알지만, 그렇다고 안 할 순 없잖아요? 우린 가난해요. 우리도 돈 좀 있었다면 당신네처럼 살았겠죠. 당신처럼 세계를 여행하고, 제대로 된 직업도 갖고요. 하지만 그런 거 신경 썼다간 굶어 죽기 십상이죠. 신께서 허락하는 한 이 일을 할 거예요. 신께서 허락하는 한 마약을 만들 거예요. 우린 하루가 다르게 마약을 많이 만듭니다. 수요가 끝이 없으니까요.

---

10 미렐레스는 3년을 교도소에서 보내고, 자신의 지역을 떠나지 않는 조건으로 2017년에 가석방됐다.

이 영화의 시작과 끝을 담당하는 마약제조자들. 현재 멕시코의 아이러니한 상황을 잘 보여준다.

이 다큐멘터리는 공권력이 제대로 작동하지 않는 곳에서 살아남으려는 주민과 자경단 그리고 상황에 맞게 변하는 카르텔을 여과 없이 보여준다. 〈시카리오〉에서 선악의 경계가 없다는 말을 했는데, 이 작품에선 그런 말을 하는 것 자체가 사치다.

'자경단이 옳은가?' 따위의 도덕 논쟁은, 이 땅에 살지 않는 사람이나 하는 지적 허영일 뿐이다. 여기엔 그저 처절한 삶이 있다. 미렐레스는 모든 것이 망가진 후에 자경단을 시작한 자신의 선택을 후회하지만, 그가 어떤 선택을 했어도 결과는 크게 달라지지 않았을 것이다. 그가 어떤 노력을 했어도 좌절했을 것이다. 그것이 진정한 절망이다.

현장감이 살아 있는 작품이다. 쓰러진 카메라 앞으로 진짜 총알

이 날아다닌다. 제작진의 용기에 찬사를 보낸다. 그리고 고통을 받는 모든 이들에게 위로를 전한다. 영화에서 살아남은 이가 지나가듯 읊조리는 대사가 있다. 어쩌면 우리의 상황이 이 대사 같은지도 모르겠다.

우린 운이 좋은 거예요. 일단은요.

〈이카로스〉 우리는 여전히 제국주의자

원제: 〈Icarus〉

개봉: 2017년(극장 개봉 없이 넷플릭스를 통해 공개)

등장 약물 : 경기력 향상 약물(테스토스테론, 생장호르몬, 아나볼릭스테로이드, 스타노졸롤 등)

금지약물에 꼭 마약만 있는 것은 아니다. 또 하나의 금지된 약물, 신체의 능력을 끌어올리는 약물도 있다.

랜스 암스트롱Lance Armstrong이라는 사이클 선수가 있었다. 그는 스물다섯 살에 고환암 말기 판정을 받았으나 이를 극복하고 다시 선수로 복귀해, 1999년부터 2005년까지 '투르 드 프랑스Tour de France' 7년 연속 우승이라는 전무후무한 기록을 세운다. 세계는 영웅의 등장에 열광했다. 하지만 2012년, 그가 지금까지 경기력을 향상시키는 금지약물을 지속적으로 사용해 왔음이 밝혀졌고, 그는 모든 기록을 삭제당하고 선수 자격도 박탈당한다.

이 다큐를 만든 브라이언 포겔 Bryan Fogel 감독은 아마추어 사이클 선수다. 그는 랜스 암스트롱이 선수 시절 300회 이상 도핑검사를 받았음에도 단 한 차례도 금지약물을 사용한 것이 걸리지 않았다는 사실에 주목한다. 감독은 도핑과 도핑 검사에 의문을 품고, 자신의 몸에 약물을 직접 투여하고 경기에 참여해, 도핑 검사에 통과할 수 있는지, 그리고 도핑을 했을 경우 성적을 얼마

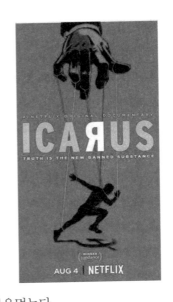

나 끌어올릴 수 있을지 실험하기로 마음먹는다.

당연히 전문가의 도움이 필요하다. 그는 몇 다리를 건너 러시아 반도핑기구(RUSADA)의 책임자인 그리고리 로드첸코프 Grigory Rodchenkov 박사를 만난다. 그의 공식 업무는 약을 투여한 선수를 찾아내는 것이었지만, 지난 10년간 진짜로 해온 일은 러시아 정부의 명령을 받아 러시아 선수들에게 금지약물을 투여하고, 그들이 국제대회에서 도핑 검사를 통과할 수 있게 도와주는 것이었다.

그리고리 박사의 도움으로 포겔은 약물을 투약하고 대회에 출전해 도핑 테스트에 걸리지도 않고, 한 번도 내지 못한 성적을 기록한다. 그런데 여기서 영화는 전혀 의도하지 않은 방향으로 흐른다. 그레고리 박사가 벌인 행각(러시아 선수들의 도핑을 도운 것)이 내부고발자

에 의해 러시아 밖에서 밝혀진다. 그리고 러시아 정부는 그리고리 박사에게 모든 죄를 덮어씌우려고 하면서, 갑자기 장르가 스릴러로 돌변한다.

이 영화는 처음부터 끝까지 충격적 사실이 끊임없이 쏟아진다. 도핑 검사를 속이는 것이 생각보다 쉽다는 것, 러시아는 국가가 주도해서 1980년대부터 꾸준히 금지약물을 선수들에게 투약해왔다는 것, 심지어 패럴림픽에서도 그 짓을 했다는 것, 지난 소치 올림픽 러시아 금메달리스트의 절반 이상이 부정 약물을 투약했다는 것[11]. 그리고 이 사실이 드러나자 러시아는 꼬리 자르기를 시도하고 관련자는 의문의 죽임을 당하고… 보고 있으면 머리가 지끈거리면서 신경 안정제가 필요해진다.

영화는 충격적 사실을 알려주는 것에서 끝나지만 영화가 던지는 질문은 훨씬 거대하다. 이 조작은 단순히 욕심꾸러기 푸틴이 메달 몇 개 더 따려고 벌인 일이 아니다. 그들은 선수들의 육체를 조종함으로써 국민의 정신을 지배하고 세계에 어떤 메시지를 던지려고 했다.

2014 소치 동계 올림픽 당시, 러시아 선수와 심판이 조작까지 해가며 메달에 집착하던 모습 기억나는가? 김연아 선수도 피해를 봤다. 당시에는 그들을 비웃고 말았는데, 이 영화를 보고 다시 생각해보니, 등골이 서늘해졌다.

---

11 이 때문에 IOC는 2018 평창올림픽에 러시아의 참여를 금지했다. 도핑 검사를 제대로 통과한 일부 선수만이 OAR^Olympic Athlete from Russia(러시아에서 온 올림픽 선수) 자격으로 러시아 국기 대신 오륜기를 달고 경기에 참가할 수 있었다.

그런데 러시아가 이렇게 오랫동안 전 세계를 속일 수 있었다면, 다른 나라, 다른 선수도 그럴 수 있었다는 이야기가 된다. 그러면 이제까지 있었던 모든 스포츠 대회를 믿기 어렵다. 단순히 '대회의 신뢰성이 떨어진다' 수준의 문제가 아니다. 사실은 스포츠 대회가 국가간 힘의 각축장이었다는 진실을, 우리가 여전히 제국주의적 환상 속에 살고 있다는 것을 깨닫게 된다.

물론 우리 모두 이 사실을 알고는 있었다. 도핑이 없었다 해도 마찬가지다. 우리는 여전히 제국주의자고, 매 경기마다 국가를 대신할 전사를 내보낸다. 하지만 스포츠정신이니 올림픽정신이니 떠들어대면서 짐짓 모른 척해왔을 뿐이다.

우리 사회가 마약에 갖고 있는 태도도 이와 비슷한 측면이 있다. 도핑을 검사하는 일을 하면서 불법적인 도핑을 도왔던 그리고리처럼, 국가의 통치 아래 우리도 이런 이중성을 너무도 당연하게 받아들인다. 국가는 국민을 휘어잡을 '마약은 아니지만 마약같은 것'을 찾으려고 하고, 그 속의 개인은 '마약은 안 했지만 마약한 것 같은 기분'을 꿈꾼다.

영화 속에는 조지 오웰George Orwell의 말이 반복되어 인용된다.

모두가 거짓을 수용하면, 거짓은 역사의 일부가 되어 진실이 된다.

마약이 문제인가, 사회가 문제인가?

끝이다.

나는 학자가 아니고, 여전히 마약을 잘 모른다. 이 책에 적힌 내용은 대부분 어디선가 훔쳐 왔다. 명품을 잘라서 만든 나만의 누더기 옷이다. 부디 이 패션 감각이 마음에 들었긴 빈다. 이미 여기까지 읽은 거 마음에 안 들어도 별수 없지만.

참고한 자료는 뒤에 따로 정리해두었다. 소재가 소재이다 보니, 서적 자료만으로는 부족해 인터넷의 도움을 많이 받았다. 물론 원문을 찾아 출처를 확인했다. 자료 조사 중에 '카더라' 통신도 많고, 출처가 불분명하거나 서로 말이 충돌하는 경우가 있어서, 사실 여

부를 판단하는 데 품이 많이 들었다.[1] 하지만 그럼에도 오류가 많을 것이다. 아는 척 많이 했으면 좋겠다. 금기에 관한 건, 긍정이든 부정이든 일단 많이 떠드는 게 중요하다고 생각한다.

당연하게도 이 책에 적힌 내용이 마약에 관한 모든 것은 아니다. 나름의 컨셉을 가지고, 이야기를 풀어나가다 보니 모든 부분을 제대로 다루지 못했다. 특히 마약 사용으로 인한 신체적·정신적 위해에 관한 설명이 상대적으로 부족하다. 마약의 위험성에 대해서는 '이미 잘 알고 있을 거 같아 뺐다'라는 얄팍한 변명을 해본다. 여러분이 동의하든 안 하든, 나는 마약 사용을 권하지 않는다.

이 책은 2015년 인터넷 라디오 방송에서 마약 관련 에피소드를 진행하면서 조사했던 내용을 기본으로 하고 있다. 책의 내용이 그렇듯, 당시 방송 내용도 마약 그 자체라기보다는 '국가의 마약 탄압'에 더 초점이 맞춰져 있었다.

방송 직후, 다양한 종류의 피드백을 받았다. 과거 마약 조직에 있었던 사람, 해외에서 마약을 경험한 사람, 가족이 마약에 빠진 사람 등, 마약과 관련된 이들이 많았다. 그중 몇 사람은 직접 찾아와 경험담을 들려주기도 했다. 그들은 처음 만났음에도 자신의 내밀한 이

---

1   의외로 가장 도움이 된 건 대검찰청과 UN이 발표한 공식 데이터였다. 이러니저러니해도 세금은 잘 쓰이고 있나보다.

야기를 마구 쏟아내고 갔다. 어딘가 이야기할 곳이 필요하지 않았
나 싶다. 심지어 이야기만으로는 부족했다 생각했는지 마약을 구해
주겠다고 한 이도 있었다.

물론 그들의 이야기에는 과장이나 허풍이 섞여 있었을 것이다.
하지만 나는 그들의 '가짜' 이야기를 들으면서 방송을 준비할 때보
다 훨씬 더 마약이란 무엇인가에 대해 진지하게 고민할 수 있었다.
왜냐면 그들의 이야기야말로 '진짜'였기 때문이다.

마약의 중독성을 보여주는 유명한 실험이 있다. 좁은 공간에 갇
혀 있는 수컷 쥐에게 '순수한 물(이하 물)'과 '모르핀을 섞은 물(이하 마
약음료)'을 제시한다. 쥐는 물 대신 마약음료를 선택하고, 결국 중독
이 됐다가 어느 순간 죽어버린다. 방법이 조금 다를 뿐 이런 식의 실
험은 지금도 반복되고 있다. 쥐에게 관을 삽입해 약물을 투여하기
도 하고, 원숭이에게 코카인을 제공하기도 한다. 결과는 늘 중독, 그
리고 죽음이다. 이런 실험으로 보여주고자 하는 메시지는 명확하다.
"마약은 위험해!"

하지만 이 연구를 골똘히 바라보던 브루스 알렉산더^{Bruce K. Alexander}
박사와 그의 동료들은 전혀 다른 생각을 했고, 일명 '쥐 공원^{Rat park}
실험'을 설계한다.

쥐 서른두 마리를 두 그룹으로 나눈다. A 그룹은 앞의 실험처럼
수컷 쥐만 좁은 공간에 가둬 놓고, 물과 마약음료를 제공한다. B 그

룹에도 역시 물과 마약음료를 제공한다. 하지만 B 그룹에는 추가로 넓고 쾌적한 공간, 치즈, 놀이기구를 함께 제공한다. 또한 암컷을 함께 생활하게 했다.

A 그룹은 예상대로 마약음료를 선택했고 곧 중독됐다. 하지만 B 그룹은 대부분 마약음료 대신 그냥 물만 마셨다. 마약음료에 당(단맛)을 섞어줘도 같은 결과가 나왔다. 쥐는 사람과 마찬가지로 단맛에 환장한다. 하지만 B그룹 쥐들은 가끔 마약음료를 마셨을 뿐 대부분 평범한 물을 마시며 행복하게 지냈다. 결과적으로 B 그룹은 A 그룹과 비교해 마약음료를 16분의 1만 섭취했다.

실험은 여기서 끝나지 않는다. 사람이 얼마나 잔인한데, 이렇게 행복하게 끝낼 순 없지. A 그룹과 B 그룹의 공간에서 이제 물은 빼버리고 마약음료만 남겨둔다. 그러면 행복한 B 그룹의 쥐들도 어쩔 수 없이 마약음료를 마실 수밖에 없다. 이렇게 57일의 시간이 흘렀다. 두 그룹의 모든 쥐가 마약에 중독되기 충분한 시간이다. 그리고 다시 물과 마약음료 두 가지를 제공한다. 이제 중독이 됐으니 다들 마약 음료를 선택하지 않을까?

A 그룹은 물은 쳐다보지도 않고 마약음료를 마셨다. 당연한 반응이다. 하지만 B그룹은 가끔 마약음료를 다시 찾기는 했지만, 대부분 그냥 물을 마셨다. 일부 쥐는 금단현상을 겪으면서도 마약음료를 찾지 않고 버텼다. 시간이 지남에 따라 B그룹의 쥐들은 마약음료를 찾는 빈도가 점점 줄어들더니 거의 원 상태에 가까워졌다.

알렉산더 박사는 이 실험 결과를 바탕으로 자신 있게 이야기한다.

> "우리에게 좋은 환경이 주어진다면, 우리는 어떤 중독성이 강한 마약이라도 거부할 수 있습니다. 금단현상 또한 우리가 생각하는 만큼 강하지 않아요. 부정적인 주변 환경이 우리가 금단현상을 거부할 수 없는 것으로 느끼게 만들 뿐입니다."

그의 주장은 격렬한 반발을 불러일으켰다. 알렉산더 박사는 이 논문을 《사이언스》와 《네이처》에 게재하려 했으나, 해당 저널들은 '쥐 실험만으로 마약의 안전을 단정할 순 없다'라는 이유를 들어 그의 글을 실어주지 않았다.[2]

나도 알렉산더 박사의 주장이 다소 과격하고 편협한 부분이 있다고 생각한다. 인간은 복잡한 존재고, 이 실험에 반대되는 사례나 실험은 수도 없이 많다. 하지만 우리는 이 실험의 의미를 그냥 무시해서도 안 된다. 우리 주변에는 마약을 지속해서 복용하지만 중독되지 않은 사람들이 생각보다 많이 있다.

중환자들은 치료 기간에 헤로인에 버금가는 아편 계열 진통제를 상습적으로 투여받지만, 그들 중 대다수는 병에서 완치되고 난 후 중독 증세를 겪지 않는다. 베트남전 당시, 참전한 미군의 20퍼센트가 상습적으로 헤로인을 복용했다. 언론은 전쟁이 끝나고 나면 헤

---

2   해당 논문은 《약리생화학행동학회지|pharmacology, biochemistry, and behavior》라는 《사이언스》나 《네이처》만큼 훌륭한 저널에 게재됐다. 그들보다 인지도는 살짝 부족하지만.

실험 당시 쥐 공원의 모습. 이 정도에 만족한 쥐를 존경해야 하는 것인지, 저 정도 환경도 얻지 못한 우리의 삶을 동정해야 하는 것인지….

로인 중독자들이 미국으로 쏟아질 거라고 걱정했다. 하지만 이들 중 95퍼센트는 큰 어려움 없이 헤로인을 끊었다. 중환자도 참전용사도 마약을 하게 했던 직접적 원인이 사라지자 마약을 끊을 수 있었다.

정반대의 경우도 있다. 우리는 스마트폰을 주사기로 투여하지도 않는데, 하루만 스마트폰이 없어도 불안함을 느낀다. 과열된 주식시장의 전기 차단기를 내려버린다면, 당신은 그 자리에서 살해당할지도 모른다. 그들이 주식을 먹고 있는 것도 아닌데 말이다.

우리는 분명 쥐가 아니다. 하지만 더 중요한 건 우리 사회가 쥐 공원 같은 파라다이스가 아니란 것이다.

❖

마르크스^{Karl Marx}는 헤겔의 『법철학 강요』를 비평하면서 "종교는 인민의 아편"이라는 말을 남겼다. 이 말 한마디로 이후 전 세계 공산국가에서 종교가 탄압을 받았다. 끔찍한 일도 많았다.

하지만 "종교는 인민의 아편"이라는 말에서, 아편은 마약이라기보다는 진통제에 가깝다. 실제로 아편은 당시 가장 흔한 진통제였다. 그렇게 보면 공산국가의 종교 탄압은 원인과 결과가 완전히 뒤바뀐 정책이었던 셈이다. "아픈 사람들이 모두 교회에 가는 걸 보니, 교회가 사람을 아프게 하는군" 하면서 종교를 탄압한 셈이니까.

마르크스가 한 말의 정확한 맥락은 "세상이 시궁창 같으니 사람들이 그나마 종교에서 위안을 얻는다"였을 것이다. 그는 좋은 세상이 와서 진통제가 필요 없게 되면, 자연스레 종교가 사라질 것이라 믿었다.

어쩌면 지금 우리 사회의 마약금지 조치도 비슷한 측면이 있지 않을까 하는 생각을 해본다. "힘든 사람들이 마약을 하네. 마약 때문에 힘든가 보다. 마약을 못 하게 해야겠군."

어쩌면 우리는 상황을 완전히 잘못 이해하고 있는지도 모른다.

마지막 인사는 네덜란드 홀스만 보고서의 한 문장을 옮기는 것으로 대신한다.

국가는 국민의 어떤 행위에 대해, 국가 권력이 생각하는 삶의 개념과 맞지 않는다는 이유만으로, 동의하지 못한다는 관점에 서서는 안 된다.

우리의 국가는 그러한가?
아니 그 이전에, 우리는 국가가 그래야 한다고 생각하는가?

참고 자료

* 해당 리스트는 출처를 확인한 1차 자료 뿐 아니라 제가 처음 정보를 얻은 책, 영상, 기사, 인터넷페이지 등을 기억하는 한에서 최대한 정리한 것입니다. 도움을 준 자료들은 훨씬 많은데 기록해두지 않아 적지 못하는 것도 많습니다. 타인이 알아주든 말든 열심히 세상의 지식을 늘려주고 계신 모든 분들께 감사의 인사를 드립니다. 청록색으로 표시한 건 우선적으로 찾아보길 추천하는 자료입니다

책

- 김진, 『세상의 모든 왕들』, 생각비행, 2016
- 문성호, 『마약은 범죄가 아니다』, 한국학술정보, 2008
- 이창기, 『마약 이야기』, 서울대학교출판부, 2004
- 조성권, 『마약의 역사』, 인간사랑, 2012
- 로렌 슬레이터, 『스키너의 심리상자 열기』, 에코의서재, 2005
- 로버트 에반스, 『나쁜 짓들의 역사』, 영인미디어, 2017
- 리처드 랭엄, 『요리본능』, 사이언스북스, 2011
- 마이크 해스킨스, 『사용설명서 마약』, 뿌리와이파리, 2005
- 칼 세이건, 『에덴의 용: 인간 지성의 기원을 찾아서』, 사이언스북스, 2014
- Heinrich Kramer & James Sprenger, 『Malleus Maleficarum』, 1486
- Terence McKenna, 『Food of the Gods: The Search for the Original Tree of Knowledge A Radical History of Plants, Drugs, and Human Evolution』, Bantam, 1993

- 나관중,『삼국지연의』
- 이시진,『본초강목』
- 호메로스,『오디세이아』
- 『성경』
- 『조선왕조실록』

논문, 보고서

- 강준만,「한국 마약의 역사: 왜 한국은 마약 청정국인가?」, 2008
- 신현준,「마약과 대중문화」, 2002
- 이보영·이무선,「마약범죄 처벌의 정당성」, 2012
- 이성형,「미국의 對콜롬비아 마약 전쟁 : 현실주의 외교 논리의 문제점」, 2005
- 조성권,「마약밀매와 환경안보: 콜롬비아의 사례연구」, 라틴아메리카연구, 2010
- 조성권,「멕시코의 정치부패와 마약밀매」, 1998
- 대검찰청,「마약류 범죄백서」, 2016-2021
- 중남미 자원 인프라 협력센터,「콜롬비아 생물다양성 및 생명공학 현황」, 2013
- UNODC,「World Drug Report」, 2017
- David Nutt, Leslie King, Lawrence Phillips, on behalf of the Independent Scientific Committee on Drugs, "Drug harms in the UK: a multicriteria decision analysis", the Rancet, 2010
- David Nutt, Leslie King, William Saulsbury & Colin Blakemore, "Development of a rational scale to assess the harm of drugs of potential misuse", the Rancet, 2007
- Peter A. Lupsha, "Drug lords and narco-corruption: The players change but the game continues", Crime, Law and Social Change, 1991
- Valorie N Salimpoor, Mitchel Benovoy, Kevin Larcher, Alain Dagher & Robert

J Zatorre "Anatomically distinct dopamine release during anticipation and experience of peak emotion to music", Nature Neuroscience, 2011

영상

- Elizabeth Pisani, <The public health advocate shares fresh perspectives on HIV and AIDS>, Ted, 2010
- Johann Hari, <Things you did not know about addiction>, Ted, 2015
- <강철비>, 2017
- <아마존의 눈물>, 2009
- <2017 외교통일위원회 국정감사>, 2017
- <American Made>, 2017
- <Cartel Land>, 2015
- <Dirty Money>, 2018
- <Drugs Inc>, 2010
- <Drugstore Cowboy>, 1989
- <Harold & Kumar Go To White Castle>, 2004
- <Icarus>, 2017
- <Kill Your Darlings>, 2013
- <Narcos>, 2015
- <Requiem For A Dream>, 2000
- <Sicario>, 2015
- <South Park, season14>, Comedy Central, 2010
- <The Wolf of Wall Street>, 2013
- <Wormwood>, 2017

기사, 칼럼 등

- 금태섭, 「마약, 의지력보다 강한 치명적 중독」, 《한겨레21》, 2012.05.04
- 김태일, 「신종 환각제 '해피벌룬'을 아십니까?」, 《일요시사》, 2017.10.24
- 박정란, 「마약, 밀수, 강력범죄로 얼룩진 북한사회」, 《월간북한》, 2013.09
- 이석원, 「다크웹과 불법거래의 흥망성쇠」, Tech Holic, 2016.08.09
- 이정환, 「담배를 피우느니 대마초를 피우는 게 낫다고?」, 《슬로우뉴스》, 2014.07.16
- 조갑제, 「히로뽕 지하제국 탐험」, 《월간조선》, 1983.12
- 황준범, 「미 50만명 과다복용 사망 진통제 '오피오이드' 소송 29.9조원 합의」, 《한겨레》, 2021.07.22
- Alfred W McCoy, "How the heroin trade explains the US-UK failure in Afghanistan", the Guardian, 2018.01.09
- Arianna Yanes, "Just say yes? The rise of 'study drugs' in college", CNN, 2014.04.18
- Anna Wilcox, "Marijuana Deaths: How Many Are There?", HERB, 2016.01.12
- Gavin Haines, "The 'wanderlust gene'-is it real and do you have it?", The Telegraph, 2017.08.03
- Izhar Ullah, "Smoking dead scorpions is KP's latest dangerous addiction", DAWN, 2016.04.15
- James Risen, "Suit Planned Over Death of Man C.I.A. Drugged", The New York Times, 2012.11.26
- Johnny Green, "Americas Founding Fathers Loved Hemp", The Weed Blog, 2011.07.03
- Kelly Tatera, "The Science Behind LSD Flashbacks: Truth or Myth?", the Science Explorer, 2016.11.30
- Madison Park, "90 percent of U.S. bills carry traces of cocaine", CNN,

2009.08.17

- Martín Alvarez Engel, "Sebastián Marroquín, hijo de Pablo Escobar: "Tuve como niñeras a los peores criminales de Colombia", El Huffpost, 2017.03.03
- Neil Norman, "Dark side of Oz: The exploitation of Judy Garland", the Express, 2010.04.05
- Nick Mcdermott and Simon Cable, "I was offered cocaine on my first day at the BBC: Former producer reveals how executives were praised for drug useRead", Dailymail, 2009.10.21
- Will Grice, "10 of the most dangerous street drugs in the world", Independent, 2015.11.03

웹사이트

- http://antidrug.drugfree.or.kr/
- https://dataunodc.un.org/
- https://druginfo.sl.nsw.gov.au/
- https://en.wikipedia.org/
- https://namu.wiki/
- https://noslang.com/drugs/dictionary/

감사의 글

다음 책이 나올지 안 나올지 알 수 없기 때문에 남들 하는 건 다 하도록 하겠습니다.

먼저 함께 방송을 만들었던 지사, 준태, 멍부, PAIN, 길냥이, 스핑크, 브람스, 무민에게 감사의 말을 전합니다. 그들의 앞날이 코카인처럼 자극적이고, LSD처럼 환상적이길 기원합니다.

책을 쓸 수밖에 없게 만든 J와 M에게도 감사의 마음을 전합니다. 책은 강제로 보낼 테니, 냄비 받침으로 쓰세요. 언젠가 대마초 합법화되는 날, 한 모금씩 나눠 피워요.

또 자식이 이런 책을 쓴지도 모르고 앞으로도 모를 부모님에게

이 책을 바칩니다. 딱히 효자는 아니지만, 돌아가시기 전에 마약성 진통제는 아낌없이 넣어드릴게요. 늘 건강하세요.

쏟아지는 원고 더미 속에서 이 글을 건지고 다듬어준 하명성 에디터, 개정증보판을 편집해준 최창문 팀장 그리고 동아시아출판사에 감사의 마음을 전합니다. 출간한 책마다 히로뽕처럼 팔려 나가 출판 시장의 한 획을 긋길 기원합니다. 그 외에도 몇 군데 출판사에서 긍정적인 피드백을 받았는데, 함께하지 못해 아쉽습니다. 정말 며칠 밤을 고민했어요(그러니 제발 다음에 제 원고를 거부하지 말아주세요).

마지막으로 이런 시시콜콜한 잡담까지 읽어준 독자들에게 감사의 마음을 전합니다. 도서관에서 빌리지 않고 책을 구매하셨다면 두 번 감사드립니다. 제 글을 읽는 동안 부디 마약 한 것 같은 기분이었길 바랍니다.

궁금한 사항이나 책 후기, 오류, 출판 문의, 강연 문의, 불우이웃 성금, 아르바이트 제의, 고백, 기타 잡담은 todayohoo@gmail.com 으로 주세요. "마약 어디서 사요?" 같은 질문은 정중히 두 손으로 스팸 처리하겠습니다.

우리는 마약을 모른다
교양으로 읽는 마약 세계사

ⓒ 오후, 2023. Printed in Seoul, Korea

초판 1쇄 펴낸날	2018년 7월 20일
초판 13쇄 펴낸날	2022년 11월 22일
개정증보판 1쇄 펴낸날	2023년 2월 14일
개정증보판 3쇄 펴낸날	2024년 9월 13일

지은이	오후
펴낸이	한성봉
편집	최창문 · 이종석 · 오시경 · 권지연 · 이동현 · 김선형
콘텐츠제작	안상준
디자인	최세정
마케팅	박신용 · 오주형 · 박민지 · 이예지
경영지원	국지연 · 송인경
펴낸곳	도서출판 동아시아
등록	1998년 3월 5일 제1998-000243호
주소	서울시 중구 필동로8길 73 [예장동 1-42] 동아시아빌딩
페이스북	www.facebook.com/dongasiabooks
전자우편	dongasiabook@naver.com
블로그	blog.naver.com/dongasiabook
인스타그램	www.instagram.com/dongasiabook
전화	02) 757-9724, 5
팩스	02) 757-9726
ISBN	978-89-6262-482-3 03330

※ 잘못된 책은 구입하신 서점에서 바꿔드립니다.

만든 사람들

책임편집	하명성·최창문
표지디자인	김현중·정명희
본문디자인	김현중
본문조판	김경주